Volker Mehl
Christina Raftery

So schmeckt Glück

Volker Mehl

Christina Raftery

So schmeckt Glück

Meine ayurvedische Heimatküche

Inhalt

- 7 Vorwort
- 7 Bleibt alles anders
- 8 Einleitung
- 8 Ran ans Leben – Ayurveda Reloaded
- 11 Panama liegt in Wuppertal
- 12 Wo das Herz ist: Alles Schöne ist in dir!

15 Grundlagen des Ayurveda

- 16 Modifikation? Integration! – Eine Frage der Haltung
- 16 Wissen über das Leben
- 18 Die fünf Elemente
- 20 Die Bedeutung der Doshas
- 21 Mit dem Herzen verstehen
- 22 Die Doshas in den Jahres- und Lebenszeiten
- 22 KAPHA: Spätherbst, Winter, Kindheit, Frühstück und Abendessen
- 24 PITTA: Frühling, Sommer, Blüte des Lebens, Mittagessen
- 26 VATA: Spätsommer, Herbst, Herbst des Lebens, Zwischenmahlzeiten, Snacks und süße Köstlichkeiten
- 28 Die ursprüngliche Natur des Menschen
- 29 So schmeckt das Leben – Die sechs Geschmacksrichtungen im Ayurveda
- 31 Der Wert der Verdauung

35 Ayurveda und der Kreislauf des Lebens

- 36 Was hat der heilige Benedikt mit Ayurveda zu tun?
- 37 Vom Einsiedler zum Vordenker
- 38 Benedikt und die Klostermedizin
- 39 Heilende Klostergärten
- 41 Der kleine Kräutergarten für zu Hause
- 42 Arbeite, bete – und genieße!
- 43 Tipps für einen gesunden Tagesablauf
- 44 Das Leben feiern

47 REZEPTE Spätherbst und Winter

- 48 Frühstück: Wider den Kaltstart
- 66 Von wegen »nicht spirituell«!

74	Quirlige Kaphas		Zeiten, sanfte Erdung
78	Abendessen: Suppen, Soßen und Chutneys	184	Lichtstreifen am Horizont
92	Glück auf!	187	REZEPTE Mama Mehls Back-Klassiker
104	Freundschaft und Verbundenheit	192	So, wie es ist
107	REZEPTE Frühling und Sommer	195	Küchen-Basics und Warenkunde
108	Snacks und schnelle Gerichte: Genussvolles Finish!	196	Alles frisch – Volkers kleine Obst- und Gemüsekunde
		199	Vorbereitung der Zutaten
		199	Zubereitungsarten
130	Alles hat seine Zeit	200	Ayurveda Backstage
132	Hauptspeisen: Hier geht die Sonne auf	208	Zutatenliste
142	Wenn Himmel und Erde sich berühren	212	Epilog: Liebe ist…
		213	Durch den Magen und die Seele
154	Energie unter Tage: Panhas	216	Rezeptregister
157	REZEPTE Herbst	218	Zutatenregister
		222	Bezugsquellen und nützliche Hinweise
		223	Die Autoren
158	Süßspeisen: Stürmische	224	Bildnachweis

g glutenfrei **l** laktosefrei **v** vegan **o** optional vegan oder laktosefrei

Vorwort
Bleibt alles anders

»Koch dich glücklich« lautet die Anregung unseres ersten Buches. In ihm wünschten wir uns, dass das Zubereiten ayurvedischer Mahlzeiten zur Chance für eine intensive, genussreiche Begegnung mit sich selbst und anderen wird. Vom Tun zum Erfülltsein: Während der erste Titel den Prozess beschreibt, gehen wir angesichts unserer eigenen Entwicklungen diesmal ein paar Schritte weiter. »So schmeckt Glück!«

Dass dieser Geschmack viele Facetten haben kann, hat uns im Laufe der zwei Jahre zwischen den beiden Projekten das Leben gezeigt. Wir haben unsere Standorte neu bestimmt, überprüft, was uns antreibt, und gelernt, Projektionen von echten Zielen zu unterscheiden. Während Volker kurz nacheinander gleich drei Metropolen (München, Berlin, Köln) als künftiges Zuhause mit unterschiedlichen Projekten ins Visier nahm, betrat Christina durch die Ankunft ihrer Tochter Alice Neuland.

Fazit dieser Ereignisse: Wenn es uns ordentlich durchschüttelt, kommt interessanter Bodensatz zum Vorschein. Volker betreibt mittlerweile ein Kochatelier und einen Deli in Wuppertal. Christinas Kreativität konzentriert sich nicht mehr nur auf das Schreiben und auf Kopfkonzepte, sondern sie begleitet nun auch einen kleinen Menschen durch die Welt und erlebt mit ihm Glücksmomente wie die Entdeckung eines Regenwurms auf dem Bürgersteig. Wir konnten erkennen, dass es nichts bringt, sich an äußeren Bedingungen zu orientieren und Projektionsflächen herzustellen, sondern dass in unserem eigenen Rahmen alles möglich ist.

Immer häufiger tauchte der Begriff der »Verwurzelung« auf. Im Gegensatz zu Mobilität und Flexibilität hat er in der heutigen Gesellschaft einen etwas faden Beigeschmack. Selbstverständlich entwickeln wir uns alle kontinuierlich und haben die Möglichkeit, uns immer neu zu erfinden. Ohne Fundament wird dies allerdings etwas diffus. Erst mit dem Bewusstsein, woher wir kommen und was wir können, entsteht daraus echte Kreativität.

Das Unerwartete anzunehmen, das Spiel der vermeintlichen Gegenläufer Plan und Schicksal mitzuspielen, Begriffe wie »Heimat« neu zu bewerten und sich unter anderem zu trauen, den heiligen Benedikt in einem Ayurvedabuch auftreten zu lassen: Im Sinne von Ayurveda als Spiegel des gesamten Lebens haben wir Momente gesucht und gefunden, die drei wichtige Schlüssel zum Glück illustrieren – Wärme, Achtsamkeit und Verbindung. Und so viel sei gleich zu Beginn verraten: Am Ende ist alles Liebe.

Viel Freude beim Kochen und guten Appetit,

Einleitung

Ran ans Leben – Ayurveda Reloaded

Willkommen zurück in Südtirol! Da mir hier in meiner zweiten Heimat im schönen Ahrntal erfahrungsgemäß die besten Ideen kommen, bin ich auch jetzt wieder hier, um die ersten Texte für das Buch zu schreiben, das Sie gerade in den Händen halten. Meine Gedanken drehen sich um die Zeit, die eine seltsame Veranstaltung sein kann. Ich sitze hier am 8. Januar 2012 um 22.43 Uhr bei einem guten Glas Wein am Rechner und schreibe diese Zeilen, die Sie frühestens im Herbst 2013 lesen können! Aber das nur am Rande.

Laut meiner Ankündigung am Ende von unserem ersten Buch »Koch dich glücklich mit Ayurveda«, hätte es eigentlich kein weiteres Buch geben müssen. Denn da ich nicht wusste, ob ich jemals wieder die Chance bekomme, ein Buch zu verfassen, habe ich damals alles verarbeitet, was ich unbedingt zum Ayurveda loswerden wollte. Warum war dies ein positiver Irrtum? Warum gibt es doch einen Nachfolger?

Abgesehen davon, dass es einfach verdammt viel Spaß macht, sein eigenes Buch zu schreiben, haben uns natürlich auch der Erfolg von »Koch dich glücklich mit Ayurveda« und die zahlreichen Rückmeldungen vieler Menschen mit dem Wunsch, noch mehr über Ayurveda zu erfahren, dazu ermutigt, ein zweites Projekt in Angriff zu nehmen. Da wir kein Sequel nach dem Motto »Koch dich noch glücklicher mit Ayurveda« machen wollten, lautete die entscheidende Frage: Wie gehen wir es an, ohne dass uns beim Schreiben oder Ihnen beim Lesen die Füße einschlafen?

Die grundlegenden Begriffe zur Idee des Ayurveda habe ich bereits im ersten Buch erläutert. Daher war klar, dass es auf keinen Fall theoretischer werden soll. Im Gegenteil: Wir wollten noch näher ran ans Leben. Dazu kamen wir auf die Kernaussage des Ayurveda zurück, dass wir zutiefst mit dem großen Ganzen um uns herum verbunden sind.

Wir sind Teil des wundervollen Geschehens in der Natur, göttlich inspirierte, einmalige, kostbare Geschenke. Unser Leben ist in den Zyklus der Natur, den Verlauf des Jahres und des ganzen Lebens eingebettet. In jedem Jahr können wir den Kreislauf des Lebens miterleben. Dinge wachsen, Dinge stehen in voller Blüte, Dinge vergehen. Wenn wir lernen, uns wieder in diesen Zyklus einzugliedern, ihn zu verstehen und anzuerkennen, können wir die Verbindung zu unserem Ursprung wieder erfahren.

Je weiter wir uns von der Quelle entfernen und uns in den Weiten des Lebens verlieren, desto größer kann unser Durst werden. Der größte Schatz, den Ayurveda bereithält, liegt in der bewussten, freudvollen Anbindung an diese Quelle und damit auch an andere und an uns selbst.

Im Ayurveda geht es um viel mehr als nur um das Wissen über Elemente, Doshas und Geschmacksrichtungen. Im Ayurveda geht es um die Kernfragen des Lebens: Wo kommen wir her, wo gehen wir hin, wie können wir unser Leben genussvoll leben und zum Wohle aller Lebewesen friedvoll und erfüllt gestalten? Was macht ein Leben lebenswert und wertvoll, und wie können wir unser Leben zu einem solchen machen? Es geht um grundlegende Werte wie Liebe, Hinwendung, Achtsamkeit, Demut, Freundschaft, Verbundenheit, Vertrauen und Lebensfreude.

Mit diesem Buch möchten wir die Quelle anzapfen und in Verbindung treten.

Jeder Handy-Akku muss in regelmäßigen Abständen ans Netz und aufgeladen werden. Falls nicht, gibt es keine Verbindung und damit keine Kommunikation: »Der Empfänger ist momentan leider nicht verfügbar.« Dieses Buch soll eine Einladung sein, wieder verfügbar zu werden, sich zu öffnen und Verbindung herzustellen, zum Leben, zur Natur und vor allem zu sich selbst. Denn dort ist bereits alles Wissen vorhanden.

Panama liegt in Wuppertal

Eine meiner Lieblingsgeschichten ist »Oh, wie schön ist Panama« von Janosch. Hier eine kurze Zusammenfassung: Der Tiger und der Bär leben beschaulich in ihrem Häuschen im Grünen und haben eigentlich ein wunderbares Leben – bis sie eines Tages während eines Spaziergangs ein Schild mit der Aufschrift »Panama« finden. Das weckt in ihnen eine unbestimmte Sehnsucht. Dieses »Panama« könnte eventuell noch schöner sein als ihr eigenes Zuhause! Also packen sie ein paar Sachen zusammen, schließen ihr Häuschen ab und begeben sich auf die Suche nach diesem Ort. Auf dem Weg machen sie viele Bekanntschaften und sehen natürlich auch einiges von der Welt. Eines Tages kommen sie zu einem ganz besonders schönen Platz, dem schönsten, den man sich vorstellen kann. Sie schauen sich an und sind sich sicher: Das muss Panama sein! Sie erkunden »Panama« genauer, bis sie feststellen, dass sie wieder in ihrem eigenen Garten sitzen und ihre Reise dort endet, wo sie angefangen hat.

Gerade während der Arbeit an diesem Buch hatte diese Geschichte eine besondere Bedeutung für mich. Nur bin ich auf der Suche nach »Panama« in Wuppertal gelandet, wo es unter anderem deutlich häufiger regnet.

Nicht nur die Natur hat ihre eigenen Zyklen, sondern auch jeder Mensch hat seine individuellen Phasen.

Am Ende unseres ersten Buches habe ich geschrieben, dass meine Reise einen Abschluss gefunden hat. Im Sinne, dass ich überhaupt ein Buch über Ayurveda schreiben durfte, trifft das auch zu. Für mein eigenes Leben durfte ich in der Zwischenzeit eine ganze Menge dazulernen. Denn in der Phase zwischen diesen beiden Büchern war auch ich auf der Suche nach meinem Panama.

Als ich 2009 nach München kam, war dies nach über dreißig Jahren in der hessischen Provinz eine riesige Befreiung. Ich hatte zwar keinen Plan, wie es für mich weitergehen sollte, war mir aber ziemlich sicher, dass alles nur besser werden könne. Nach einem sehr spannenden Jahr, einem kurzen Gastspiel in Berlin und einem noch kürzeren Vorhaben, nach Köln zu gehen, bin ich schließlich in Wuppertal hängen geblieben. Warum? Weil meine Freundin in Wuppertal wohnt. Nachdem wieder ein Neuanfang anstand und mir ziemlich egal war, wo ich wohne, Hauptsache, ein Flughafen ist in der

Nähe, war selbst Wuppertal in Ordnung. Die Anfangszeit war hart. Nach Münchens Maximilianstraße und Berlins Torstraße stand ich nun auf dem Werth, einer Einkaufsmeile in Wuppertal-Barmen, schaute mich um und dachte nur: »Was um Himmels willen hat mich ausgerechnet hierhin gebracht?« Ein-Euro-Läden, potthässliche Fassaden und unfassbar geschmacklose Schaufenster, wohin ich nur blickte. In diesem Moment kam mir der Wiedergeburtsgedanke in den Sinn. Offenbar sollte ich auf diese Weise Buße für meine früheren Leben tun.

Wo das Herz ist: Alles Schöne ist in dir!

Meine Freundin lacht heute noch darüber, aber in der Anfangszeit habe ich mich mit Händen und Füßen dagegen gewehrt, eine Wuppertaler Telefonnummer auf meine Website zu stellen. »Was sollen denn die Leute denken? Damit blamiere ich mich ja nur. Der Mehl hat's nicht gepackt und hockt jetzt in der Provinz.« So war ich drauf. Von wegen tiefenentspannt!

Aber was soll ich sagen, ich lebe immer noch in Wuppertal und fühle mich so wohl wie noch nie in meinem Leben. Und nein, ich nehme keine Drogen! Was ist also in der Zwischenzeit passiert? Ich habe mich mit meiner Herkunft ausgesöhnt und verstanden, dass so etwas wie Glück, Zufriedenheit und Erfolg nie an äußeren Umständen liegt, sondern an der inneren Klarheit. Das Rad des Lebens dreht sich weiter, wenn man bereit ist, sich darauf einzulassen, hinzuhören und vor allem ehrlich mit sich selbst zu sein.

Mein Vater hat zunächst als Zimmermann und später als Küster gearbeitet. Ich komme aus einer Arbeiterfamilie und habe erfahren, dass Arbeit etwas Wertvolles und Wichtiges ist. Da-

mit hat mein Vater uns ernährt. Es war nie viel Geld da, aber er war authentisch, ehrlich und vor allem liebevoll. Das hat mich geprägt, und dafür bin ich heute dankbar.

So ist Wuppertal mein persönliches Panama geworden. Ein Ort, der für das steht, woher ich komme, wie ich bin und was mir guttut. Eine Arbeiterstadt, die nicht reich ist, eine Stadt, in der man schon immer hart für sein Geld arbeiten musste. Eine ehrliche Stadt, die so ist, wie sie ist, und die auch nicht mehr sein will. Eine Stadt, die groß genug ist, um mir das Gefühl einer Großstadt zu geben, aber auch klein genug und vor allem auch grün genug, um mir ein Zuhause zu sein. Ein Zuhause, das für jeden von uns anders aussehen kann – denn »Panama« findet man nur im Herzen und nicht auf einer Landkarte.

WIR WACHSEN IN DER SONNE

ALLES WÄCHST MIT LIEBE

Grundlagen des Ayurveda

In diesem Kapitel werde ich auf die grundlegenden Aspekte des Ayurveda eingehen, um Ihnen einen Einblick in die Denkweise des Systems zu ermöglichen. Ich verzichte ganz bewusst auf einen zu intensiven Einstieg in die Materie, das ist in diesem Rahmen nicht notwendig. Ich beschränke mich auf die Informationen, die wir brauchen, um die Idee des Ayurveda genuss- und sinnvoll in unseren Alltag integrieren zu können.

Modifikation? Integration!
Eine Frage der Haltung

In vielen meiner Kurse fällt mir auf, dass es beim Thema Ayurveda immer noch eine ausgeprägte »Entweder-oder-Haltung« gibt. Entweder man hat es sich zur fast dogmatischen Lebenseinstellung gemacht, oder man geht nach dem einmaligen Kochkurs wieder zur bisherigen Tagesordnung über. Hinter diesen extremen Haltungen vermute ich die Überforderung durch vermeintlich unzählige Regeln und Tabellen in diesem System und die Tatsache, dass es stellenweise immer noch sehr theoretisch rüberkommt. Unmöglich, das alles ins eigene Leben integrieren zu können! Ich sage: Seien wir nicht so verkopft! Mit dem Herzen versteht man Ayurveda viel besser.

Im Ayurveda geht es nicht darum, seinen Alltag von einem Kochkurs auf den nächsten Tag zu verändern. So schlimm war es vorher auch nicht, und es wird auch nicht mit einem Schlag alles viel besser. Trotz Ayurveda fährt mein Auto immer noch nicht mit Karma, und auch in meiner Welt existiert das Finanzamt. Es geht nicht um Verdrängung. Es geht darum, dass wir mit Ayurveda unser Leben, unsere Umwelt und die Natur wertvoller, gehaltvoller und vor allem auch genussvoller erleben können.

Auf Dauer ist es einfach gesünder, mit den Zyklen der Natur zu leben und das als Bereicherung für unser Leben zu erfahren.

Wissen über das Leben

Beim Ayurveda handelt es sich um ein Verständnis der grundlegenden Zusammenhänge und Geschehnisse in der Natur. Wörtlich übersetzt bedeutet der Begriff »Wissen (Veda) über das Leben (Ayur)«. Dieses Wissen ist von Geburt an in jedem von uns verankert.

Man muss weder aus Indien stammen noch Sanskrit beherrschen – jedem Menschen steht das immense Potenzial des Ayurveda zur Verfügung. Dieses System ist keine Religion, man braucht ihr nicht »anzugehören« und muss an keinen bestimmten Gott glauben. Was aber erforderlich ist, ist eine Form von Erkenntnis

Im Einklang mit der Natur.

oder auch Anerkennung, dass die Sonne nicht nur exklusiv für mich aufgeht.

Wir sind Teil eines umfassenderen Geschehens und können uns im positiven Sinn eingestehen, dass es Dinge in dieser Natur gibt, die größer sind als wir. Ganz wichtig ist – so sehe ich das zumindest –, dass man das Potenzial darin erkennt und für sich nutzbar macht. Denn all dies ist kein Grund, sich als unterwürfiges Menschlein kleinzumachen, sondern eine Aufforderung, seine eigene Göttlichkeit verantwortungsbewusst zum Wohle aller zu leben. Dieses Wesen, wie auch immer man es nennen mag, das diese wunderschöne Natur um uns herum geschaffen hat, hat auch uns geschaffen. Wir sind genau so gewollt, wie wir sind. Dass es Vorgänge gibt, die einfach ablaufen, ohne dass

ich mich darum kümmern muss, macht mich persönlich frei und schenkt mir Energie.

Denn eines ist klar: Dieser Job wäre nichts für mich! Vor Jahren lief in den Kinos der sehr unterhaltsame und gleichzeitig aufschlussreiche Film »Bruce Allmächtig« mit dem Schauspieler Jim Carrey. In der Geschichte wacht ein durchschnittlicher Langweiler eines Tages auf und ist Gott. Seine spontane Reaktion lautet: Wow! Die erste Zeit berauscht er sich völlig an dem Gefühl, Gott zu sein: Man kann die Zeit anhalten, wenn man keine Lust zum Arbeiten hat, kann über das Wasser laufen, und man feiert Erfolge bei den Frauen. Als er aber eines Morgens seinen Rechner hochfährt, 750 Millionen E-Mails mit Bitten an ihn im Posteingang findet und die Stimmen von sechs Milliarden

GRUNDLAGEN DES AYURVEDA
Die fünf Elemente

Die fünf Elemente

Menschen auf einmal hört, will er den Job ganz schnell wieder loswerden. Das verstehe ich vollkommen. Auch wenn es vielleicht nur meinem eigenen Seelenheil dient, sehe ich mich lieber als Teil des Ganzen: als einmaliges, göttlich inspiriertes Wesen, nicht als Nebenprodukt eines kosmischen Großunfalls. Wie man mit dieser Inspiration umgeht, ist die Lebensaufgabe für jeden Einzelnen.

Für das Grundverständnis des Ayurveda ist es hilfreich, ein paar wichtige Begriffe zu kennen. Beginnen wir mit den fünf Elementen. Aus Sicht des Ayurveda besteht alles materiell Erfahrbare, jeder Körper, jedes Lebensmittel, jedes Gewürz, einfach alles, was uns umgibt, aus fünf verschiedenen Elementen.

Dabei wird unser Körper grundsätzlich als Abbild der uns umgebenden Umwelt gesehen. Der Mensch bildet einen Mikrokosmos, der ständig mit dem Makrokosmos um ihn herum interagiert und davon natürlich auch beeinflusst wird. Diese fünf Elemente sind Feuer, Erde, Wasser, Luft und Äther.

Feuer

Feuer ist die Manifestation der Sonnenenergie im Körper. Es regelt grundsätzlich alle Verdauungs- und Stoffwechselprozesse sowie die Körpertemperatur. Es steht für die Intelligenz und auch für die Sehkraft, da die Netzhaut das Licht wahrnimmt und wir so unsere Umwelt erfahren. Dementsprechend werden die Augen dem Element Feuer zugeordnet. Die ausführenden Organe auf körperlicher Seite sind die Füße. Denn die Füße tragen uns dorthin, worauf wir blicken, worauf unser innerer Focus gerichtet ist. Feuer steht auch für Zielstrebigkeit, Dynamik und Wille.

Erde

Das Element Erde verleiht der Natur und unserem Körper Stabilität und Substanz. Alle stabilen Strukturen unseres Körpers wie Knorpel, Knochen, Muskulatur, Sehnen, Bänder und Haut stehen mit dem Erdelement in Verbindung. Die Nase mit dem Geruchssinn ist das Sinnesorgan der Erde. Das ausführende Organ ist der Anus, der für die Ausscheidung der nicht verwertbaren materiellen Nahrung zuständig ist.

Wasser

Das Element Wasser wird nicht umsonst als Quell des Lebens bezeichnet. Es ist für überlebenswichtige Prozesse im Körper verantwortlich. Man kann ohne größere Gefahr mehrere Tage auf feste Nahrung verzichten, aber nach drei Tagen ohne Wasser wird es lebensbedrohlich. Aus diesem Grund müssen auch akute Durchfälle sofort behandelt werden, denn

GRUNDLAGEN DES AYURVEDA
Die fünf Elemente

durch den Flüssigkeitsverlust kann der Körper sonst massive Schäden erleiden. Wasser findet sich in allen Flüssigkeitsabsonderungen des Körpers, im Verdauungssaft und in der Tränenflüssigkeit, weshalb Tränen auch als »Grundwasser der Seele« bezeichnet werden. Wasser findet sich in den Schleimhäuten, in der Bauchspeicheldrüse, im Plasma und im Blut. Auch der Geschmackssinn ist dem Wasser zugeordnet. Die Zunge ist das Sinnesorgan des Wassers, und die Geschlechtsorgane sind die ausführenden Organe.

Luft

Luft ist das Element der Bewegung, Kreativität und Aktivität. Sie regelt alle Bewegungsabläufe im Körper, der Muskulatur, des Knochenapparates, des Herzschlags und die Verdauungsbewegungen im Darm. Die Luft ist für das Nervensystem zuständig sowie für die Atmung. Ihr ist der Tastsinn zugeordnet und die Haut als Sinnesorgan. Die Hände mit ihrer festhaltenden und ausführenden Funktion gehören ebenfalls zum Element Luft.

Äther

Äther ist das Element des Raumes und der Feinstofflichkeit. Die Hohlräume im Körper wie Mund, Nase, Magen-Darm-Trakt, Bauchraum, Brustraum sowie die Zwischenräume der Zellen gehören zum Äther. Auch das Gehör mit den Ohren als Sinnesorgan ist dem Äther zugeordnet, ebenso die Sprachfähigkeit mit den dafür notwendigen Organen wie Stimmbändern und Mund.

Die Bedeutung der Doshas

Diese fünf Elemente bilden drei große Prinzipien, die als grundlegende Säulen der menschlichen Existenz dienen:

- Wasser und Erde bilden Kapha.
- Feuer und Wasser bilden Pitta.
- Luft und Äther bilden Vata.

Diese drei Prinzipien werden »Doshas« genannt, was übersetzt sinngemäß heißt »das, was verderben kann«. Damit ist die mögliche Gefahr einer Schädigung gemeint. Befinden sich diese Energien im Gleichgewicht, sind Körper und Seele ebenfalls ausgeglichen. Wenn aber über einen langen Zeitraum eine massive Überbelastung eintritt, müssen Körper und Seele zwangsläufig krank werden. Im Klartext wird der tägliche Genuss von zwei Schachteln Pralinen auf Dauer zu einer massiven, ungesunden Zunahme des Erdelements führen. Ebenso werden sich konstant stressige 15-Stunden-Tage über kurz oder lang negativ auf Verdauung und Psyche auswirken. Die Doshas regeln alle Vorgänge der Erhaltung und der Zerstörung im Körper. Sie bilden sowohl sein physisches wie auch sein psychisches Grundgerüst. Alle positiven Emotionen wie Freude, Liebe, Mitgefühl, Demut und Hinwendung, aber genauso Gefühle von Neid, Angst, Hass und Gier stehen unter dem Einfluss der jeweiligen Doshas.

Die Grundverteilung dieser Bausteine ist für jeden Menschen bereits in dem Moment festgelegt, in dem Samen und Eizelle miteinander verschmelzen. Daher wurde im Ayurveda schon immer großer Wert auf eine körperliche sowie geistige Reinigung von Mann und Frau

GRUNDLAGEN DES AYURVEDA
Die Bedeutung der Doshas

gelegt, wenn diese planen, ein Kind zu bekommen. Diese Grundprogrammierung heißt im Ayurveda »Prakriti«, was übersetzt so viel heißt wie »die erste Schöpfung«. Sie bleibt das ganze Leben über unverändert und bezieht sich auf grundlegende Eigenschaften wie Größe, Aussehen, Haarfarbe, Veranlagung, Vorlieben und Neigungen. Selbstverständlich verändern wir uns im Verlauf eines Monats, eines Jahres und eines Lebens, das ist der Lauf der Natur. Doch eine schwarzhaarige, 1,70 Meter große Frau mit braunen Augen, die bekennender Morgenmuffel ist und Sonnenanbeterin, die eine Vorliebe hat für Tomatensuppe, Krimis und 1,90 Meter große Holzfällertypen, wird natürlich älter werden und graue Haare und Falten bekommen. Aber grundlegende Eigenschaften wird sie ganz sicher behalten. Die Chance, dass sie plötzlich auf 1,50 Meter schrumpfen wird, grüne Augen bekommt, jeden Morgen um fünf Uhr energiegeladen aus dem Bett springt, ihre Liebe für polare Winter, Schweinebraten, Kitschromane und Männer im Napoleon-Format entwickelt, ist relativ gering.

Mit dem Herzen verstehen

Ich verzichte bewusst auf einen der Dosha-Fragebögen, mit denen man sich selbst einem der Doshas zuordnen soll. Abgesehen davon, dass es schlicht und ergreifend unmöglich ist, mit ein paar Fragen grundlegende Dinge über die physische und psychische Verfassung eines Menschen zu sagen, tragen diese Verfahren vor allem dazu bei, dass man Ayurveda verkürzt als die »Heilmethode mit dem Prinzip der drei Typen« wahrnimmt. Für mich hat Ayurveda eine zu große Bedeutung, als dass ich das System nur in dieser schematischen Variante darstellen möchte. Welchem Dosha man sich zuordnet, ist nur dann wichtig, wenn eine Krankheit vorliegt und der Arzt herausfinden muss, welches Dosha gestört ist. Denn danach richtet sich die Behandlung, zu der eine spezielle Ernährung, Heilkräuter, Reinigungsverfahren, Yoga und Meditation gehören.

Das Gefühl, mit allem verbunden und zugleich eins mit mir zu sein, lässt sich sowieso nicht in einem Fragebogen erfassen. Ayurveda sollte man vor allem mit dem Herzen verstehen und nicht nur mit dem Kopf!

Es ist wesentlich sinnvoller, wenn man erkennt, dass unser Tagesablauf, jedes Jahr und unser gesamtes Leben von dem ständigen Wechsel der Doshas durchzogen und geprägt ist. Für eine dauerhafte Gesundheit und Zufriedenheit ist es viel nützlicher, dieses System zu kennen und grundsätzlich danach zu leben. Auf diese Weise kann man das unglaubliche Potenzial der Natur nutzen, und man wird zu der Erkenntnis kommen, dass Gesundheit wesentlich mehr beinhaltet als nur die Abwesenheit von Schmerzen.

Es gibt natürlich keine Garantie, dass ich mit Ayurveda nie krank werde und noch mit hundert Jahren wie ein zartes Rehlein durchs Leben springe. Aber aus meiner eigenen Erfahrung kann ich sagen, dass mir das Leben nach diesen Prinzipien einen immensen Gewinn an Lebensqualität und Lebensfreude gibt!

GRUNDLAGEN DES AYURVEDA
Die Doshas in den Jahres- und Lebenszeiten

Die Doshas in den Jahres- und Lebenszeiten

KAPHA: Spätherbst, Winter, Kindheit, Frühstück und Abendessen

Am Anfang unseres Lebens und unseres Tages steht Kapha. Es ist die Kombination der Elemente Wasser und Erde und bedeutet so viel wie »das, was den Dingen Stabilität verleiht«. Kapha bildet unsere körperliche Struktur und ist für unsere Abwehrkräfte zuständig.

Kapha verleiht uns Kraft und Durchhaltevermögen. Es sitzt vor allem im Brustraum, in der Kehle, in der Lunge, in den Gelenken, im Magen und in der Bauchspeicheldrüse. Es steht für Gefühle wie Ruhe, Vergebung, Hingabe und Liebe, aber auch für Neid, Gier, Anhaftung und Sucht.

Zeiten:

Kapha ist in der Zeit von 6 bis 10 Uhr am Morgen und von 18 bis 22 Uhr am Abend besonders stark ausgeprägt, ebenso vom Spätherbst bis ins beginnende Frühjahr hinein – die typische Zeit von Erkältungskrankheiten und Frühjahrsmüdigkeit. Auch die Zeit von der Geburt bis zum 16. Lebensjahr steht im Zeichen von Kapha. (Siehe Kapitel »Quirlige Kaphas«, Seite 74.)

So lässt sich eine Kapha-Störung vermeiden oder wieder ausgleichen:

Nicht zu süß und fett essen, leichte Nahrungsmittel bevorzugen und diese nicht zu kräftig kochen. Sparsam salzen sowie scharfe, bittere und zusammenziehende Lebensmittel und Gewürze verwenden. Wärmende, leichte und trocknende Lebensmittel wählen.

Diese Lebensmittel sind empfehlenswert:

Blattsalate, Kohlgemüse (Blumenkohl, Wirsing, Brokkoli, Rosenkohl), Rettiche, Radieschen, Meerrettich, Rote Bete, Chicorée, Radicchio, Zwiebeln, Paprika, Spinat, Mangold, Rübstiel, Portulak, Äpfel, Granatäpfel, Beeren, Birnen, Aprikosen, Pfirsiche, Kirschen und Trockenobst. Besonders geeignet für Kapha sind Magermilch, Honig, kaltgepresste Öle und in kleinen Mengen auch Frischkäse. Gewürze sind immer gut, vor allem Ingwer, Pfeffer, Nelken, Kardamom, Chili und Koriander. Weizen, Roggen, Gerste, Hirse, Dinkel, Buchweizen, Hafer, Mais und so gut wie alle Hülsenfrüchte mit Ausnahme von weißen Bohnen und Sojaprodukten sind zu empfehlen.

GRUNDLAGEN DES AYURVEDA

Die Doshas in den Jahres- und Lebenszeiten

Geschmacksrichtungen:
Die Geschmacksrichtungen bitter, scharf und zusammenziehend vermindern Kapha. Süß, sauer und salzig erhöhen Kapha.

Achtung:
Am stärksten ausgeprägt ist Kapha also zu den Zeiten, wenn wir frühstücken und zu Abend essen. Da Kapha aufgrund seiner Dominanz von Wasser und Erde eine träge, feuchte und kalte Energie besitzt, ähnlich wie ein Stück Lehm, ist es besonders wichtig, dass diese Mahlzeiten warm und nicht zu schwer sind! In unseren Breiten gilt es als gesund, zum Frühstück Magerjoghurt mit etwas Müsli und einen Orangensaft zu sich zu nehmen. Damit erreiche ich jedoch nur, dass es in meinem Bauch anfängt zu gären wie bei der Käseproduktion, denn Milch und Säure ergibt Käse. Und das ist morgens zum Frühstück energetisch wirklich nicht zu empfehlen! Mögliche Frühstücks-Alternativen finden Sie ab Seite 48.

PITTA: Frühling, Sommer, Blüte des Lebens, Mittagessen

Pitta ist die Kombination aus Feuer und Wasser und bedeutet »das, was die Dinge verbrennt oder verdaut«. Pitta regelt alles, was körperlich

GRUNDLAGEN DES AYURVEDA
Die Doshas in den Jahres- und Lebenszeiten

und geistig mit dem Stoffwechsel und der Verdauung zu tun hat. Es beeinflusst die Körpertemperatur, die Hautpigmentierung und die Funktionen des Intellektes.

Daneben ist Pitta auch für unsere emotionale Ausdrucksfähigkeit und unsere Ausstrahlung zuständig. Das Dosha sitzt vor allem im unteren Magen, im Dünndarm, im Zwölffingerdarm, im Blut, in der Haut und in den Augen.

Zeiten:
Pitta ist von 10 bis 14 Uhr und von 22 bis 2 Uhr besonders stark ausprägt. Sein Zeitraum erstreckt sich von Frühling bis Spätsommer. Unter seinem Einfluss steht der Lebensabschnitt vom 16. bis zum 45. Lebensjahr.

So lässt sich eine Pitta-Störung vermeiden oder wieder ausgleichen:
Bei großer Hitze keine gekühlten Getränke zum Essen trinken. Nicht zu sauer, scharf oder salzig und nicht zu heiß essen. Süße, bittere und herbe Lebensmittel bevorzugen sowie übermäßigen Konsum von Fett und Öl vermeiden. Eine ruhige Atmosphäre beim Essen ist sehr wichtig.

Diese Lebensmittel sind empfehlenswert:
Sellerie, Spargel, Zucchini, Kürbisse, Mangold, Blumenkohl, Brokkoli, Endiviensalat, Chicorée, Radicchio, Bananen, Mangos, Birnen, Weintrauben, Kirschen, Pflaumen, Äpfel, Trockenfrüchte, ungesalzene Butter, Hüttenkäse sowie in Maßen Milch und Frischkäse. Zum Süßen eignen sich Rohrzucker und Fruchtdicksäfte. Günstige Gewürze sind Kardamom, Koriander, Safran, Fenchel, Petersilie, Dill, Liebstöckel, Minze, Kurkuma und Zimt. Scharfe Gewürze wie Ingwer, Chili und Pfeffer sollten nur in Maßen genossen werden. Gut geeignet sind Reis, Weizen, Gerste, Hafer, Buchweizen, Couscous, Bulgur und Graupen.

Geschmacksrichtungen:
Die Geschmacksrichtungen süß, bitter und zusammenziehend vermindern Pitta. Sauer, scharf und salzig erhöhen Pitta.

GRUNDLAGEN DES AYURVEDA
Die Doshas in den Jahres- und Lebenszeiten

Achtung:
Mit seiner feurigen und leichten Energie steht Pitta vor allem für unsere Verdauung und ist um die Mittagszeit stark ausgeprägt. Konkret steht uns also zu dieser Zeit das meiste Verdauungsfeuer zur Verfügung, mit dem wir die Hauptmahlzeit bewältigen können. Wichtig bleibt auch hier, unmittelbar vor und nach den Mahlzeiten keine eisgekühlten Getränke zu sich zu nehmen, um dem Verdauungsfeuer nicht die Kraft zu rauben. Sie würden ja auch nicht das Feuer unter dem Grillrost löschen, bevor Sie das Fleisch darauf legen. Schauen wir in den Orient: Hier wird auch im Sommer warmer Tee getrunken, vor allem Minztee. Denn Minze erfrischt, während die Wärme den Körper nicht belastet. Die Einzigen, die in diesen Ländern oft auf eisgekühltem Wasser bestehen, sind die Touristen, die dann eine Stunde später die Kohletabletten auspacken müssen.

VATA: Spätsommer, Herbst, Herbst des Lebens, Zwischenmahlzeiten, Snacks und süße Köstlichkeiten

Bezogen auf unser Leben biegen wir jetzt auf die Zielgerade ein und kommen zum letzten Dosha, dem Vata. Als Kombination von Luft und Äther ist Vata das mächtigste aller drei Doshas und steht für die Lebensenergie. Während Kapha und Pitta bezogen auf ihre Energie statisch sind, sorgt Vata für die Dynamik hinter allen Lebensprozessen. Ist Vata gestört, löst dies oft einen Domino-Effekt aus. Deshalb ist jede ayurvedische Therapie darauf ausgerichtet, zunächst Vata in Balance zu bringen, damit die Systeme wieder zur Ruhe kommen.

Vata besitzt die Eigenschaften beweglich, schnell, leicht, kalt, rau, trocken und feinstofflich. Es steuert alle Prozesse der Bewegung, der Wahrnehmung, des Einnehmens und des Zurückhaltens, sprich atmen, essen, trinken und ausscheiden. Hinzu kommen der Aufbau und die Erhaltung der Körpergewebe.

Kurz gesagt steuert Vata sämtliche körperliche und geistige Aktivitäten! Es sitzt besonders in den Knochen, im Becken, in der Hüfte, in der Blase, im Dickdarm, im Rektum und in den Ohren.

Zeiten:
Besonders ausgeprägt zeigt es sich in der Zeit von 2 bis 6 Uhr nachts sowie tagsüber von 14 bis 18 Uhr. Vata bestimmt die Zeit des Spätsommers bis hinein in die frühen Wintermonate. Ab dem 45. Lebensjahr steht jeder Mensch besonders unter dem Einfluss von Vata.

So lässt sich eine Vata-Störung vermeiden oder wieder ausgleichen:
Warme, nährende Speisen wie Suppen, Eintöpfe und Aufläufe sind zu bevorzugen. Gekochte, leichte Mahlzeiten beruhigen eine unruhige,

gestresste Verdauung. Auf kalte Getränke, ungekochte Speisen und Rohkost verzichten. Eine ruhige, entspannte Atmosphäre beim Essen ist besonders wichtig. Ein extra Löffel Öl und Fett wird gut vertragen. Bitte nicht vergessen: Es gibt in diesem Zusammenhang nicht gut oder schlecht, nur passend und unpassend! Salzige, süße und saure Speisen immer bitteren, trockenen, herben und scharfen Lebensmitteln vorziehen.

Diese Lebensmittel sind empfehlenswert:

Spargel, Karotten, Rote Bete, Kartoffeln, Süßkartoffeln, Pastinaken, Topinambur, Rüben, Sellerie, Tomaten, Gurken, in Maßen auch Zwiebeln, Lauch, Blumenkohl, Brokkoli, Erbsen und Spinat. Bei Obst gerne reife, süße und säuerliche Sorten wie Bananen, Mangos, Birnen, Datteln, Feigen, Ananas, Aprikosen, Kirschen, Beeren, Weintrauben und Pflaumen. Vata kann alle Fette, Salze und Öle gut gebrauchen. Auch natürliche Süßungsmittel sind gut für Vata: Rohrzucker, Honig und Dicksäfte in allen Varianten.

Wärmende und verdauungsfördernde Gewürze sind extrem wichtig, um Vata-Störungen zu vermeiden, darunter Fenchel, Nelke, Zimt, Ingwer, Pfeffer, Kümmel, Kreuzkümmel, Bohnenkraut, Kardamom und Senfkörner. Beim Getreide sind geschälter Reis, Weizen, Grieß, Couscous, Bulgur und Perlgraupen die Favoriten. Aufgrund ihrer trockenen und blähungstreibenden Tendenzen sollte bei einer Vata-Störung so weit wie möglich auf Hülsenfrüchte aller Art verzichtet werden. Gekochte Sojabohnen und Kichererbsen sind in Maßen noch verträglich.

Geschmacksrichtungen:

Die Geschmacksrichtungen süß, sauer und salzig vermindern Vata. Bitter, scharf und zusammenziehend erhöhen Vata.

Achtung:
Mit seiner dynamischen und kühlenden Energie dominiert Vata vor allem die Zeit zwischen Mittag und Abendessen sowie den Herbst. Dies ist die Zeit für kleine Snacks, leichte Zwischengerichte und süße Verführungen. Da Vata außerdem maßgeblich den zweiten Lebensabschnitt dominiert, ist es besonders für alle jenseits der 50 wichtig, auf eine Vata-spezifische Ernährung zu achten, denn mit zunehmendem Alter nehmen die Elemente Feuer und Wasser im Körper deutlich ab.

Die ursprüngliche Natur des Menschen

Jeder von uns vereint Bestandteile aller Doshas in sich. Daneben hat jeder Mensch, wie bereits erwähnt, seine ureigene, individuelle Konstitution, seine erste Schöpfung, seine Urnatur, seine Prakriti. Diese bleibt ein ganzes Leben lang erhalten und steht von der Geburt bis zum Tod in Wechselwirkung mit den Zyklen der Natur.

Auch ein zutiefst entspannter Kapha-Typ neigt in Phasen von Stress, Angst und Überbelastung, also einem Vata-Überschuss, zu den typischen Vata-Störungen wie Schlaflosigkeit, Verdauungsproblemen und innerer Unruhe. Aufgrund seiner kräftigen Natur kann es nur länger dauern, bis sich diese Probleme bei ihm zeigen. Dagegen wird eine Person mit einer Vata-Natur auf diese Belastungen viel früher mit einer Störung reagieren.

AYURVEDA FÜR TIERE

An dieser Stelle behaupte ich einfach mal, dass alle Hunde- und Katzenbesitzer bereits mit dem Ayurveda-Ernährungsthema vertraut sind. Denn die Tierfutter-Industrie hat das längst erkannt und bringt Hunde-, Katzen-, Esel- und Pferdefutter für alle Lebensabschnitte auf den Markt. Es gibt Tiernahrung für Welpen, ausgewachsene Hunde und für Senioren, oftmals sogar zusätzlich nach Hunderassen unterteilt. In jeder Tierarzt-Praxis wird spezielles Futter angeboten, und fast jeder Tierarzt empfiehlt bei gesundheitlichen Problemen eine Ernährungsumstellung. Das liegt vielleicht auch daran, dass bei den Tierärzten »Ernährung« Hauptprüfungsfach ist, während das Thema im humanmedizinischen Studium nicht vorkommt!

GRUNDLAGEN DES AYURVEDA
So schmeckt das Leben

So schmeckt das Leben

Die sechs Geschmacksrichtungen im Ayurveda

Im Ayurveda sind alle Handlungen von der Idee der Ganzheitlichkeit getragen. So sollten auch in einer Mahlzeit alle sechs Geschmacksrichtungen zusammenkommen, damit sie rund, ausgewogen und wirklich sättigend ist. Diese sechs Geschmacksrichtungen sind süß, sauer, salzig, scharf, bitter und zusammenziehend.

Süß

Süß wird aus den Elementen Wasser und Erde gebildet. Natürliche Quellen für diesen Geschmack sind Kohlenhydrate und Fette. Süß ist der wichtigste Geschmack und gilt als einziger unter den sechs Geschmacksrichtungen im Ayurveda als glückverheißend und nährend.

Nur Lebensmittel mit der Geschmacksrichtung süß sind gewebsbildend und aufbauend: Das Lebenselixier Muttermilch ist nicht ohne Grund süß! Adipöse Menschen essen nicht jeden Abend zwei Schachteln Pralinen, weil sie so lecker sind. Der süße Geschmack ist auch

GRUNDLAGEN DES AYURVEDA
So schmeckt das Leben

der emotionale Ausgleich zum bitteren Gefühl der Einsamkeit und der Angst. In Stressphasen greifen die meisten von uns zum Schokoriegel oder zur Chipstüte, weil der süße, fettige Geschmack uns das Gefühl der Erdung vermittelt. Süßer Geschmack hat die Eigenschaften schwer, kalt und feucht. Er wirkt allgemein aufbauend, fördert Stabilität und Stärke und führt zu Gewichtszunahme und Wachstum.

Süß lindert sowohl Hunger als auch Durst sowie das Gefühl von Brennen im Körper. Er verstärkt die abwärtsgerichtete Bewegung im Körper und wirkt abführend. Süß fördert die Milchsekretion und stärkt das Gedächtnis. Im Übermaß bewirkt es Fettleibigkeit, Trägheit, Erkältungskrankheiten, Verstopfung, Appetitlosigkeit und Depression.

Sauer
Sauer entsteht aus den Elementen Feuer und Erde. Natürliche Quellen sind organische Säuren. Sauer hat die Eigenschaften leicht, heiß und feucht. Es wirkt verdauungsfördernd, appetitanregend, schweißtreibend, reinigend, organstärkend und lindert Blähungen. Im Übermaß bewirkt sauer Durst, Durchfall, Muskelschwäche und Entzündungen.

Salzig
Salzig wird aus den Elementen Wasser und Feuer gebildet. Natürliche Quellen für salzig sind Salze und Algen. Salzig hat die Eigenschaften schwer, heiß und feucht. Es wirkt erweichend, beruhigend und befeuchtend, stärkt das Verdauungsfeuer und ist appetitanregend.

Diese Geschmacksrichtung fördert die Körperausscheidungen und wirkt reinigend auf die Gefäße. Im Übermaß bewirkt salzig Impotenz, Schwäche, Durst, Fieber, Ekzeme, Gicht und Entzündungen.

Scharf
Scharf besteht aus den Elementen Feuer und Luft. Natürliche Quellen sind ätherische Öle. Scharf hat die Eigenschaften leicht, heiß und trocken, es wirkt abbauend und austrocknend auf die Gewebe. Scharf ist appetitanregend, fördert die Speichelbildung, reinigt den Mund, stimuliert die Organe und den Stoffwechsel. Es wirkt belebend, erhitzend und löst Stauungen.

Diese Geschmacksrichtung trocknet Schweiß und öffnet die Gefäße, fördert die aufwärtsgerichtete Bewegungsrichtung im Körper und hilft bei Wurmbefall. Im Übermaß bewirkt scharf Auszehrung, Magerkeit, Müdigkeit, Impotenz, Durst, Brennen, Erbrechen, Ohnmacht, Schwindel und Zittern.

Bitter
Bitter vereinigt die Elemente Luft und Äther. Natürliche Quellen für bitter sind Bitterstoffe, Alkaloide und Glykoside. Bitter hat die Eigenschaften leicht, kühl, trocken. Diese Geschmacksrichtung vermindert den Speichelfluss und reinigt die Gefäße, wirkt fiebersenkend, blutreinigend und appetitanregend. Sie hilft bei Vergiftungen, Juckreiz und Brennen.
Im Übermaß bewirkt bitter Kopfschmerzen, Auszehrung, Kräfteverlust, Schwindel und

GRUNDLAGEN DES AYURVEDA
So schmeckt das Leben

Mundtrockenheit. Zu viele Bitterstoffe überdecken alle anderen Geschmäcker.

Zusammenziehend

Zusammenziehend wird aus den Elementen Luft und Erde gebildet. Natürliche Quellen für zusammenziehend sind vor allem Gerbstoffe. Die Geschmacksrichtung hat die Eigenschaften schwer, kühl und trocken. Sie wirkt kühlend, fiebersenkend, lindernd und blutreinigend, hilft bei Durchfall und verringert die Harnmenge. Im Übermaß bewirkt zusammenziehend Blähungen, Verstopfung, Impotenz, Mundtrockenheit, Herzschwäche und allgemeines Schwächegefühl.

Der Wert der Verdauung

In einer ausgewogenen ayurvedischen Mahlzeit sollten alle sechs Geschmäcker enthalten sein. Diese Grundempfehlung gilt für alle Menschen. Denn egal, ob man einen Hessen, einen Chinesen, einen Bayern oder einen Nordpolbewohner obduziert – man wird feststellen, dass das Verdauungssystem bei allen Menschen gleich aufgebaut ist.

Leider zu oft erscheint die Idee der ayurvedischen Ernährung sehr streng und dogmatisch.

GRUNDLAGEN DES AYURVEDA
So schmeckt das Leben

GENUSSVOLL, DIE SIEBTE GESCHMACKSRICHTUNG

Neben den sechs traditionellen ayurvedischen Geschmacksrichtungen gibt es für mich noch eine siebte: genussvoll. Kochen und Genießen sind für mich die schönsten Möglichkeiten, innerer Lebensfreude Ausdruck zu verleihen. Ich wünsche mir, dass die Rezepte in diesem Buch alle Ihre Sinne ansprechen. Ernährung ist so viel mehr, als nur am Ende einer Mahlzeit einen vollen Magen zu haben. Auf die Gefahr, als Träumer oder Spinner zu gelten: Für mich muss Kochen bezaubern und zum Schwelgen verführen. Unsere Sinne sind der direkte Zugang zu unserem Inneren, sie sind nicht nur dazu da, um festzustellen, ob ein Essen heiß oder kalt, salzig oder süß ist. Mit Hilfe der Sinne können wir abtauchen und sprichwörtlich dahinschmelzen. Wenn wir einen Bissen nehmen, der im Mund eine Explosion wunderbarer Aromen auslöst, die sich über die Zunge in jede Faser von Körper und Seele ausbreiten, können wahrhaft göttliche Momente entstehen: das Gefühl, genau im richtigen Moment am richtigen Ort zu sein. Darin besteht für mich der Zweck von Kochen und Ernährung. Es bringt mich in Verbindung mit dem großen Ganzen und somit letztlich auch mit mir selbst. Glück entsteht, wenn mein gegenwärtiges Tun mich befriedigt und ich darin einen Nutzen für meine Zukunft erkenne. Unter diesem Aspekt erhält Gemüseschälen eine ganz neue Dimension.
Willkommen in der Welt der ayurvedischen Küche!

Tatsächlich ist aber genau das Gegenteil der Fall. Hier geht es weniger um bestimmte Regeln, als vielmehr um die Berücksichtigung der individuellen Lebenssituation wie Tageszeit, Jahreszeit, Alter, Beruf sowie körperliche und geistige Konstitution. Zusätzlich gibt es im Ayurveda einen ganz elementaren Bereich, der entscheidend für eine stabile Gesundheit ist: das Verdauungsfeuer oder »Agni«.

GRUNDLAGEN DES AYURVEDA
So schmeckt das Leben

Wir kennen die Redewendung »Man ist, was man isst.«

Im Ayurveda ist der Satz etwas konkreter formuliert: »Man ist, was man verdauen kann.« Denn längst nicht alles, was wir aufnehmen, körperlich wie geistig, können wir auch verdauen. Im Ayurveda gehören der Darm und die Psyche zum gleichen System. Ein starkes Verdauungsfeuer ist maßgeblich dafür verantwortlich, dass unser Immunsystem und sämtliche Prozesse des Stoffwechsels einwandfrei ablaufen können. Aus Sicht des Ayurveda ist eine gut funktionierende Verdauung dadurch gekennzeichnet, dass jeden Morgen nach dem Aufstehen Darm und Blase entleert werden können. Wenn Agni schwach oder gestört ist, können sich Abfallstoffe im Körper ansammeln, das sogenannte Ama. »Ama« heißt so viel wie »ungekocht« oder »unverdaut«. Damit ist sowohl materieller wie seelischer Müll gemeint.

Folgende Faktoren können das Verdauungsfeuer schwächen oder stören:
Eiweißreiches, schweres Essen am Abend; Ablenkung beim Essen durch Lesen oder Fernsehen; chronische Erkrankungen und Überlastungen; psychische Einflüsse wie Angst, Stress, Wut, Trauer, Sorgen, unregelmäßige Essenszeiten; Zeit- und Klimaverschiebungen; häufige Diäten oder Fastenkuren sowie zu häufiges und zu vieles Essen. Auf ein gestörtes Verdauungsfeuer deuten folgende Symptome hin: Aufstoßen, Blähungen, Sodbrennen, Völlegefühl, Müdigkeit, Heißhungerattacken, Kopfschmerzen, Schwindel.

Vor diesem Hintergrund möchte ich mit dem Märchen aufräumen, im Ayurveda sei Rohkost tabu. Der Grundgedanke im Ayurveda ist, dass es keine grundsätzlich gesunden oder ungesunden Lebensmittel gibt, sondern nur passende oder unpassende. Große Mengen an Bratkartoffeln können genauso ungesund sein wie ausschließlich Salat. Denn wenn meine individuelle Verdauungsleistung nicht oder nicht mehr ausreicht, um mit der Nahrung umzugehen, habe ich auch nichts von vermeintlich gesunden Inhaltsstoffen.

Ayurveda und der Kreislauf des Lebens

Ayurveda ist keine exotische Wissenschaft,
jeder kann das Konzept mit nicht allzu viel Aufwand
in sein Leben integrieren.
Möglicherweise leben Sie einige Aspekte
davon schon längst?
Gehen Sie mit mir auf Spurensuche, und lassen Sie
sich überraschen.

AYURVEDA UND DER KREISLAUF DES LEBENS
Was hat der heilige Benedikt mit Ayurveda zu tun?

Was hat der heilige Benedikt mit Ayurveda zu tun?

Im Verlauf meiner Lesetour zu »Koch dich glücklich mit Ayurveda« bin ich immer wieder zwei vermeintlich sicheren Annahmen begegnet:

• Ayurvedische Ernährung ist bei uns ein neuer Trend.
• Ayurveda kommt aus Indien, daher lässt es sich bei uns im Westen nicht integrieren.

Hatte ich anfangs noch Bedenken, ob es überhaupt sinnvoll sei, ein weiteres Buch zum Thema zu schreiben, war mir spätestens jetzt klar, dass es doch noch eine ganze Menge zu sagen gibt. Daher nehme ich Sie nun mit auf eine kleine Spurensuche: Finden sich Aspekte von Ayurveda auch in unserer Kultur?

Ich bin als Sohn eines Küsters in Lorsch aufgewachsen. In dieser südhessischen Kleinstadt befand sich im frühen Mittelalter eines der bedeutendsten Benediktinerklöster nördlich der Alpen. Dort wurde um das Jahr 795 das »Lorscher Arzneibuch« geschrieben, das als das früheste erhaltene Werk der Klosterheilkunde gilt. Es besitzt nicht nur medizinischen Wert, sondern markiert vor allem auch eine Zeitenwende im allgemeinen Verständnis von Krankheit und Fürsorge.

Krankheiten galten zu dieser Zeit vor allem als Strafe Gottes, die der Sünder anzunehmen hatte. Jegliche Versuche, die Krankheiten zu heilen, widersprachen daher dem göttlichen Heilsplan. Im Lorscher Arzneibuch wurde jedoch die Idee entwickelt, dass der Arzt, getragen von christlicher Nächstenliebe, ein Instrument göttlicher Gnade ist.

Und das Kapitel zur Lebensmittellehre beginnt mit einem Satz aus den »Institutiones«, einem Werk des spätantiken römischen Gelehrten Cassiodor: »Die Gesundheit des Menschen beruht in erster Linie auf der Verträglichkeit der Speisen.« Kommt Ihnen das bekannt vor? Das war damals eine Revolution!

AYURVEDA UND DER KREISLAUF DES LEBENS
Was hat der heilige Benedikt mit Ayurveda zu tun?

Vom Einsiedler zum Vordenker

Das Leben und die Überlieferungen des heiligen Benedikt sind für unser Thema von vielleicht überraschender Bedeutung. Der Heilige aus Nursia hat die »Regula Benedicti« verfasst, die noch heute Grundlage des von ihm gegründeten Benediktinerordens ist. Benedikt wurde um 480 als Sohn eines reichen Landbesitzers geboren und lebte eigentlich frei von den Sorgen der damaligen Zeit.

Nach einem kurzen Studienaufenthalt in Rom, wo er schockiert über den sittenlosen Zustand des Studentenlebens war, zog er sich in die Berge zurück und lebte dort als Einsiedler. Andere Einsiedler waren von seiner Religiosität fasziniert und baten ihn, ihr Lehrmeister zu werden.

Vordenker zu sein ist allerdings nicht immer einfach. Benedikts Vorstellungen erschienen seinen Klosterbrüdern zu streng, und sie versuchten ihn zu vergiften. Gott sei Dank entging er diesem Anschlag, und so konnte er das weltbekannte Kloster Monte Cassino gründen, in dem er bis zu seinem Tod im Jahr 547 lebte und für das er seine berühmte »Regula Benedicti« schrieb, die Benediktusregel. Basierend auf dem göttlichen Gebot der Nächstenliebe, organisierte er darin alle Aspekte des Zusammenlebens, was bis heute nicht nur für eine Ordensgemeinschaft interessant ist.

Das Kloster als Miniatur der Gesellschaft: Ein wichtiger Ansatz bei Benedikt ist die angemessene Berücksichtigung individueller Eigenarten, Bedürfnisse, Stärken und Schwächen – es sind eben nicht alle gleich, aber dennoch alle Teil eines übergeordneten Plans. Willkommen im Ayurveda! Denn auch hier geht es um nichts anderes. Jeder ist ein Einzelstück, eingebettet in das universelle Geschehen der Natur.

Natürlich wollte Benedikt aber viel mehr, als nur den Tagesablauf seiner Gemeinschaft zu regeln. Vor allen Dingen suchte er nach Möglichkeiten, ein gelungenes, glückliches und heiles Leben zu führen. Eine seiner zentralen Fragen war: »Wer hat Lust am Leben und möchte schöne Tage schauen?« Ich bin mir ziemlich sicher, dass bei der Frage auch heute noch sehr viele Menschen die Hand heben!

Benedikt und die Klostermedizin

In seiner Ordensregel legte Benedikt unter anderem fest, dass die Krankenpflege die wichtigste Aufgabe der Mönche sei. Jedes Kloster sollte dafür einen eigenen Raum einrichten und einen Mönch ausbilden. Damit übernahmen die Klöster schon zu Beginn ihres Auftretens eine soziale Aufgabe für die Allgemeinheit.

Diese Regel Benedikts war die Basis der Klosterheilkunde. Ihr zentrales Anliegen war und ist die Gesunderhaltung von Körper, Seele und Geist durch eine angemessene Ernährung und Lebensführung. Basis dafür war die antike Viersäftelehre, nach der es im Körper vier maßgebliche Flüssigkeiten gibt.

AYURVEDA UND DER KREISLAUF DES LEBENS
Was hat der heilige Benedikt mit Ayurveda zu tun?

1. Blut mit den Eigenschaften heiß und feucht.
2. Gelbe Galle mit den Eigenschaften heiß und trocken.
3. Schwarze Galle mit den Eigenschaften kalt und trocken.
4. Schleim mit den Eigenschaften kalt und feucht.

Aus der Verbindung dieser Säfte entsteht der materielle Körper, so die Idee, und wenn diese Säfte ins Ungleichgewicht geraten, entwickeln sich Krankheiten. Hatte ein Mensch zum Beispiel zu viel schwarze Galle, war die Behandlung heiß und befeuchtend. Dies korrespondiert auffällig mit der Idee der Doshas im Ayurveda.

Eine weitere große Gemeinsamkeit der Systeme ist die Rolle der Verdauung. Innerhalb der Klosterheilkunde war die Verdauung zentral: Eine gut funktionierende Verdauung war die elementare Quelle für gute Gesundheit. Laut Benedikt ist dies keine Selbstverständlichkeit, sondern ein Prozess: »Nur durch das ständige Bemühen des Menschen, seine labile Natur zu stabilisieren, kann das Gleichgewicht gehalten werden, die Mitte zwischen den Extremen, die allein Gesundheit bedeutet.«

Die Ernährungspläne vieler Klöster unterscheiden sich nicht sehr von heutigen Empfehlungen. Da viele Klöster Selbstversorger waren, gab es entsprechend der jeweiligen Jahreszeit überwiegend Getreide, Gemüse und Obst. Fleisch kam sehr selten auf den Tisch, allenfalls Fisch und Geflügel, da Benedikt schon damals den Verzehr von Tieren mit vier Beinen ablehnte! Ausnahmen erlaubte Benedikt nur in der Versorgung von Kranken und Schwachen. Brot wurde selbst gebacken, aber nicht frisch verzehrt, da man um die Gase bildende Wirkung wusste. Besonderen Wert legte Benedikt darauf, die Ernährung dem Tagesablauf und dem Lebenszyklus anzupassen. So galt Rohkost am Abend als ungünstig, und was für einen jungen Mitbruder gut war, konnte einem älteren schaden.

Überraschende Gemeinsamkeiten zwischen Ost und West, zwischen damals und heute? Für mich sind das eher Erkenntnisse, die aus klarer Beobachtung stammen und aus Einfühlung in universelle Gegebenheiten: Eine dauerhafte Gesundheit, die mehr bedeutet als die Abwesenheit von Schmerzen, ist auf Dauer nur möglich, wenn wir es wieder schaffen, uns in den Zyklus der Natur zu integrieren. Wir schweben nicht einfach ziellos in der Gegend herum, wir sind Teil dieser atemberaubenden Schöpfung, die uns jeden Tag umgibt und nährt.

Heilende Klostergärten

Viele Jahrhunderte lang waren Klöster also nicht nur Zentren kulturellen Lebens, sondern in ihnen wurde auch der Grundstein für unsere moderne Medizin und Kräuterheilkunde gelegt. In meiner Heimatstadt Lorsch befindet sich innerhalb der ehemaligen Klosteranlage ein Kräutergarten, angelegt nach dem Vorbild des Benediktinermönchs Walahfrid Strabo (Walahfrid »der Schielende«), der im 9. Jahrhundert Abt des Klosters Reichenau war. Er war außerdem Dichter und Botaniker und beschrieb in

AYURVEDA UND DER KREISLAUF DES LEBENS
Was hat der heilige Benedikt mit Ayurveda zu tun?

seinem berühmten Werk über den Gartenbau, »Hortulus«, in Versform die heilende Wirkung verschiedener Kräuter.

So schrieb er beispielsweise über den Muskatellersalbei:

»Hier unter jungem Grünzeug erhebt sich mit kräftigem Stengel
Dunkel Sclarega, nach oben entfaltet sie Zweige und Blätter.
Da sie nur selten zur Hilfe in Krankheit irgend verlangt wird,
Möchte man glauben, sie wohl den Händen der Ärzte entgangen.
Gleichwohl vermag sie zu spenden, in süßwarmes Wasser gegeben,
Heilende Kräfte sowohl wie Tränke von duftender Würze.«

Die Beschreibung beschränkt sich nicht nur auf die rein äußerlichen Merkmale, sondern umfasst auch eine tiefere, spirituelle Ebene. Seine Entsprechung findet dies in den alten Schriften des Ayurveda, wo es heißt, dass die Rishis, die geistigen Führer und Seher, in tiefer Meditation von der Wirkung der Heilpflanzen erfahren haben. In diesem Sinne wurden Klostergärten nie als reine Nutzgärten betrachtet, sondern hatten eine religiös-symbolische Bedeutung. Der Baumgarten diente oft als Friedhof, da die Obstbäume mit ihrem Vegetationszyklus von Blüte, Fruchtreife, Winterruhe und neuem Erblühen den Lauf des Lebens und die Auferstehung repräsentierten. Immergrüne Pflanzen wie Efeu und Rosmarin stehen für die Unsterblichkeit und finden sich daher oft als Zweige oder Gebinde auf Gräbern.

An dieser Stelle eine kleine Ermutigung: Wenn es einen Menschen in Ihrem Leben gibt, der leider nicht mehr lebt, der Ihnen aber etwas Besonderes mitgegeben hat, nehmen Sie sich die Zeit, fahren Sie ans Grab, und legen Sie dort einen Efeuzweig nieder. Bei mir ist das mein ehemaliger Geschichtslehrer Peter Wand, der an der Büraburg bei Fritzlar begraben liegt. In der Erinnerung mischen sich dankbare Verbundenheit, Heiterkeit und lebenspraktischer Nutzwert: Herr Wand vermittelte uns nicht nur geschichtliche Daten, sondern hat uns immer gezeigt, wie die Vergangenheit unsere Gegenwart beeinflusst. Seither weiß ich zum Beispiel, dass ich mich in einer fremden Stadt auf der Suche nach Essbarem nur am Kirchturm orientieren muss. Denn wo eine Kirche ist, ist der Frühschoppen nicht weit!

Der Klostergarten war nicht nur ein Ort der Arbeit, sondern auch der Meditation und des Gebets. Er stand für die göttliche Ordnung, die den Menschen vor dem Chaos und dem Unheil der Welt bewahrt. »Ora et labora«, »Bete und arbeite«: Für kaum einen Ort ist dieser Leitspruch der Benediktiner passender als für einen Garten. Alle Zyklen des Lebens, wunderbare Farben, Formen und Düfte treffen dort zusammen. Man lernt wieder zu warten, Geduld zu haben und demütig zu sein, denn die Natur hat ihr eigenes Tempo. Vom Zeitpunkt der Saat bis zur Ernte können Tage, Wochen, Monate oder sogar Jahre vergehen. Diese Entschleunigung kann etwas Wunderschönes sein. – Und dafür braucht man nicht einmal einen Garten, es funktioniert auch zu Hause auf einem kleinen Balkon oder dem Fensterbrett.

Der kleine Kräutergarten für zu Hause

Als Anregung für Ihren eigenen kleinen Klostergarten habe ich hier einige Heilkräuter aus Walahfrids Kräutergarten mit traditionellen Ayurveda-Heilkräutern kombiniert. Falls Sie die Kräuter bei Ihrem Händler nicht bekommen, finden Sie die entsprechenden Bezugsquellen auf Seite 222.

»Mini«
Minze, Salbei, Kerbel, Liebstöckel, Ashwaghanda, Tulsi (Heiliger Basilikum)

»Midi«
Katzenminze, Poleiminze, Salbei, Kerbel, Liebstöckel, Rose, Muskatellersalbei, Odermenning, Fenchel, Wermut, Andorn, Lilie, Ashwaghanda, Tulsi (Heiliger Basilikum), Wassernabelkraut

»Maxi«
Im ursprünglichen Garten des Mönchs Walahfrid fanden sich diese Kräuter:
Salbei, Weinraute, Eberraute, Kürbis, Honigmelone, Wermut, Andorn, Fenchel, Schwertlilie, Liebstöckel, Gartenkerbel, Lilie, Muskatellersalbei, Frauenminze, Poleiminze, Sellerie, Betonie, Odermenning, Katzenminze, Rettich, Rose, Schafgarbe, Schlafmohn

AYURVEDA UND DER KREISLAUF DES LEBENS
Arbeite, bete – und genieße!

Arbeite, bete – und genieße!

Das Erste, was man stressgeplagten Seelen in den zahlreichen Burnout-Kliniken verpasst, ist ein streng geregelter Tagesablauf. Mit festen Zeiten für Essen, Arbeitstherapie, Meditation und Ruhephasen versucht man den Menschen wieder an natürliche Rhythmen zu gewöhnen, die in der heutigen Gesellschaft gerne untergehen. Die Argumente dagegen sind bekannt: Keine Zeit, nicht so wichtig, mach' ich morgen ... Die Devise lautet »schneller, höher, weiter«. Diese Haltung funktioniert so lange, bis entweder der Körper oder die Seele, meist Hand in Hand, SOS funken. Dann heißt es Koffer packen und ab in die Klinik.

Hier sind wir wieder beim heiligen Benedikt: Er hat schon vor rund fünfzehnhundert Jahren all diese Probleme erkannt und zum Wohle von Körper und Geist feste Empfehlungen formuliert. Seine Benediktusregel ist ein topaktueller Leitfaden für die verschiedensten Lebensbereiche wie Zusammenleben, Fürsorge, Ernährung, Moral, Ethik und Nächstenliebe.

Mit seinem feinen Gefühl für die richtige Mischung aus elterlicher Liebe und Disziplin muss Benedikt ein sehr guter Menschenkenner gewesen sein.

Den Kern seiner Regel bildet der bekannte Leitspruch »ora et labora«, »bete und arbeite«. Genau dieser Wechsel aus Arbeit, Gebet und Meditation macht für mich die Faszination der benediktinischen Lebensweise aus. Wobei Gebet hier viel mehr meint als das reine Rezitieren von Psalmen und Versen, sondern Dankbarkeit für das Leben und für die Gewissheit, geliebt und eingebunden zu sein. Wer einmal erleben möchte, wie sich dieses intensive Gefühl als Klang Bahn brechen kann, dem empfehle ich wärmstens einen Besuch im Kloster Einsiedeln in der Schweiz. Wenn über achtzig Mönche in der Basilika das »Salve Regina« singen, erübrigen sich sämtliche Diskussionen über Gottesbeweise.

Hier ein typisches Beispiel für die klösterlichen Gebetszeiten:

5.00 Uhr Vigil
6.25 Uhr Laudes
7.00 Uhr Gottesdienst
12.00 Uhr Mittagshore
17.30 Uhr Vesper
19.00 Uhr Komplet

AYURVEDA UND DER KREISLAUF DES LEBENS
Arbeite, bete – und genieße!

Tipps für einen gesunden Tagesablauf

Natürlich kann man diesen Lebensstil nicht ohne Weiteres auf unseren Alltag übertragen. Aber es kann eine Einladung sein, jeden Tag kleine Ankerpunkte zu etablieren, damit unser Tagesablauf eine feste positive Routine und unser Leben eine Richtung bekommt.

Damit schließt sich auch wieder der Kreis zum Ayurveda, wo es schon seit jeher Empfehlungen für einen gesunden Tagesablauf gibt:

- Vor Sonnenaufgang aufwachen.
- Eine kurze Atemmeditation nach dem Aufstehen und vor dem Schlafengehen. Traditionell wird empfohlen, seinen Blick 5 bis 10 Minuten lang auf eine Kerze zu konzentrieren.
- Vor und nach dem Essen die Hände waschen.
- Nach den Mahlzeiten die Zähne putzen.
- Täglich das Zahnfleisch mit etwas Sesamöl massieren.
- Einmal pro Woche nur heißes Wasser trinken, um den Körper zu reinigen und die Verdauung zu entlasten. Keine Angst, es muss keiner umfallen! Die meisten Menschen überschätzen ihren Energiebedarf sowieso dramatisch.
- Vor 22 Uhr zu Bett gehen.
- Keine gekühlten Getränke unmittelbar vor oder nach dem Essen trinken, da sonst die Verdauung behindert wird.
- Kein Verdauungsschlaf! Wenn mich Essen so erschöpft, dass ich schlafen muss, kann ich davon ausgehen, dass etwas schiefgelaufen ist.
- Die Fußsohlen vor dem Schlafengehen mit Sesamöl einreiben.

EXKURS
Das Leben feiern

Das Leben feiern

Um für sich und das eigene Leben im universell gesteuerten Kreislauf der Natur einen Platz zu finden, haben die Menschen zu jeder Zeit entsprechende Strukturen geschaffen. Es scheint in unserer Natur zu liegen, die Zeit einteilen zu wollen und die Phänomene der Natur verlässlich und bestimmbar zu machen. Um die Ernte und damit den Lebensunterhalt sicherzustellen, war diese Haltung lebensnotwendig.

Eckpunkte dieser Einteilungen sind wiederkehrende Wechsel wie die Jahreszeiten, aber auch die Verbindung mit der Instanz, die diese Wechsel verursacht. Dafür, dass alles nicht zu regelmäßig wird, sorgt das menschliche Bedürfnis nach Überschwang, transzendenter Überhöhung und Verschmelzung mit der Lebensfreude.

Unmittelbar mit der Natur verbunden zu sein ist Spiritualität in ihrer ursprünglichsten Form.
In unserem Kulturkreis entstanden die Namen für die Monate des Jah-

EXKURS
Das Leben feiern

res zunächst aus der Naturbeobachtung der Germanen.

Im Zuge des als »Zivilisation« bekannten Prozesses vermischten sie sich mit Namensgebungen aus der römischen Kultur. Zur Erinnerung führen wir hier die zwei Systeme auf, mit denen wir uns aus unterschiedlichsten Perspektiven unseren Platz im universellen Kreislauf geschaffen haben.

Die Monate im germanischen Kalender

Hartung (Januar) kommt von »hart«, das bedeutet »viel«: Viel Schnee, viel Eis, viel Kälte.
Hornung (Februar) kommt von »hornen«, was »sich paaren« heißt (Fasching!).
Lenzing (März) bedeutet »Frühlingsmonat«.
Ostermond (April): Ostara war die Göttin des Sonnenlichts. In diesen Monat fällt die Auferstehung der Natur.
Wonnemond (Mai): Mai ist ein germanisches Wort und bedeutet »jung«.
Brachet (Juni): Die Felder liegen brach.
Heumond (Juli): Die Felder werden gemäht, es gibt das erste Heu.
Erntemond (August): Die Ernte wird eingebracht.
Scheiding (September): Der Sommer scheidet von uns.
Gilbhart (Oktober): »Gilb« bedeutet »gelb«, »hart« bedeutet »viel«.
In diesem Monat gibt es viel gelbes Laub.
Nebelung (November): In diesem Monat gibt es häufig Nebel.
Julmond (Dezember): Das Julfest, das Fest der Wintersonnenwende, war das größte Fest der Germanen. In den Raunächten ruhte jede Arbeit. Sonnwendfeuer wurden entzündet und Julräder zu Tal gerollt. Sie sollten die Sonne wieder zurückrufen.

Unsere Monatsnamen aus dem Lateinischen

Januar: nach dem altrömischen Gott Janus mit den zwei Gesichtern, eines nach vorne gerichtet (blickt in die Zukunft) und eines nach hinten (blickt in die Vergangenheit).
Februar: nach dem römischen Gott Februus. »Februare« heißt »reinigen«. In dieser Zeit wurden Reinigungs- und Sühneopfer gebracht.
März: nach dem römischen Kriegsgott Mars.
April: »Aperire« heißt »öffnen«. Das Frühjahr beginnt.
Mai: nach Jupiter Maius, dem Gott, der Wachstum bringt.
Juni: nach der römischen Göttin Juno, der Beschützerin des Lichts und des Ehebündnisses.
Juli: nach Julius Cäsar.
August: nach dem römischen Kaiser Augustus.
September, Oktober, November und Dezember: römische Zahlwörter. Sie bedeuten siebter, achter, neunter und zehnter Monat.

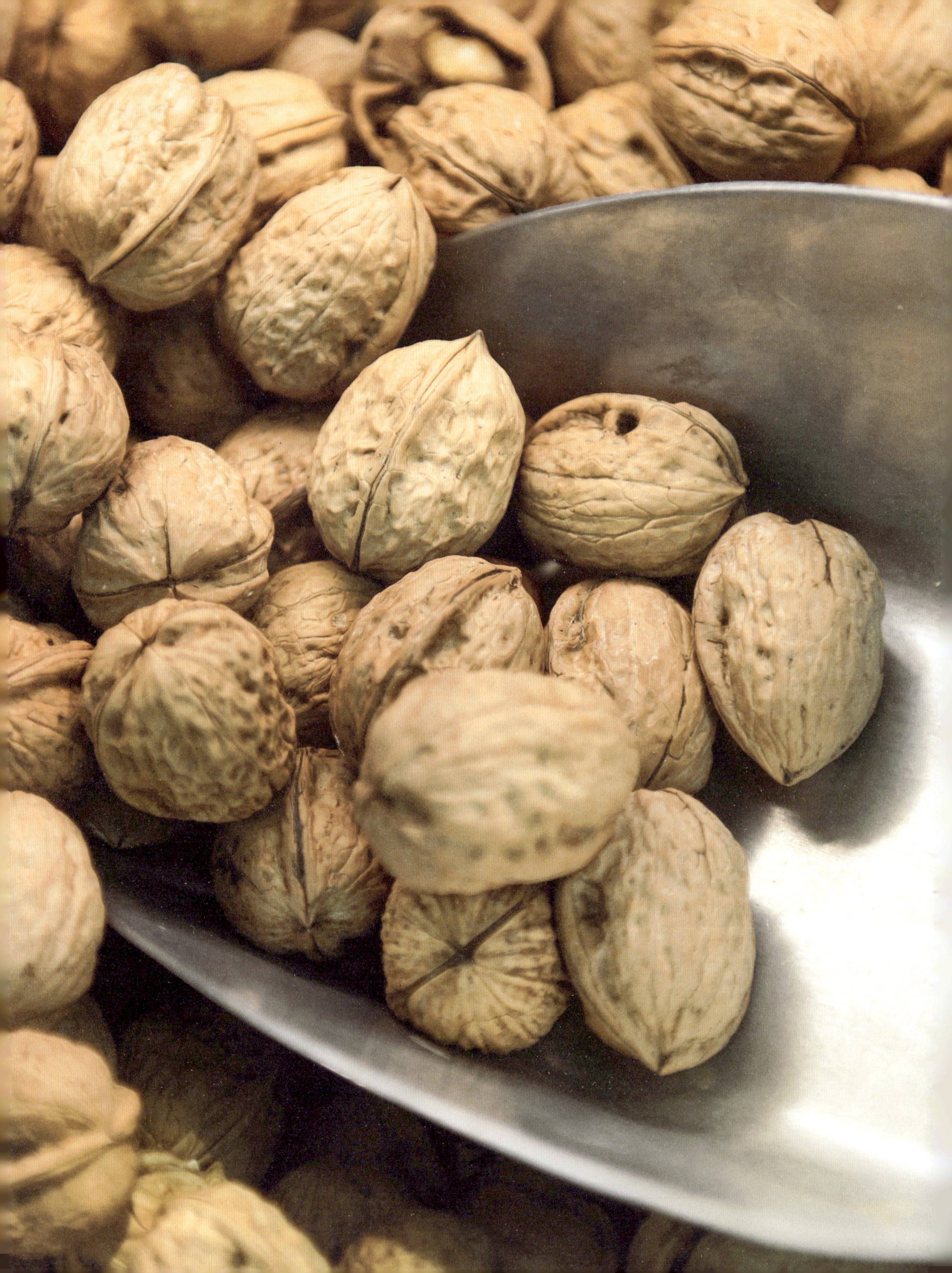

REZEPTE
Spätherbst und Winter

Im Winter rücken wir näher zusammen, Freundschaften und die Verbindungen in unserem Leben erhalten einen neuen Wert. Im Ayurveda sieht man den Winter nicht als »tote« Jahreszeit, sondern gleichzeitig als Zeit der Ruhe und des Neubeginns. Das Dosha des Winters ist Kapha, und dies dominiert mit seinen Eigenschaften Wachstum, Stabilität und Kälte auch den Lebensabschnitt der Kindheit. In der Tagesstruktur bilden das Frühstück und das Abendessen jeweils den Auftakt in einen neuen Abschnitt des 24-Stunden-Zyklus. Morgens und abends lautet die Devise warm, nährend und mit der nötigen Süße.

REZEPTE SPÄTHERBST UND WINTER
Frühstück

Frühstück

Wider den Kaltstart

REZEPTE SPÄTHERBST UND WINTER
Frühstück

Bei einem ayurvedisch inspirierten Frühstück sollte nicht nur das Getränk warm sein. So gehen wir sicher, dass das Verdauungsfeuer entfacht und damit die Energie für den ganzen Tag angekurbelt wird.

(Wenn nicht anders angegeben, sind die Rezepte für vier Personen gedacht.)

g glutenfrei   *l* laktosefrei   *v* vegan   *o* optional vegan oder laktosefrei

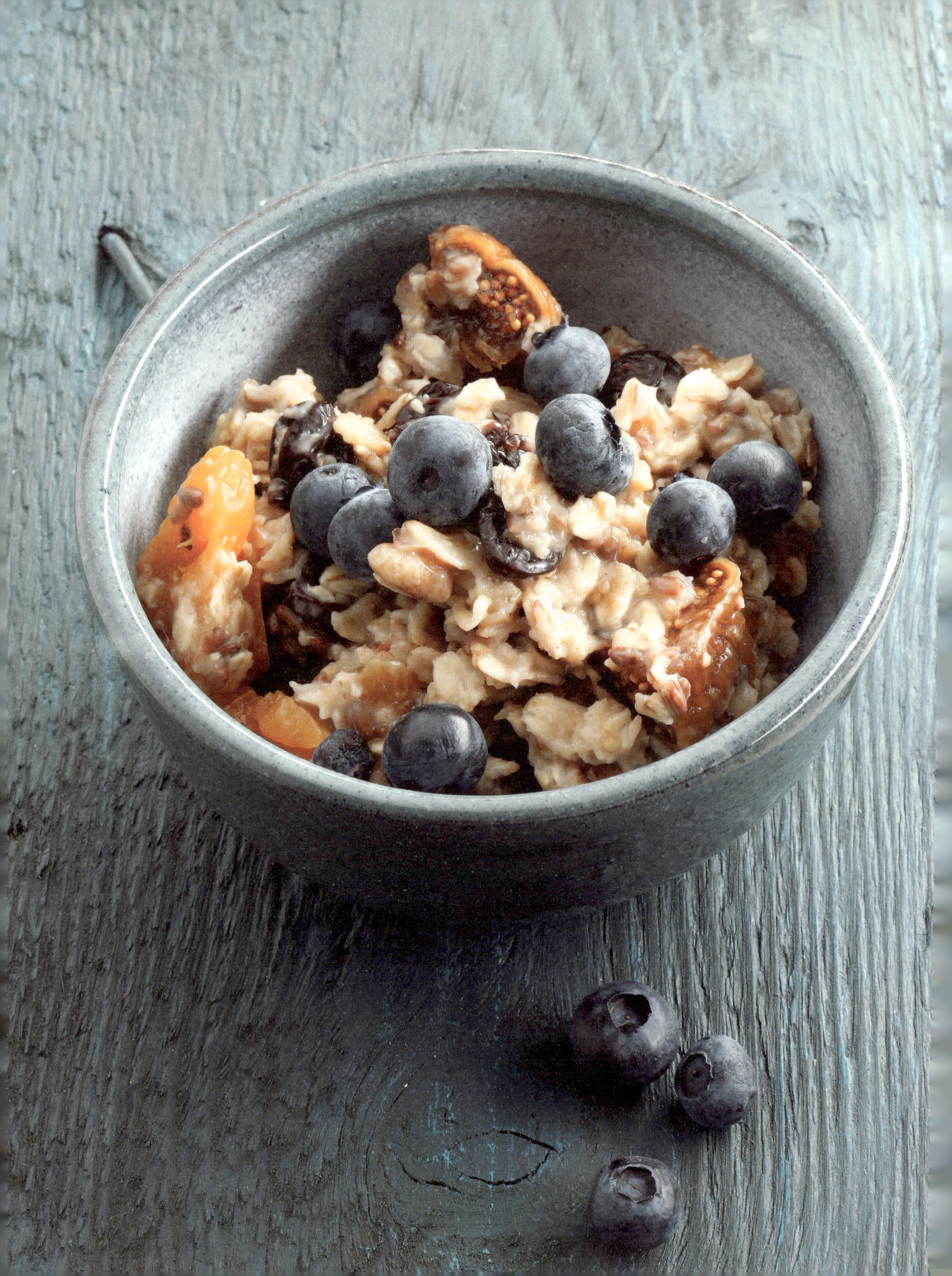

REZEPTE SPÄTHERBST UND WINTER
Frühstück

Mehrkorn-Frucht-Schale

l *v*

8 getrocknete Aprikosen
6 getrocknete Feigen
80 g gehackte Walnüsse
200 g grobe Hafer- und Dinkelflocken
250 ml Sojamilch
½ TL Salz
30 g Rohrzucker
2 EL geschrotete Leinsamen
100 g getrocknete Kirschen
100 g Blaubeeren (nach Saison)

1 Aprikosen in grobe Streifen, die Feigen in Viertel schneiden.

2 Walnüsse ohne Fett kurz in der Pfanne anrösten. Flocken zugeben. Mit Sojamilch und 250 Milliliter Wasser aufgießen, Salz, Zucker und Leinsamen unterrühren.

3 Aprikosen, Feigen und Kirschen unterheben und zum Schluss die Blaubeeren draufgeben.

4 Auf vier Schalen verteilen und etwas abkühlen lassen.

REZEPTE SPÄTHERBST UND WINTER
Frühstück

Couscous mit getrockneten Pflaumen, Minze und Birne

    (l) (v)

200 g Couscous
4 EL Sonnenblumenöl
400 ml Sojamilch/Reismilch/Hafermilch
½ TL Salz
30 g feiner Rohrzucker
100 g getrocknete, entsteinte Pflaumen
1 Birne
100 g Haselnusskerne
10 g frische Minze (etwa 30 Blätter)

1 Couscous in einem Topf mit 2 Esslöffeln Sonnenblumenöl 2 bis 3 Minuten anrösten. Die Milch mit der gleichen Menge Wasser mischen und zugießen. Salz und Zucker zugeben, kurz aufkochen lassen, Hitze reduzieren und den Couscous 15 Minuten quellen lassen.

2 Die Pflaumen in Streifen schneiden.

3 Die Birne vierteln, entkernen und in Würfel schneiden. Die Würfel in 1 Esslöffel Sonnenblumenöl kurz anbraten. Birne und Pflaumen locker unter den Couscous heben.

4 Haselnüsse im restlichen Öl in der Pfanne leicht anrösten und zum Couscous geben.

5 Die frische Minze waschen, grob zerpflücken und über den Couscous streuen.

TIPP Die Minze nicht mit dem Messer hacken! Sie reagiert empfindlich auf Metall, ärgert sich dann gern schwarz und nimmt den metallischen Geschmack an.

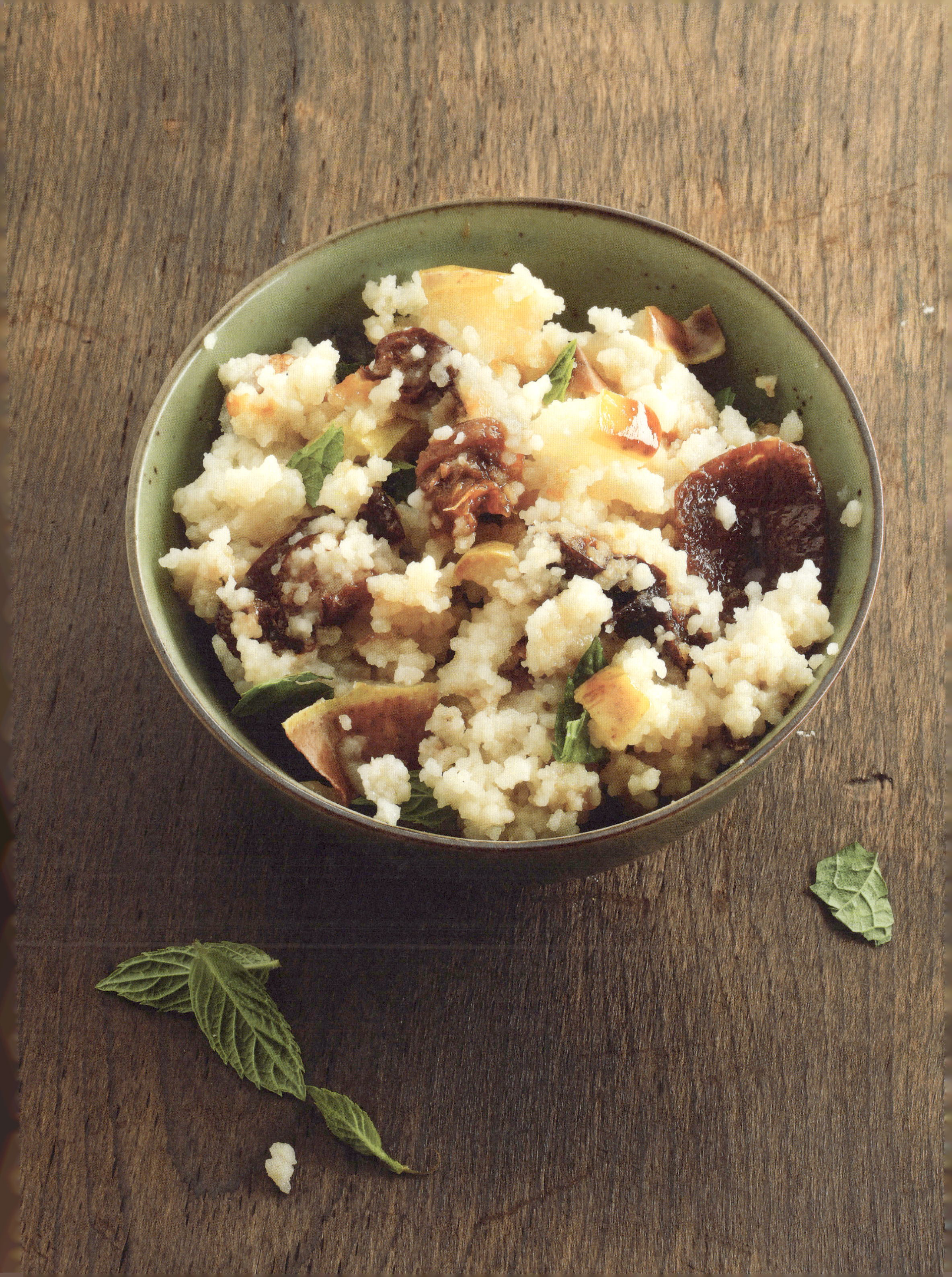

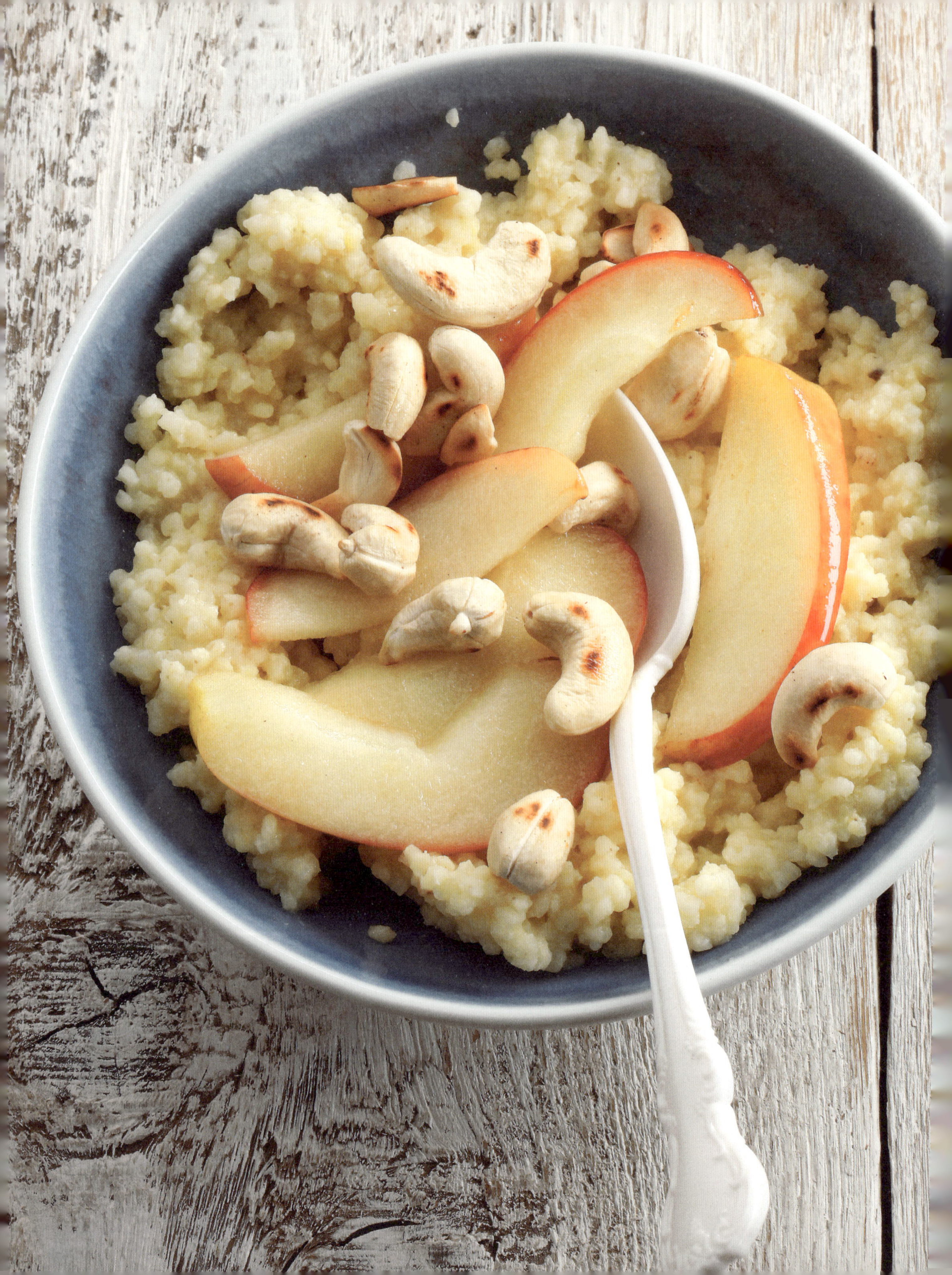

REZEPTE SPÄTHERBST UND WINTER
Frühstück

Hirse mit gedünstetem Apfel und Cashewkernen

g *l* *v*

200 g Hirse
4 EL Sonnenblumenöl
500 ml Sojamilch/Reismilch/Hafermilch
½ TL Salz
30 g feiner Rohrzucker
2 Äpfel
150 g Cashewkerne

1 Hirse in ein Sieb geben und mit Wasser gut durchspülen. Danach in 2 Esslöffeln Sonnenblumenöl leicht andünsten.

2 Die Milch mit der gleichen Menge Wasser mischen und zugießen. Salz und Zucker zufügen, die Hirse etwa 10 Minuten am Siedepunkt köcheln und anschließend noch 10 Minuten bei ausgeschaltetem Herd ziehen lassen.

3 Die Äpfel waschen, entkernen, in Spalten schneiden und mit 2 Esslöffeln Sonnenblumenöl kurz in der Pfanne andünsten.

4 Cashewkerne in einer Pfanne ohne Fett leicht anrösten.

5 Hirse in Frühstücksschalen geben, Apfelspalten und Cashewkerne daruntermischen.

INFO Hirse ist übrigens kein Getreide, sondern zählt zu den Süßgräsern.

REZEPTE SPÄTHERBST UND WINTER
Frühstück

Kräuterrührei mit Oliven-Tomaten-Relish ⓖ ⓛ

1 kleine rote Paprika
1 kleine gelbe Paprika
10 schwarze entsteinte Oliven
10 grüne entsteinte Oliven
1 Bund gemischte Kräuter (Dill, Schnittlauch, Petersilie …)
6 Eier
4 EL Olivenöl
½ TL gemahlener Kreuzkümmel
1 TL Rohrzucker
2 TL getrocknete italienische Kräuter
Salz
Pfeffer

1 Paprikaschoten waschen, putzen und in Würfel schneiden. Oliven in Scheiben schneiden, frische Kräuter waschen und fein hacken. Eier verquirlen.

2 2 Esslöffel Olivenöl in der Pfanne erhitzen, Paprika und Oliven zugeben. Kreuzkümmel, Zucker und getrocknete Kräuter gut einrühren und 5 Minuten bei schwacher Hitze dünsten.

3 In einer zweiten Pfanne 2 Esslöffel Olivenöl erhitzen, Eier zugeben, 3 Minuten stocken lassen. Die Gemüsemischung gleichmäßig auf dem Ei verteilen und nochmals 5 Minuten stocken lassen.

4 Zum Schluss die frischen Kräuter darüberstreuen und mit Salz und Pfeffer würzen.

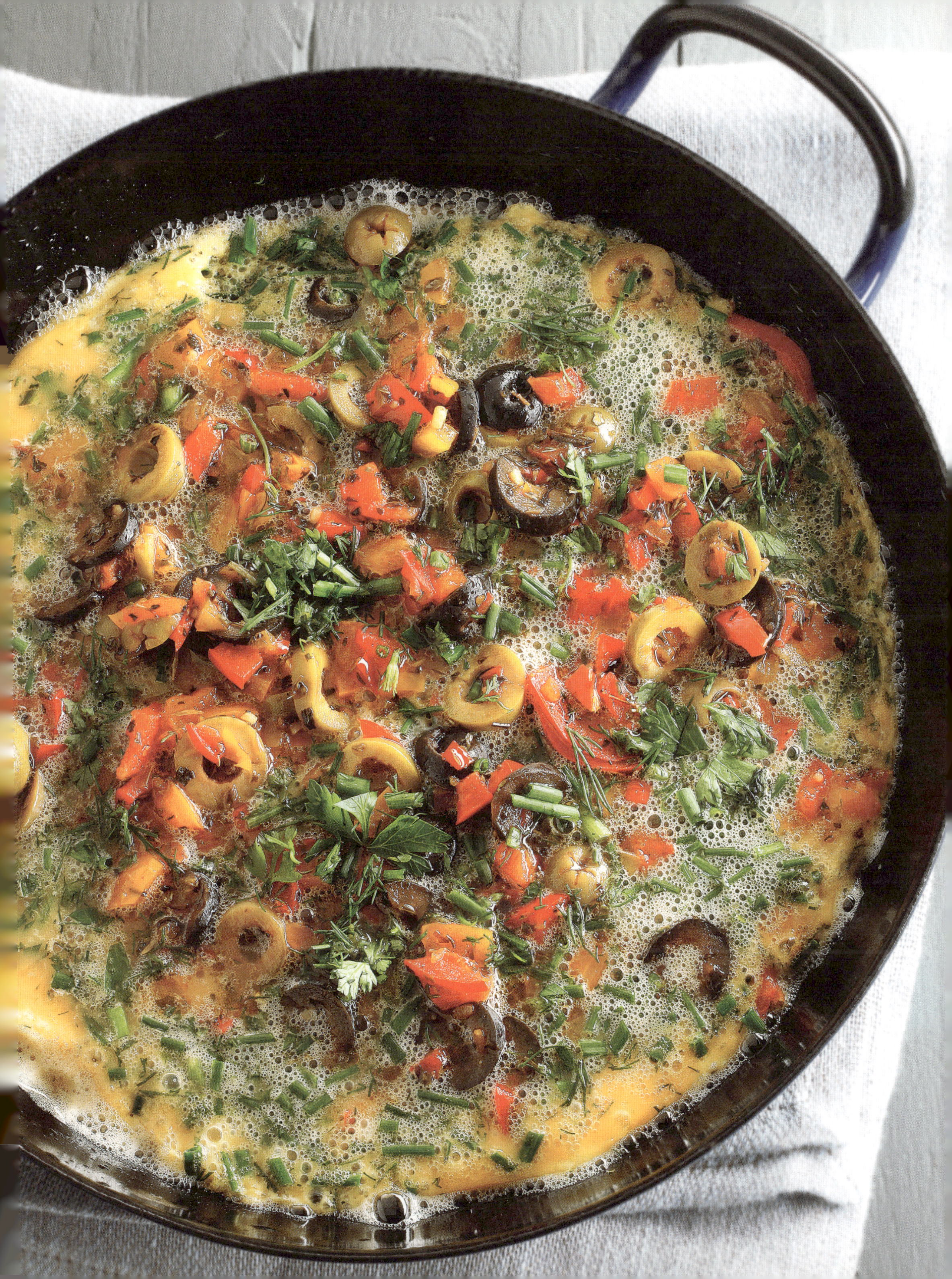

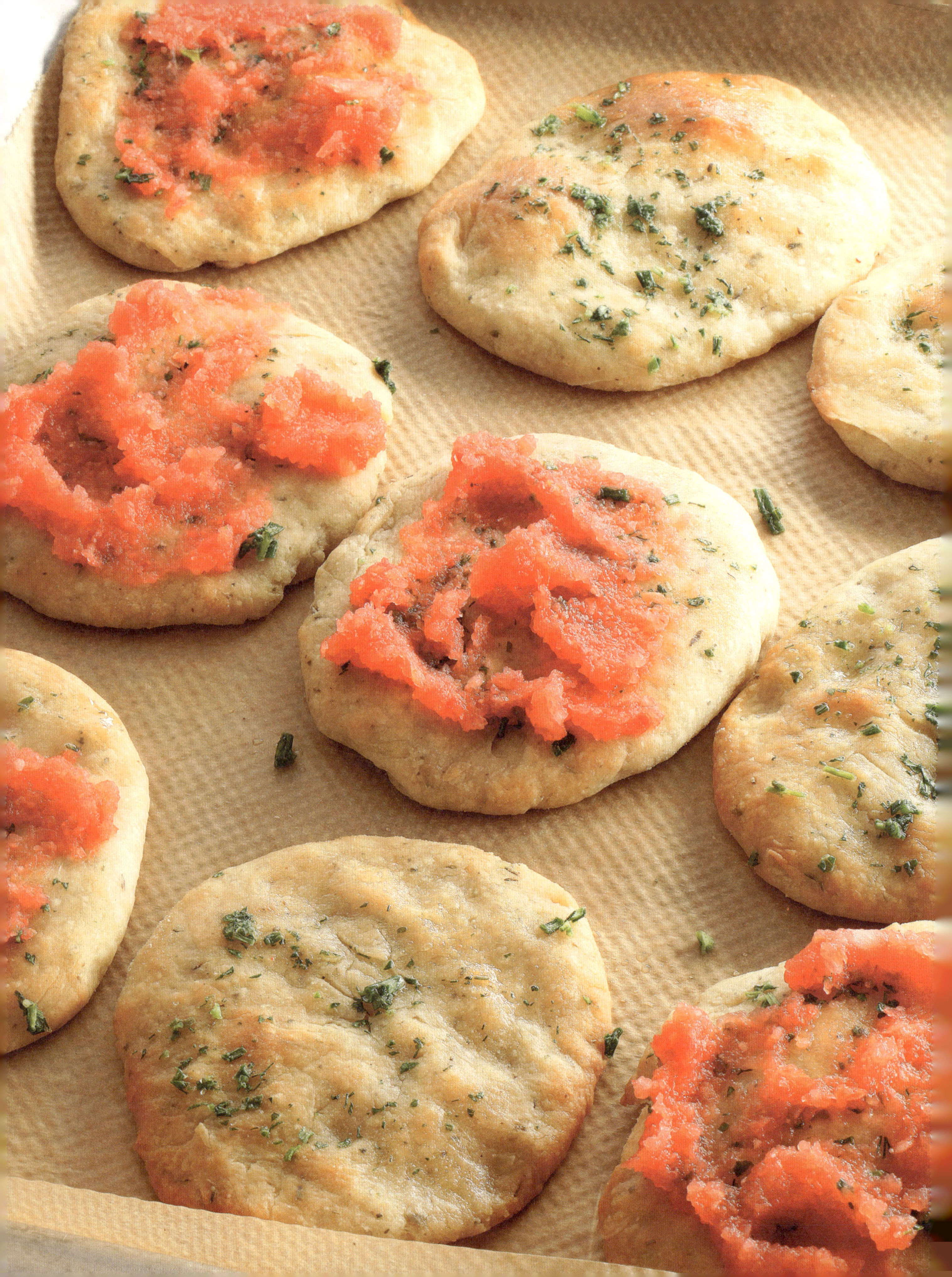

REZEPTE SPÄTHERBST UND WINTER
Frühstück

Kräuterfladenbrot mit Apfel-Ingwer-Mus ⬤ ⬤

Für das Kräuterfladenbrot

100 ml Olivenöl
½ Würfel Hefe
1 TL Rohrzucker
350 g Dinkelvollkornmehl
1 EL getrocknete Kräuter der Provence
1 Bund frische, gehackte Kräuter
(z. B. Estragon und Kerbel)
½ TL Salz

Für das Apfel-Ingwer-Mus

3 mittelgroße Äpfel
1 EL frisch gehackter Ingwer
Saft einer Zitrone
2 EL Rohrzucker
1 EL Sonnenblumenöl

1 150 ml lauwarmes Wasser (40 °C) mit 50 Millilitern Öl in eine große Rührschüssel geben. Darin die Hefe und den Zucker mit einem Schneebesen aufrühren.

2 Mehl und Kräuter der Provence zugeben und alles zu einem geschmeidigen Teig kneten. Den Teig 30 Minuten an einem warmen Ort ruhen lassen.

3 Den Ofen auf 180 °C vorheizen. Den Teig nochmals kräftig durchkneten und handtellergroße Fladen daraus formen. Die Fladen auf ein mit Backpapier ausgelegtes Blech setzen und 10 Minuten backen.

4 Die Kräuter mit Öl und Salz vermischen und auf die noch lauwarmen Brote streichen.

1 Die Äpfel waschen, entkernen, in Stücke schneiden, mit Ingwer und Zitronensaft pürieren. Zum Schluss den Zucker unterrühren.

2 Das Öl in einem Topf erhitzen, die Apfelmasse hineingeben und bei mittlerer Hitze etwa 10 Minuten leicht köcheln lassen.

REZEPTE SPÄTHERBST UND WINTER
Frühstück

Pflaumen-Zimt-Reis mit gerösteten Walnüssen (g) (l) (v)

200 g Langkornreis
100 g gehackte Walnüsse
8 EL Sonnenblumenöl
1 TL Salz
500 g Pflaumen
1 TL Zimtpulver
2 EL Agavendicksaft

1 Den Reis mehrmals sorgfältig waschen, dann 10 Minuten ruhen lassen. Walnusskerne in einer Pfanne ohne Fett anrösten.

2 6 Esslöffel Öl in einem mittleren Topf erhitzen, Reis darin 3 Minuten andünsten, dann mit 800 ml Wasser auffüllen und leicht salzen. 15 Minuten abgedeckt köcheln lassen. Den Reis durch ein Sieb abschütten, mit kaltem Wasser durchspülen und abtropfen lassen.

3 Die Pflaumen waschen, entkernen und vierteln.

4 In einer großen Pfanne 2 Esslöffel Öl erhitzen, Zimt einstreuen, dann Reis und Pflaumen zufügen, alles fünf Minuten erhitzen.

5 Zum Schluss mit Agavendicksaft süßen und mit den Walnüssen bestreuen.

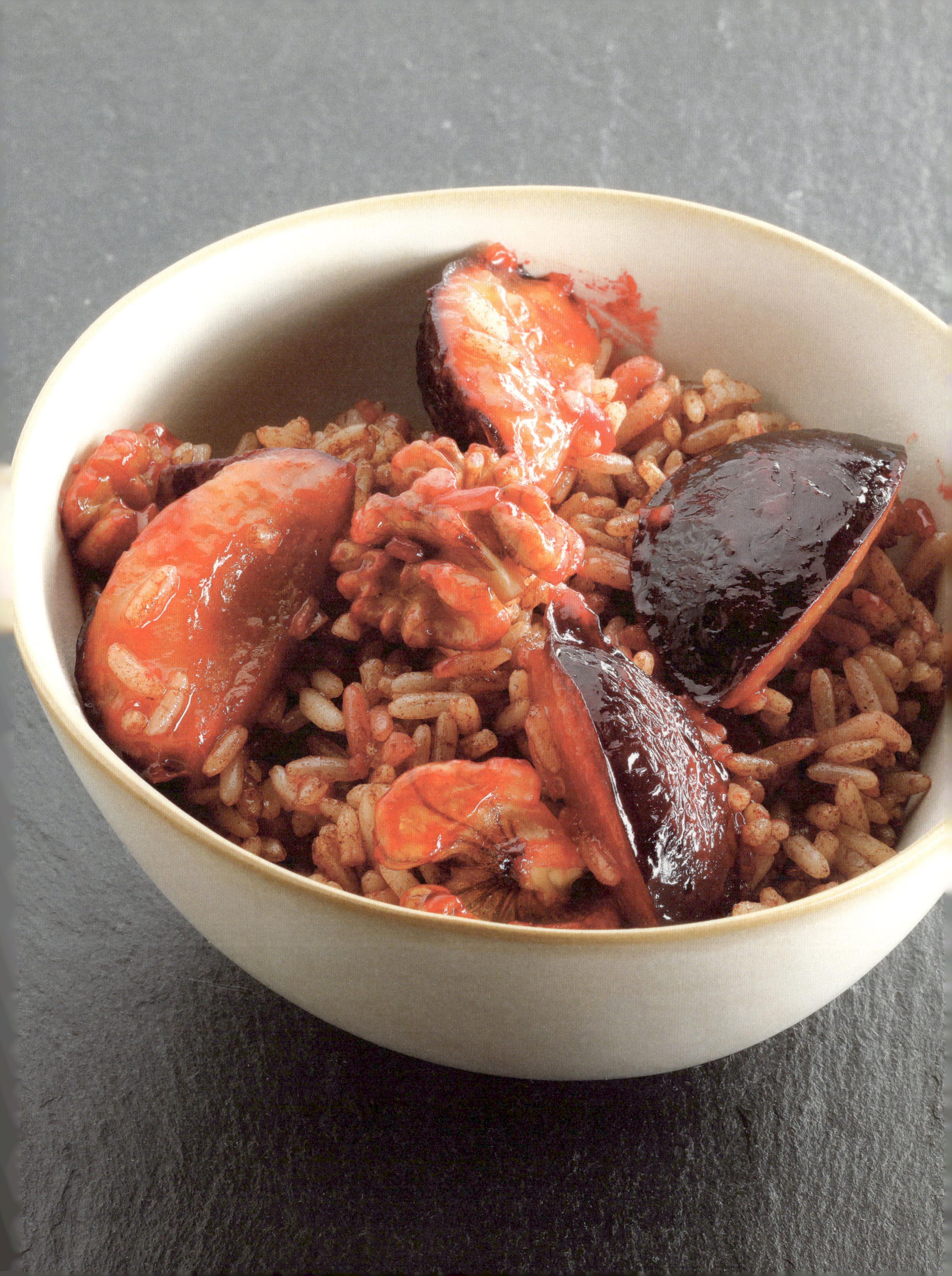

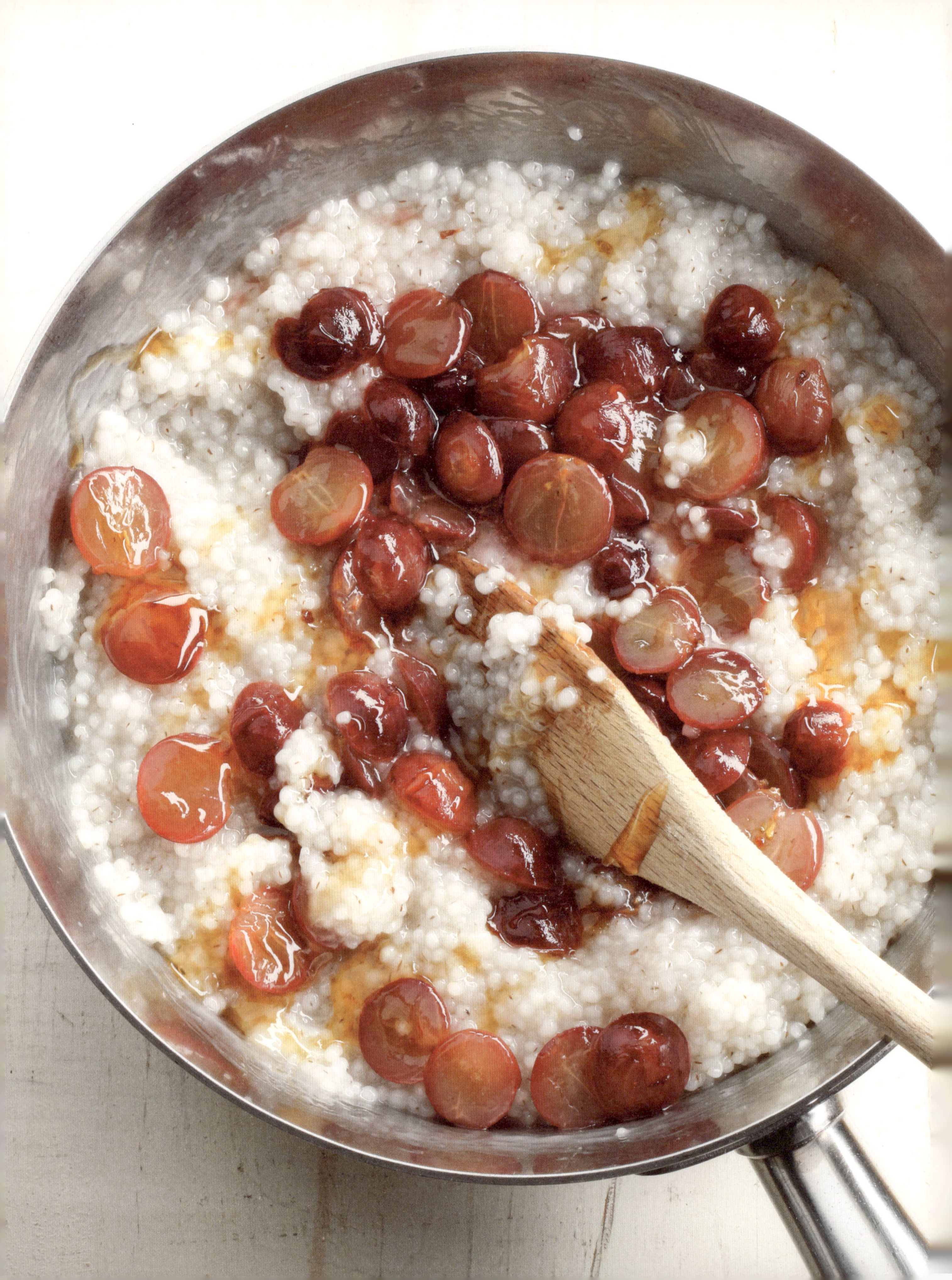

REZEPTE SPÄTHERBST UND WINTER
Frühstück

Perlgraupen-Trauben-Kompott *l* *v*

150 g feine Perlgraupen
600 ml weißer Traubensaft
1 EL Sonnenblumenöl
200 g rote kernlose Trauben
1 Prise Salz
Saft einer Orange
50 ml Honig (oder Agavendicksaft)

1 Die Perlgraupen gründlich waschen. Den Traubensaft aufkochen, die Perlgraupen zugeben, Hitze reduzieren und die Perlgraupen ca. 20 Minuten garziehen lassen. Durch ein Sieb abschütten. Die Perlgraupen kann man natürlich auch schon am Vortag vorbereiten!

2 Das Sonnenblumenöl in einer Pfanne erhitzen und die Trauben darin 5 Minuten andünsten. Perlgraupen, Salz und Orangensaft zugeben, alles gut vermischen und mit Honig oder Agavendicksaft süßen.

TIPP Perlgraupen sind geschälte und geschliffene Gerstenkörner.

REZEPTE SPÄTHERBST UND WINTER
Frühstück

Birnen-Schmarrn mit Erdnuss-Minz-Sauce ●

Für den Birnen-Schmarrn
1 Birne
2 Vanilleschoten
2 Eier
280 ml Sojamilch
1 EL brauner Zucker
150 g Dinkelmehl
1 Prise Salz
1 EL Sonnenblumenöl

Für die Erdnuss-Minz-Sauce
20 g frische Minzblätter
Saft einer Zitrone
30 g Erdnüsse/ca. 15–20 Kerne
150 ml Olivenöl
2 TL Honig
¼ TL Salz
frisch gemahlener Pfeffer

1 Die Birne waschen, entkernen und in Würfel schneiden. Die Vanilleschoten fein hacken. Die Eier trennen.

2 Milch, Eigelbe, Zucker, Vanille und Mehl am besten mit dem Pürierstab (verhindert Klümpchenbildung) zu einem cremigen Teig verrühren, 5 Minuten quellen lassen.

3 Den Backofen auf 180 °C Oberhitze vorheizen.

4 Das Öl in einer ofenfesten Pfanne auf mittlerer Stufe erhitzen und die Birnen darin 3 Minuten andünsten. Den Teig zugießen und stocken lassen, bis die Unterseite etwas gebräunt ist.

5 Anschließend die Pfanne in den Ofen stellen und den Schmarrn 8 bis 10 Minuten lang leicht überbacken.

6 Aus dem Ofen nehmen und den Teig mit einem Holzlöffel in der Pfanne zerreißen.

1 Die Minzblätter waschen.

2 Alle Zutaten in ein hohes Gefäß geben, pürieren und über den Birnen-Schmarrn geben.

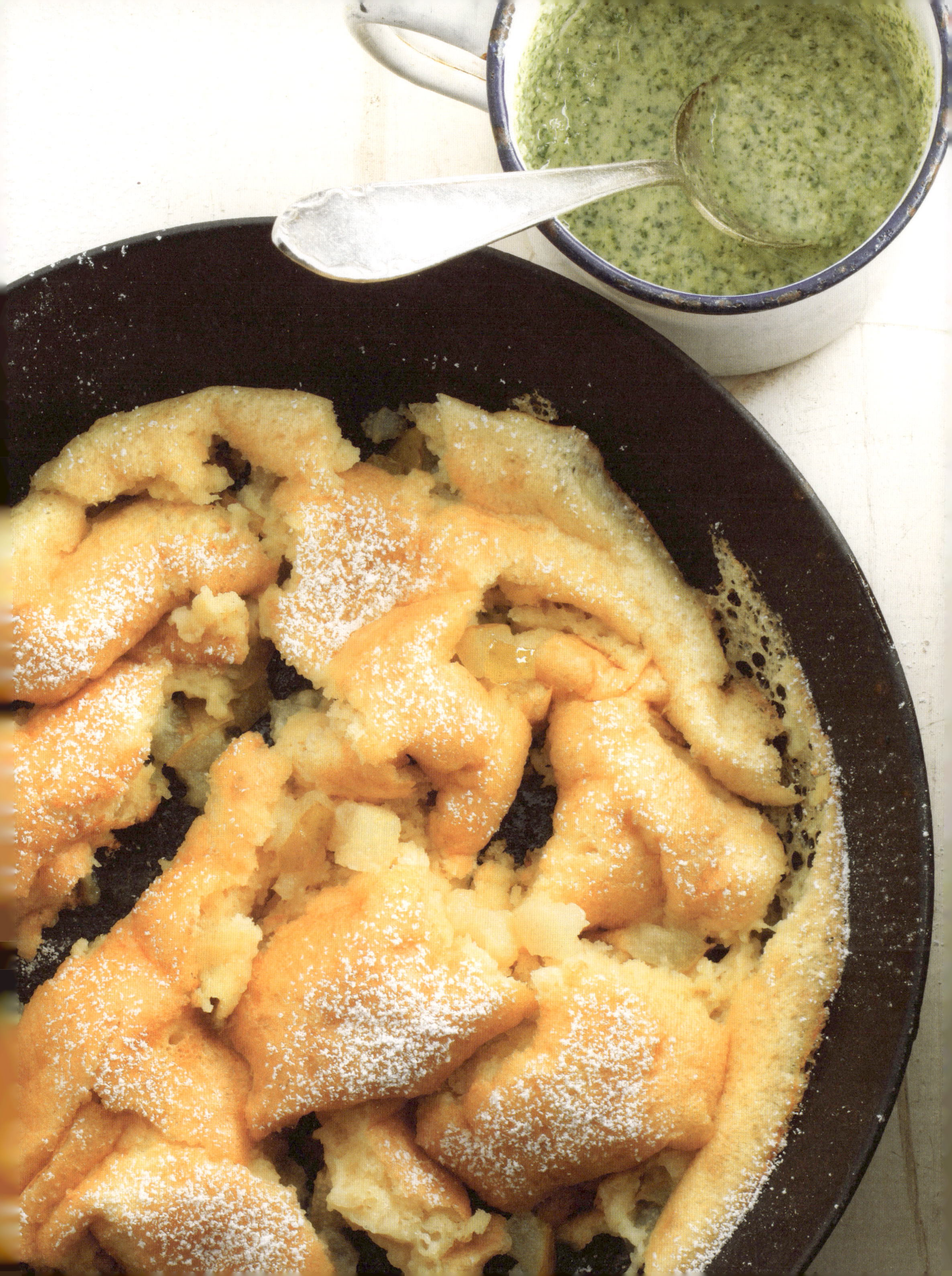

EXKURS
Von wegen »nicht spirituell«!

Von wegen »nicht spirituell«!

Spirituell: Dieses Wort kann einiges auslösen – von Inspiration über Abwehr bis zur Belustigung. Menschen, die ihre Spiritualität vehement betonen, erscheinen in der gängigen Wahrnehmung wahlweise überaus ernsthaft, entrückt oder etwas skurril. Dazu kann ich nur eines sagen: Niemand ist nicht spirituell. Wir alle sind es. Es kann gut sein, dass ich jetzt einige Hardcore-Atheisten und Agnostiker erschrecke, aber ja, auch sie sind spirituell! Sonst wären sie schon tot. Das ist kein Scherz: Ohne Spiritualität kein Leben.

»Spiritualität« ist vom lateinischen »spiro« (»ich atme«) abgeleitet. Somit sind alle atmenden Lebewesen »spirituell«. Ob sie religiös sind, steht wiederum auf einem anderen Blatt. Denn ein großer Trugschluss ist, dass alle spirituellen Menschen im klerikalen Sinn religiös sein müssen. Noch haben die großen Religionen Spiritualität nicht zum Patent angemeldet. Das Atmen kann man schließlich niemandem verwehren.

Viel entscheidender für eine spirituelle Lebensführung ist es, sich selbst einzugestehen, dass man nicht allein auf dieser Welt ist. Denn abgesehen von der Eigenschaft, atmen zu können, definiert sich ein spiritueller Mensch allgemein als eine Person mit Bewusstsein für eine transzendente Verbindung. Entscheidend ist das Gefühl, Teil eines größeren Geschehens zu sein, was wiederum Auswirkungen auf das eigene Handeln und die Lebensführung hat.

In seinem Buch »Spiritualität, Krankheit und Heilung« nennt der Medizinprofessor Arndt Büssing sieben Säulen für eine spirituelle Lebensführung:

1. Gebet, Gottvertrauen und Geborgenheit
2. Erkenntnis, Weisheit und Einsicht
3. Transzendenz-Überzeugung
4. Mitgefühl, Großzügigkeit und Toleranz
5. Bewusster Umgang mit anderen, sich selbst und der Umwelt (entspricht im weitesten Sinne einem achtsamen Umgang auf horizontaler Ebene)
6. Ehrfurcht und Dankbarkeit
7. Gleichmut und Meditation

Diese Aspekte lassen sich mühelos auf die Herstellung und Zubereitung von Mahlzeiten übertragen. Vor allem zu der Zeit, als noch nicht alles zu jeder Zeit im Supermarkt ver-

EXKURS
Von wegen »nicht spirituell«!

fügbar war und die Menschen ihre Nahrung selbst anbauten und Nutztiere hielten, hatten Tischgebet, Erntedankfest sowie die Segnung von Ställen und Feldern große Bedeutung. Rituale wie diese sollten keine Relikte aus grauer Vorzeit sein, sie sind immer noch aktuell und wertvoll.

In meiner Familie haben wir vor jeder Mahlzeit folgendes Gebet gesprochen: »Komm, Herr Jesus Christ, sei unser Gast und segne, was du uns bescheret hast!« Dies klingt natürlich etwas altbacken, aber das ist egal. Wichtig ist, überhaupt das Bewusstsein dafür zu entwickeln, dass Essen nichts Selbstverständliches ist und dass wir dafür dankbar sein können.

In meinem Leben spielen Meditation und Gleichmut eine zentrale Rolle. Kochen ist für mich die schönste Form von Meditation. Doch wie definiert sich »Meditation« eigentlich? Im ersten Moment als Nachsinnen, Nachdenken, Überlegen, aber interessanterweise auch als Heilung! Bei einer Meditation wird je nach Tradition auf unterschiedliche Weise versucht, Körper und Geist mit verschiedenen Achtsamkeits- und Konzentrationsübungen zu beruhigen. Genau dasselbe Ziel, das auch Yoga verfolgt. Patanjali, der Begründer der Yoga-Philosophie und im Prinzip auch der erste fundiert arbeitende Psychoanalytiker, schreibt: Yoga ist dann, wenn sich die Bewegungen des Geistes beruhigen.

Bei näherer Betrachtung steht eine gute Meditation auf drei Säulen:

- Eine ruhige, entspannte und gleichmütige Atmung
- Eine schöne Atmosphäre
- Eine wiederkehrende Tätigkeit

Auf einem stürmischen See kann ich den Grund nicht erkennen. Wenn ich mich im wahrsten Sinne des Wortes ergründen möchte, muss in meinem Seelenteich Ruhe herrschen! Dann kann ich mich vollständig mit meinem Atem und damit allem Leben verbinden. Dann bin ich durch und durch spirituell.

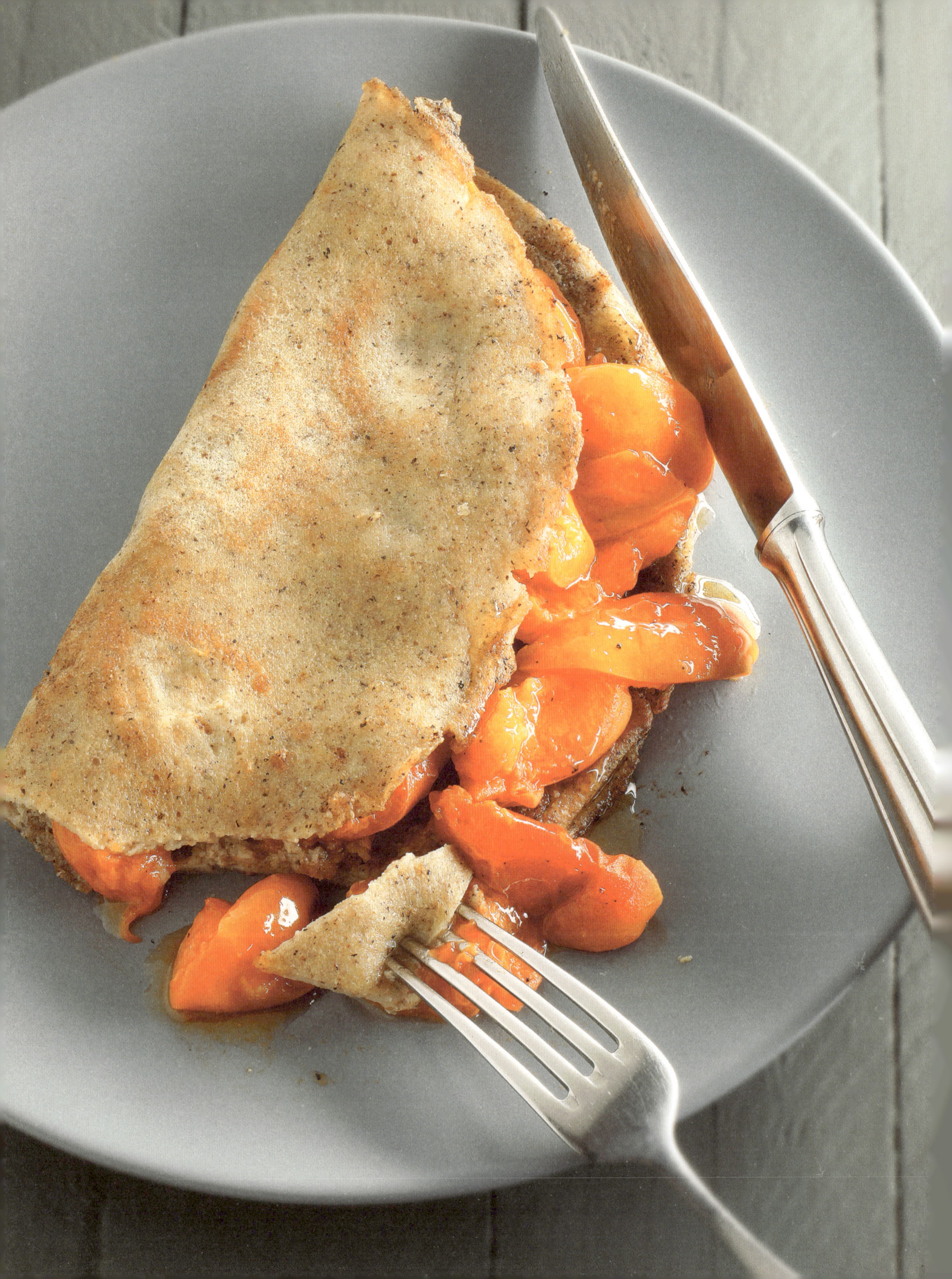

REZEPTE SPÄTHERBST UND WINTER
Frühstück

Buchweizenpfannkuchen mit Kardamom-Aprikosen

ⓖ ⓛ

Für die Buchweizenpfannkuchen
150 g Buchweizenmehl
2 Eier (optional 2 TL Sojamehl mit 80 ml Sojamilch verquirlt)
50 g Rohrzucker
¼ TL Salz
140 ml Sojamilch
Sonnenblumenöl zum Ausbacken

Für die Kardamom-Aprikosen
300 g Aprikosen
5 EL Multivitaminsaft
1 TL Rohrzucker
½ TL gemahlener Kardamom

1 Mehl, Eier, Zucker, Salz und Milch mit dem Mixer zu einem Teig verarbeiten und 5 Minuten quellen lassen.

2 Etwas Öl in einer Pfanne erhitzen und die Pfannkuchen ausbacken. Dazu eine kleine Schöpfkelle voll Teig hineingießen und bei mittlerer Hitze jeweils in 5 bis 7 Minuten goldbraun backen.

Aprikosen waschen, entkernen und vierteln. Mit Multivitaminsaft und Zucker in einem Topf 10 Minuten köcheln lassen. Ab und zu umrühren und mit Kardamom würzen.

REZEPTE SPÄTHERBST UND WINTER
Frühstück

Apfel-Blinis mit Ingwer-Pflaumen-Chutney g l v

Für ca. 20-25 Blinis

Für die Apfel-Blinis
2 kleine Äpfel, je 150 g
150 g Kichererbsenmehl
150 ml Sojamilch
½ TL Backpulver
1 EL Rohrzucker
½ TL gemahlener Zimt
Sonnenblumenöl zum Ausbacken

Für das Ingwer-Pflaumen-Chutney
1 Glas Pflaumen (Abtropfgewicht 350 g)
2 EL Sonnenblumenöl
1 EL frisch gehackter Ingwer
1 EL Rohrzucker
Saft einer Zitrone
½ TL Salz

1 Die Äpfel waschen, entkernen und ganz fein hacken oder pürieren.

2 Mit Mehl, Milch, Backpulver, Zucker und Zimt zu einem cremigen, noch leicht flüssigen Teig verquirlen und 5 Minuten quellen lassen.

3 Sonnenblumenöl in einer Pfanne erhitzen und die Blinis ausbacken. Dazu jeweils mit einem kleinen Schöpflöffel etwas Teig in die Pfanne geben und von jeder Seite in ca. 5 Minuten goldbraun backen.

1 Die Pflaumen abgießen, dabei den Saft auffangen.

2 Sonnenblumenöl in einer Pfanne erhitzen, Ingwer und Zucker zugeben und 3 bis 4 Minuten karamellisieren lassen.

3 Pflaumen mit 200 Milliliter Pflaumensaft, Zitronensaft und Salz zugeben. Alles etwa 15 Minuten einköcheln lassen.

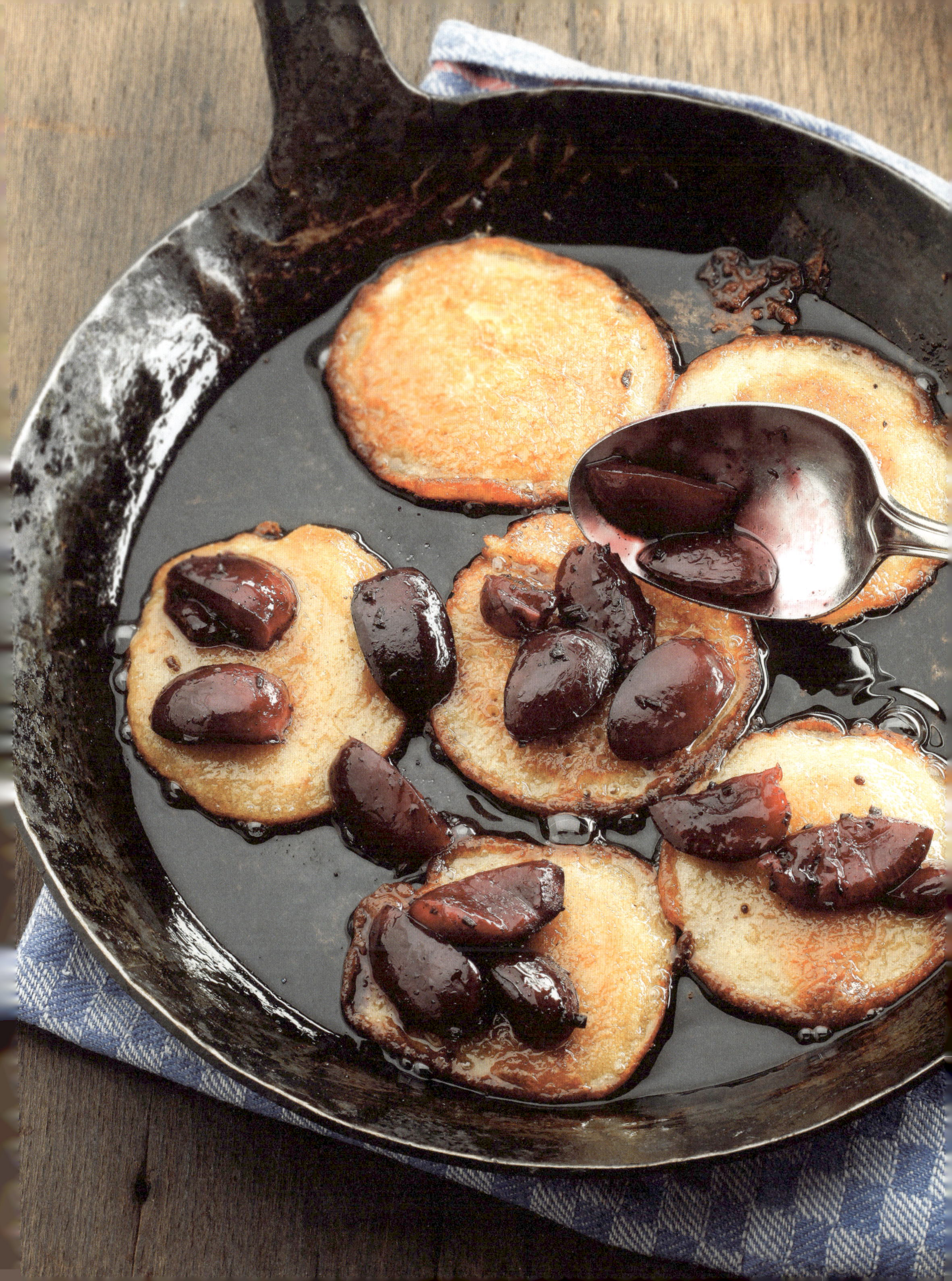

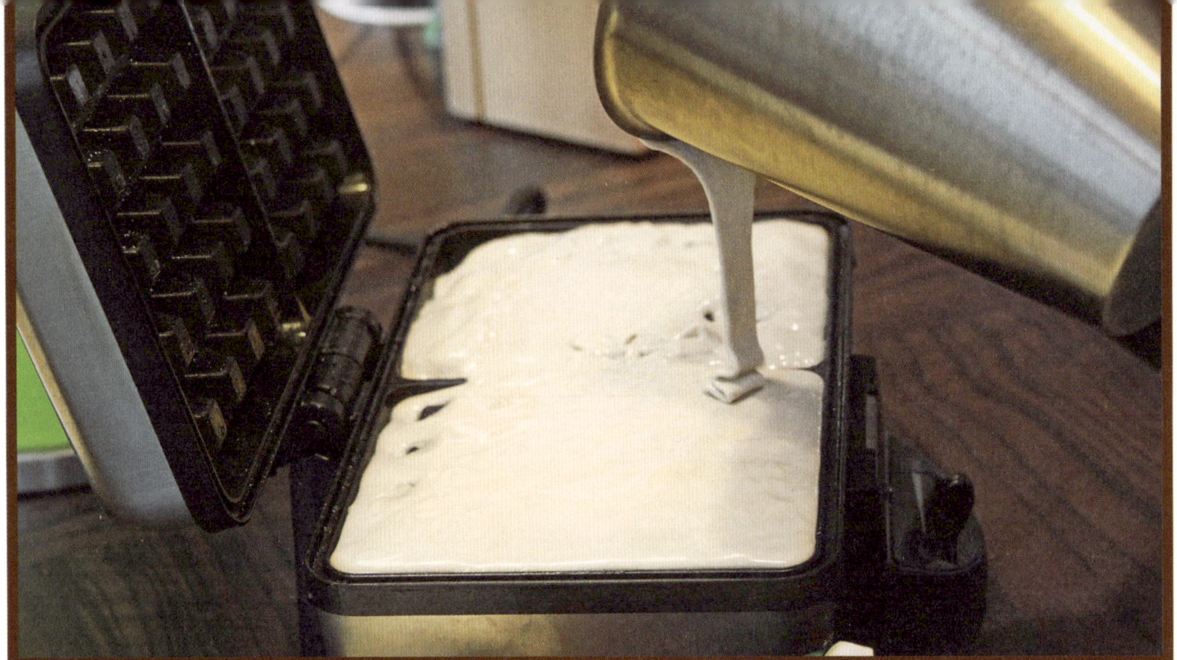
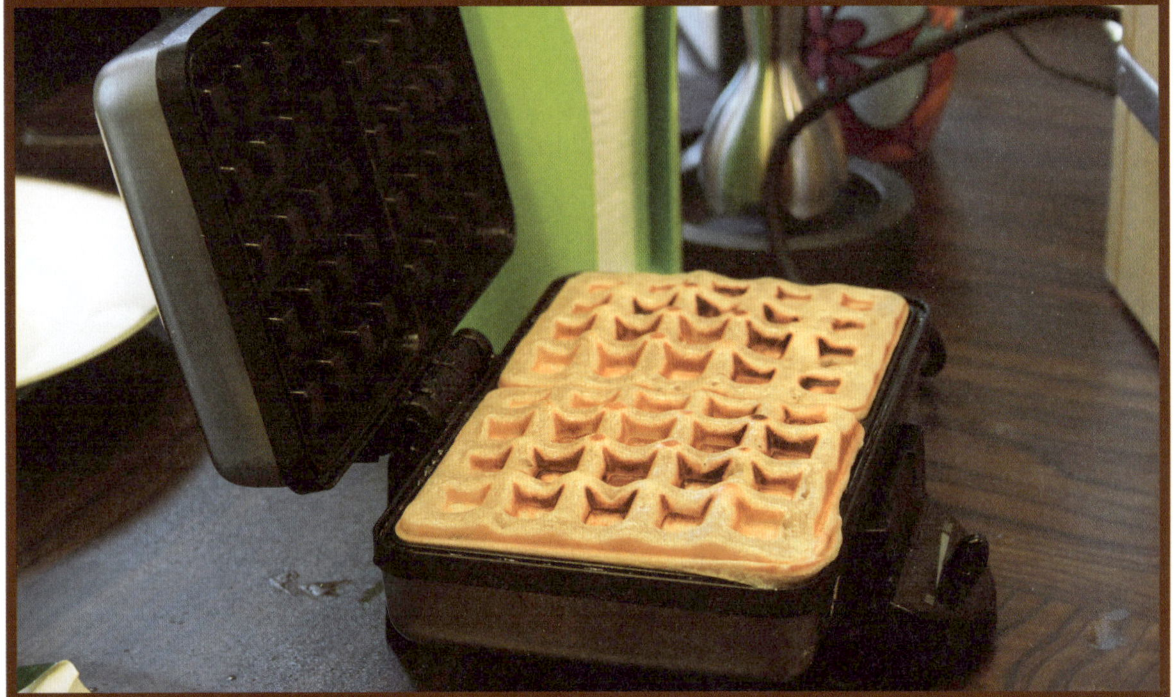
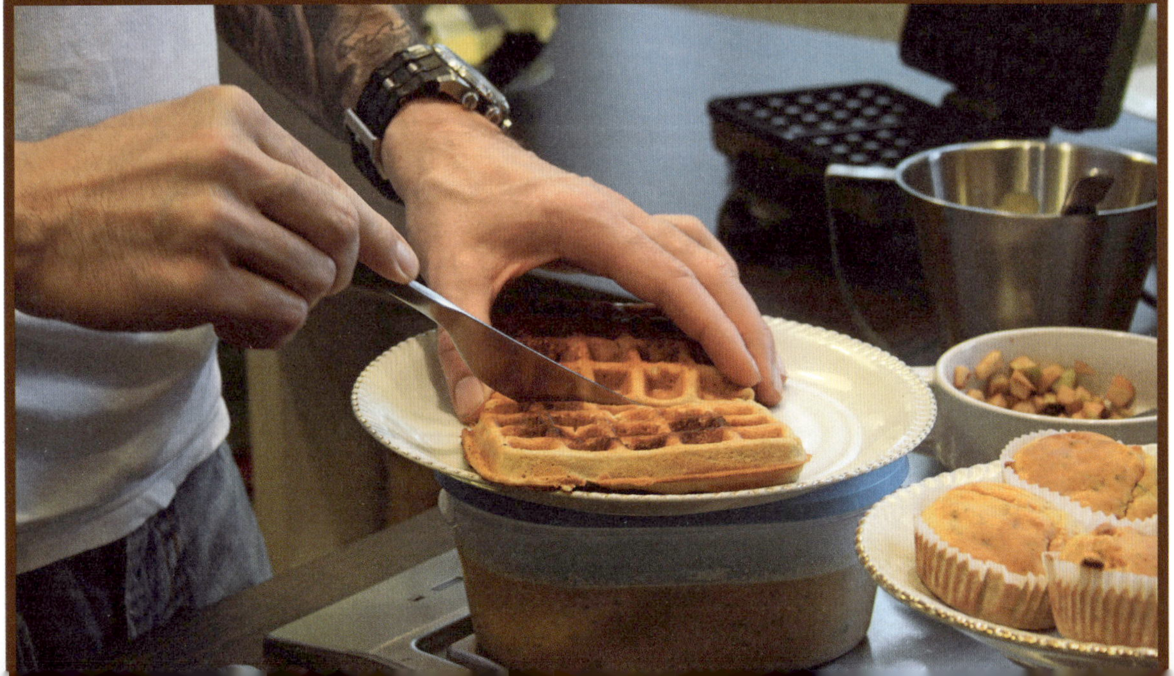

REZEPTE SPÄTHERBST UND WINTER
Frühstück

Waffeln – mal süß, mal herzhaft g l

Süße Waffeln
100 g Butter oder Margarine
25 g Zucker
3 Eier
200 g Mehl
50 g Stärke
1 TL Backpulver
250 ml Sojamilch
Fett für das Waffeleisen

1 Die Butter mit Zucker und Eiern schaumig rühren. Mehl, Stärke und Backpulver durch ein Sieb dazugeben.

2 Nach und nach die Milch unterrühren, bis ein cremiger, flüssiger Teig entsteht.

3 Den Teig in ein gefettetes Waffeleisen geben und ausbacken.

Herzhafte Waffeln
100 g Butter
15 g Zucker
3 Eier
200 g Mehl
50 g Stärke
1 TL Backpulver
250 ml Gemüsebrühe
Fett für das Waffeleisen

1 Die Butter mit Zucker und Eiern schaumig rühren. Mehl, Stärke und Backpulver durch ein Sieb dazugeben.

2 Nach und nach die Gemüsebrühe unterrühren, bis ein cremiger, flüssiger Teig entsteht.

3 Den Teig in ein gefettetes Waffeleisen geben und ausbacken.

GLÜCKSSTATION
Quirlige Kaphas

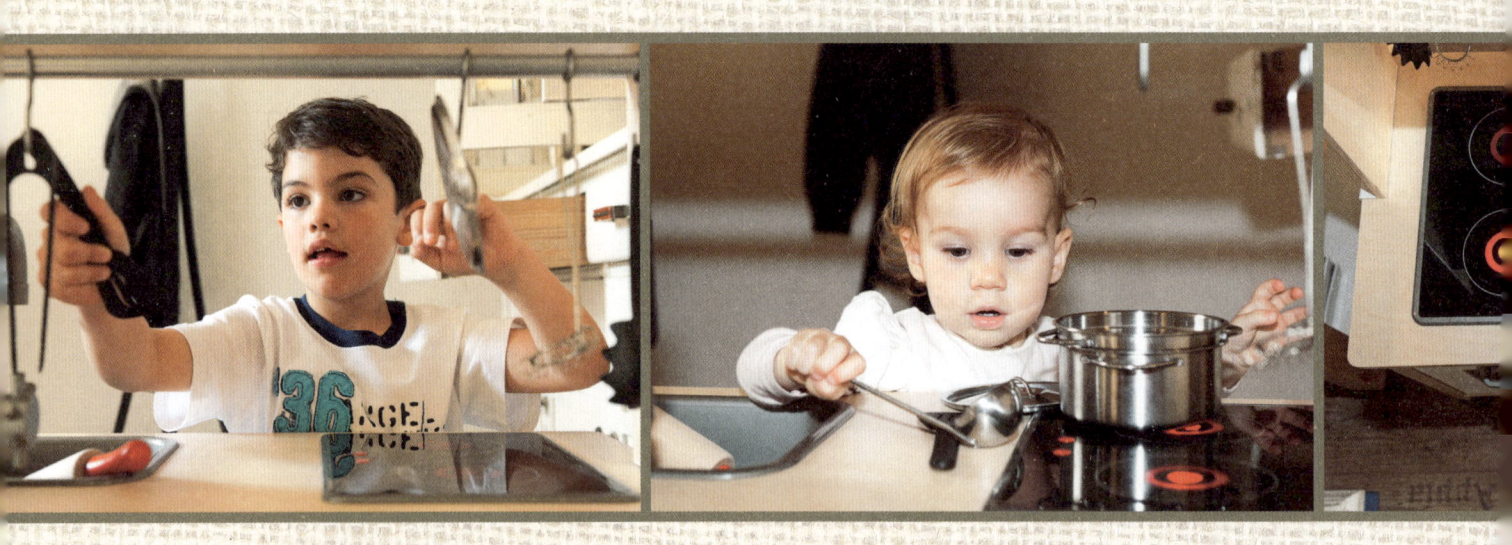

Quirlige Kaphas

Es gibt nichts Wertvolleres, als ein neues Leben zu erschaffen und die größte Verbundenheit zu erleben, die existieren kann. Aus dem Zusammentreffen weniger Milligramm Substanz ein Kind zu zeugen ist das größte Wunder, zu dem wir Menschen in der Lage sind – ein göttliches Geschenk. Schade ist nur, dass wir der Herstellung von Computer-Chips oft mehr Aufmerksamkeit widmen als unserer Fortpflanzung.

Im Ayurveda gibt es innerhalb der Frauenheilkunde einen Bereich, der sich ausschließlich mit den Themen Kinderwunsch und Zeugung beschäftigt. Er basiert auf dem Wissen, dass in dem Moment des Zusammentreffens von Samen und Eizelle elementare körperliche und geistige Eigenschaften für dieses neu entstehende Lebewesen bereits festgelegt sind. Aus diesem Grund gibt es im Ayurveda seit über fünftausend Jahren Empfehlungen und Anleitungen für eine körperliche und geistige Reinigung von Mann und Frau vor einer geplanten Zeugung.

Es macht einen Unterschied, ob ein Kind unter dem Sternenhimmel auf der Malediven-Reise entsteht, gezeugt von zwei sich aufrichtig liebenden Menschen, oder mit zwei Promille an Altweiberfasching mit einem nur schemenhaft erkennbaren Gegenüber. Die Startenergie ist definitiv eine andere.

Ähnlich heikel ist die Zeit davor: Kinder sollten weder planbare Projekte noch Nebenprodukte von wahllosem Sex sein. Sondern das,

GLÜCKSSTATION
Quirlige Kaphas

en oder jeden Abend dieselbe Gutenachtgeschichte zu hören.

Dagegen sind sie nur äußerst selten gezielt zum Erzählen zu bringen. Standardsituation nach der Schule: Mama fragt schwer motiviert: »Na, mein Schatz, wie war es denn heute?« Die ausführliche Antwort lautet: »Gut.« Danach verschwindet der Einsilbige für mehrere Stunden in sein Zimmer und baut eine Höhle. Habe ich übrigens auch gemacht.

was sie sind: das Kostbarste, was wir in unserem Leben geschenkt bekommen können.

Ganz besondere Wesen

Wer selbst Kinder hat oder in seinem näheren Umfeld erlebt, wird feststellen, dass Kinder in ihrer eigenen Welt leben und ganz besondere Lebewesen mit ganz besonderen Eigenschaften sind.

Sehr augenfällig ist dies beim Essverhalten. Kinder können problemlos über Wochen oder sogar Monate immer das Gleiche essen. Einfach nur Nudeln mit Soße, Butterbrot, Pommes mit Ketchup, immer und immer wieder. Kinder haben auch kein Problem damit, hundertmal hintereinander das gleiche Lied zu hören, immer den gleichen Film zu schau-

Die fünf Elemente des (Kinder-)Lebens

Im Ayurveda ist man der Überzeugung, dass die gesamte materielle Welt aus den Elementen Feuer, Wasser, Erde, Luft und Äther besteht. Alles, was wir anfassen, erfahren, fühlen und schmecken können, besteht in unterschiedlichen Verteilungen aus diesen fünf Elementen. Eine Chilischote enthält, für jeden erfahrbar, deutlich mehr Anteile des Feuerelements als eine Gurke, was aber nicht heißt, dass es in der Gurke nicht vorkommt. Alles ist in allem enthalten.

Aus ayurvedischer Sicht sind Kinder, die ja noch wachsen, besonders stark von den Elementen Wasser und Erde geprägt. Diese Kombination hat unter anderem die Eigenschaften stabil, unbewegt, ruhig und befeuchtend. In ihrer seelischen Bedeutung stehen Wasser

GLÜCKSSTATION
Quirlige Kaphas

und Erde vor allem für sensibel, liebevoll und sehr emotional.

Die grundsätzliche Natur der Kinder wird von der Kapha-Energie dominiert. Vor allem in ihrer Abhängigkeit sollten sie in Ruhe umsorgt werden. Das heißt nicht, dass sie nur schlafend in der Ecke liegen. Da sie jeden Tag wachsen, ist natürlich auch ganz viel Vata und Pitta mit dabei. Wer Kinder erlebt, weiß, wie sprichwörtlich fließend die Übergänge zwischen Stimmungen sein können. Kinder haben ihre Gefühle noch nicht im Griff, das wird ihnen erst anerzogen. Sie sind gnadenlos direkt und emotional. Wie war das noch mit dem Kindermund, der Wahrheit kundtut?

Die Kombination aus Wasser und Erde bildet auch die Geschmacksrichtung süß. Deshalb haben Kinder eine besondere Affinität zu diesem Geschmack. Denn der süße Geschmack ist in der Natur nicht nur ein Zeichen für ungiftig, sondern auch für nährend und sättigend. Muttermilch, das Erste, was ein Mensch zu sich nimmt, hat einen süßlichen Geschmack. Süße verleiht uns Lebenskraft.

Wobei mit Süße nicht labberiges Weißbrot, dick bestrichen mit Schokocrème gemeint ist. Alle Kohlenhydrate haben einen süßen Geschmack, deshalb die teilweise sehr große Ausdauer von Kindern bei Nudeln und Pommes. Das muss nicht heißen, dass Kinder anderes Essen grundsätzlich ablehnen. Man sollte es ihnen nur mundgerecht, besser gesagt geschmacksgerecht anbieten.

Gewächshaus des Lebens

Kinder sind im wahrsten Sinne des Wortes »Sprösslinge«, die deshalb besonderer Erziehung und Achtsamkeit bedürfen. Damit ist nicht gemeint, dass sie bei der Einschulung schon das zweite Fremdsprachendiplom und die erste Masterclass in Ballett oder Klavier hinter sich haben.

Im Sinne ihrer Prägung durch Wasser und Erde sollte es in der Erziehung nicht um Modifikation, sondern um Stabilisierung gehen. Kinder sind keine leeren Gefäße, die bis zum Überlaufen mit Inhalt gefüllt werden müssen. Was sie brauchen, sind Orientierung, Hinwendung und Beziehung.

Wenn man Heckenrosen züchtet, lässt man sie an einem Pflanzgitter hochranken, damit sie im Wind Halt haben. Man schneidet sie auch nur so weit zurück, dass auf keinen Fall die wichtige Phase des Wachsens bis zum Erblühen beeinträchtigt wird. Zu frühes, unkoordiniertes Kürzen und Manipulieren kann dazu führen, dass die Blüte ausfällt. Fachkundige, also liebevolle Kleingärtner setzen ihre Pflanzenkeimlinge ins Gewächshaus, damit sie bei Ruhe und schönem Licht entspannt wachsen können. Wenn wir unseren Kindern solide »Pflanzgitter« zur Seite stellen und sie in Ruhe wachsen und erblühen lassen, dann kann der Kreislauf des Lebens immer wieder neu beginnen.

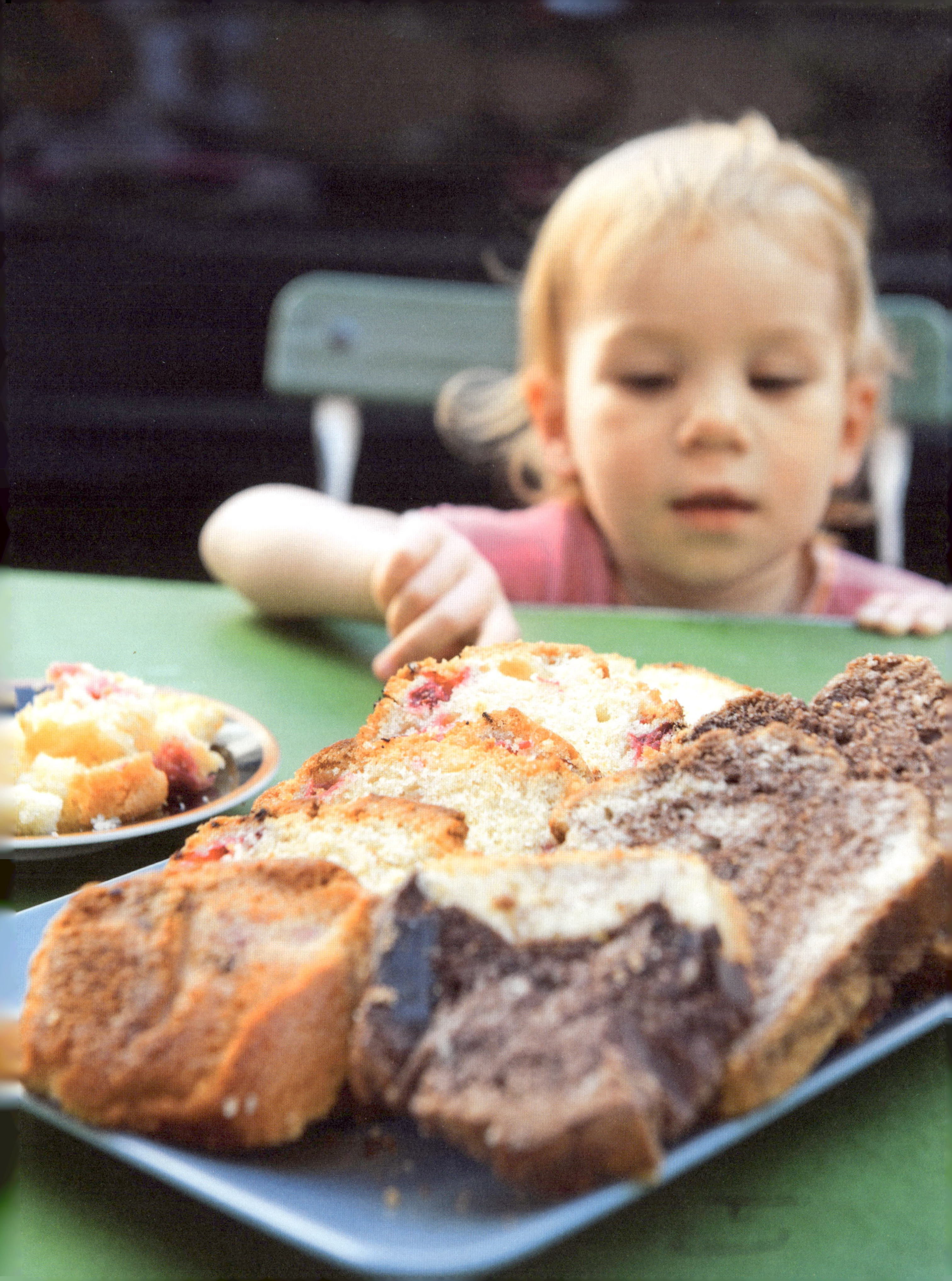

REZEPTE SPÄTHERBST UND WINTER
Abendessen

Abendessen

Suppen, Soßen und Chutneys

REZEPTE SPÄTHERBST UND WINTER
Abendessen

Heiß und bunt: Diese leichten Mahlzeiten sind wärmend und nährend. Sie sind absolut nicht »to go«, sondern bewusst und langsam Löffel für Löffel zu genießen ...

(Wenn nicht anders angegeben, sind die Rezepte für vier Personen gedacht.)

REZEPTE SPÄTHERBST UND WINTER
Abendessen

Rote-Bete-Suppe mit Estragon-Tomaten-Nockerln

O

Für die Rote-Bete-Suppe

500 g frische Rote Bete
250 g Kartoffeln, mehlig kochend
1 Bund Lauchzwiebeln
2 EL Olivenöl
¼ TL Cayennepfeffer
1 EL Paprikapulver edelsüß
1,2 l Gemüsebrühe
4 Lorbeerblätter
100 ml Crème fraîche (optional Sojade)
Zitronensaft
Salz

Für die Nockerln

2 getrocknete Tomaten
1 Zweig Estragon
1 Ei (oder 1 TL Sojamehl mit 40 ml Sojamilch verrührt)
1 EL Butter (optional Sonnenblumenöl)
80 g Weichweizengrieß
Salz
1 Prise Muskat
⅓ TL gemahlener Pfeffer

1 Rote Bete und Kartoffeln schälen und in Würfel schneiden. Lauchzwiebeln putzen und in Ringe schneiden.

2 Das Öl in einem Topf erhitzen, Cayennepfeffer und Paprikapulver zugeben und ca. 15 Sekunden erhitzen. Kartoffeln, Lauchzwiebeln und Rote Bete zugeben und gut verrühren.

3 Die Gemüsebrühe angießen, Lorbeerblätter zugeben und die Suppe zugedeckt 25 Minuten köcheln lassen.

4 Die Lorbeerblätter entfernen, Zitronensaft zugeben, die Suppe pürieren und Crème fraîche bzw. Sojade unterrühren. Mit Salz würzen.

1 Die Tomaten 5 Minuten in heißes Wasser einlegen, dann in kleine Würfel schneiden. Den Estragon waschen und fein hacken.

2 Das Ei mit der Butter schaumig rühren. Den Grieß einrühren, dann Tomaten, Estragon, 1/2 Teelöffel Salz, Muskat und Pfeffer zugeben. Alles zu einem sämigen Teig vermischen.

3 In einem großen Topf 1 Liter Wasser mit etwas Salz zum Kochen bringen.

4 Jetzt mit zwei Löffeln Nockerln drehen und ins Wasser geben. Den Topf vom Herd ziehen und die Nockerln in 5 Minuten gar ziehen lassen.

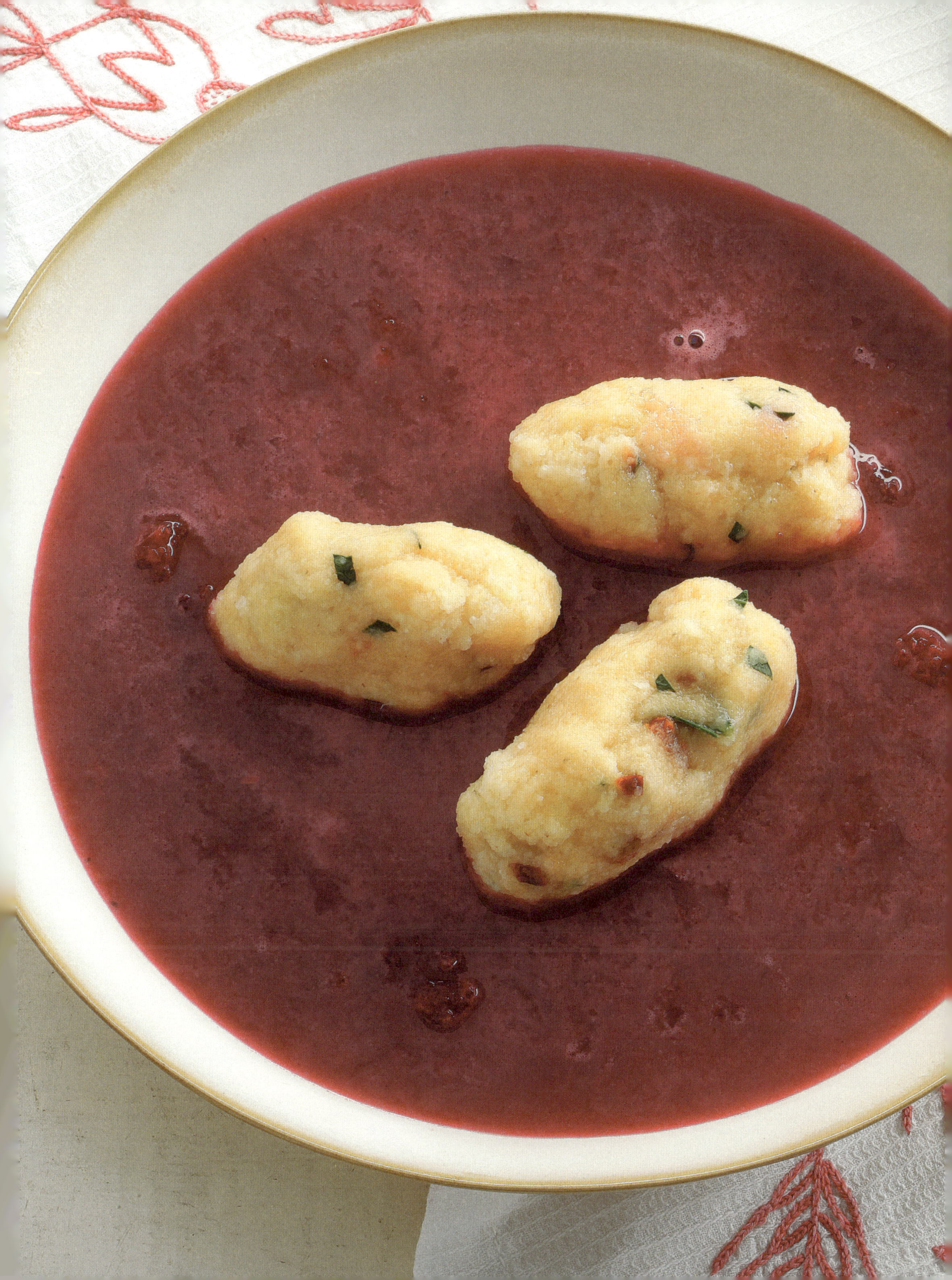

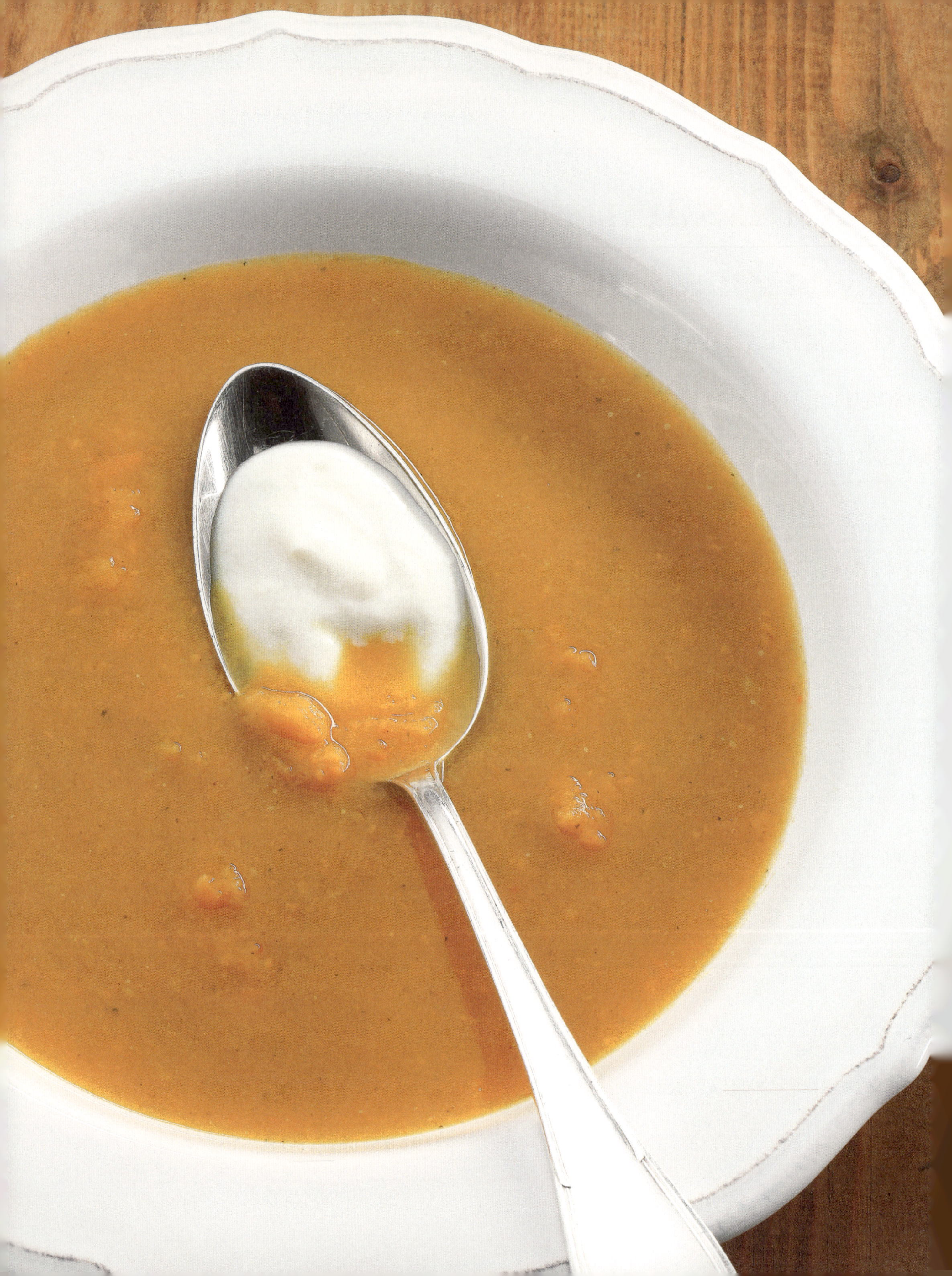

REZEPTE SPÄTHERBST UND WINTER
Abendessen

Süßkartoffel-Fenchel-Suppe g o

600 g Süßkartoffeln
1 kleine Fenchelknolle
1 kleine rote Zwiebel
6 EL Sonnenblumenöl
2 TL Currypulver
1 Prise Chilipulver
1,2 l Gemüsebrühe
etwas Zitronensaft
2 EL Crème fraîche (optional Sojade)

1 Süßkartoffeln schälen und in kleine Würfel schneiden. Die Fenchelknolle halbieren, den Strunk entfernen und den Fenchel in Stücke schneiden.

2 Die Zwiebel schälen und in Würfel schneiden.

3 Das Öl erhitzen und die Zwiebeln darin glasig dünsten. Currypulver, Chilipulver, Fenchel und Süßkartoffeln zugeben, alles gut vermengen und 3 Minuten anbraten.

4 Die Gemüsebrühe zugießen und 20 Minuten köcheln lassen.

5 Zitronensaft zugeben und die Suppe pürieren. Auf Teller oder Schalen verteilen und jeweils mit einem Klecks Crème fraîche anrichten.

REZEPTE SPÄTHERBST UND WINTER
Abendessen

Gurken-Minz-Suppe g l v

LECKERE BEILAGE NICHT NUR ZU SUPPEN

Das Petersilien-Kerbel-Brot ist in eineinhalb Stunden fertig und passt gut zu den Suppen. Es schmeckt auch zu den Chutneys (siehe Seite 94–97) oder zu den Salaten (siehe Seite 88, 115 und 148).

PETERSILIEN-KERBEL-BROT

1 kleines Bund Petersilie
1 kleines Bund Kerbel
¼ Würfel Hefe
1 TL Rohrzucker
30 ml Sonnenblumenöl
180 g Mehl

1 Petersilie und Kerbel waschen und fein hacken.
2 Hefe zusammen mit dem Zucker in 80 Millilitern warmem Wasser auflösen.
3 Öl einrühren, dann das Mehl und die Kräuter zugeben. Alles zu einem geschmeidigen Teig kneten. Den Teig an einem warmen Ort 35 Minuten ruhen lassen.
4 Den Teig noch einmal kurz durchkneten, dann zu einer Rolle formen und im Ofen bei 180 °C Umluft 35 bis 40 Minuten backen.

1 Bund Lauchzwiebeln
500 g Kartoffeln
1 kleine Salatgurke
15 g frische Minze
2 EL Sonnenblumenöl
1,2 Liter Gemüsebrühe
¼ TL Muskat
Saft einer halben Limette
Salz
Pfeffer

1 Lauchzwiebeln putzen und in Ringe schneiden. Kartoffeln schälen und in Würfel schneiden. Gurke ebenfalls schälen, halbieren, die Kerne entfernen und das Fruchtfleisch würfeln.

2 Die Minze waschen und mit den Händen klein zupfen.

3 Sonnenblumenöl in einem Topf erhitzen. Nacheinander Lauchzwiebeln, Kartoffeln und Gurken in das Öl geben und etwa 3 Minuten anbraten.

4 Dann die Gemüsebrühe angießen und die Suppe 15 Minuten köcheln lassen.

5 Minze, Muskat und den Limettensaft zufügen, dann alles zu einer cremigen Masse pürieren. Zum Schluss mit Salz und Pfeffer würzen.

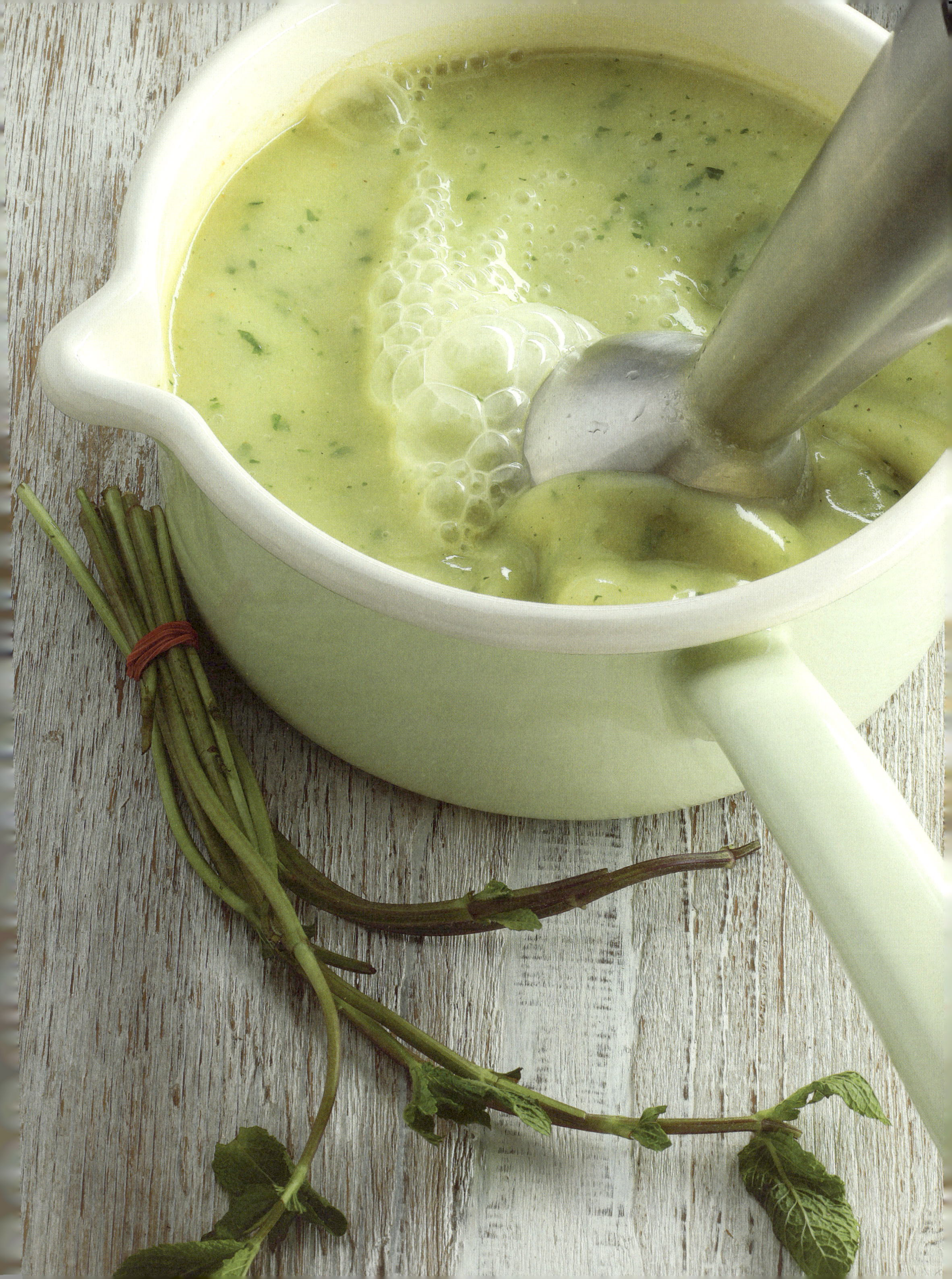

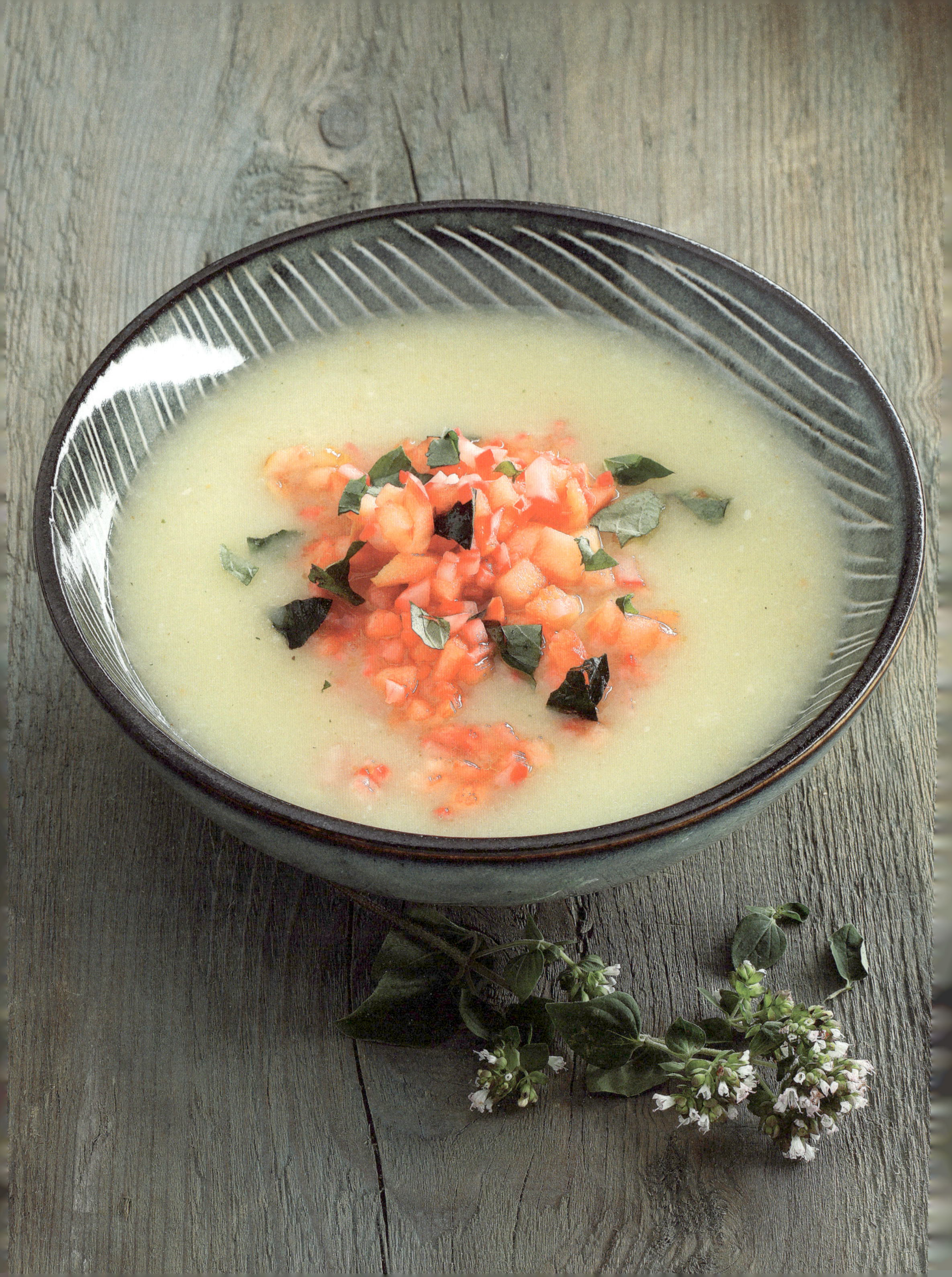

REZEPTE SPÄTHERBST UND WINTER
Abendessen

Selleriecrèmesuppe mit Radieschen-Apfel-Relish

(g) (l) (v)

Für die Selleriecrèmesuppe
500 g Knollensellerie
2 Kartoffeln
1 kleine rote Zwiebel
6 EL Olivenöl
1,2 l Gemüsebrühe
Saft einer Orange
Salz
Pfeffer
Oregano

Für das Radieschen-Apfel-Relish
1 Apfel
4 Radieschen
Olivenöl
Salz

1 Sellerie, Kartoffeln und Zwiebel schälen und in Würfel schneiden.

2 Olivenöl in einem Topf erhitzen, Zwiebeln darin andünsten, die Gemüsewürfel zufügen und alles etwa 3 Minuten anbraten.

3 Dann die Gemüsebrühe zugießen und die Suppe 20 Minuten köcheln lassen.

4 Den Orangensaft zugeben, die Suppe pürieren und mit Salz und Pfeffer würzen.

5 Auf Teller oder Schalen verteilen und die Oregano-Blättchen darüberstreuen.

1 Den Apfel waschen, entkernen und in feine Würfel schneiden. Radieschen putzen, waschen und ebenfalls fein würfeln.

2 In einer Pfanne etwas Olivenöl erhitzen, darin Äpfel und Radieschen anschwitzen.

3 Das Relish leicht salzen und in die Suppe setzen.

REZEPTE SPÄTHERBST UND WINTER
Abendessen

Pastinaken-Püree mit Apfel-Mangold-Salat g o

Für das Pastinaken-Püree

1 kg Pastinaken
1 große rote Zwiebel
50 ml Olivenöl
¼ TL Cayennepfeffer
200 ml Gemüsebrühe
1 Zweig frischer Oregano
2 Zweige frischer Majoran
½ TL Salz
Pfeffer
Saft einer Zitrone
50 ml Crème fraîche (optional Sojade)

Für den Apfel-Mangold-Salat

150 g Mangold
1 Apfel
50 ml Olivenöl
1 EL Balsamicoessig
1 EL Agavendicksaft
2 EL Orangensaft
Salz
Pfeffer

1 Die Pastinaken schälen und in Würfel schneiden. Die Zwiebel schälen und fein würfeln.

2 Das Olivenöl in einem Topf auf mittlerer Stufe erhitzen. Pastinaken und Zwiebeln zusammen mit dem Cayennepfeffer in den Topf geben und unter Rühren 3 Minuten anbraten. Die Gemüsebrühe zugießen und 25 Minuten abgedeckt köcheln lassen.

3 Die Kräuter waschen und fein hacken.

4 Die Pastinaken pürieren oder stampfen, die frischen Kräuter untermischen. Mit Salz, Pfeffer und Zitronensaft würzen, zuletzt die Crème fraîche unterrühren.

1 Den Mangold waschen und die Blätter in Stücke zupfen. Den Apfel waschen, entkernen und in dünne lange Streifen schneiden. Beides in eine Schüssel geben.

2 Aus Öl, Essig, Agavendicksaft und Orangensaft ein Dressing herstellen. Mit Salz und Pfeffer würzen und über den Salat verteilen.

TIPP Die harten Mangoldstiele können Sie aufheben und als Einlage für eine Suppe verwenden, dazu werden sie einfach klein geschnitten und kurz in Olivenöl gedünstet.

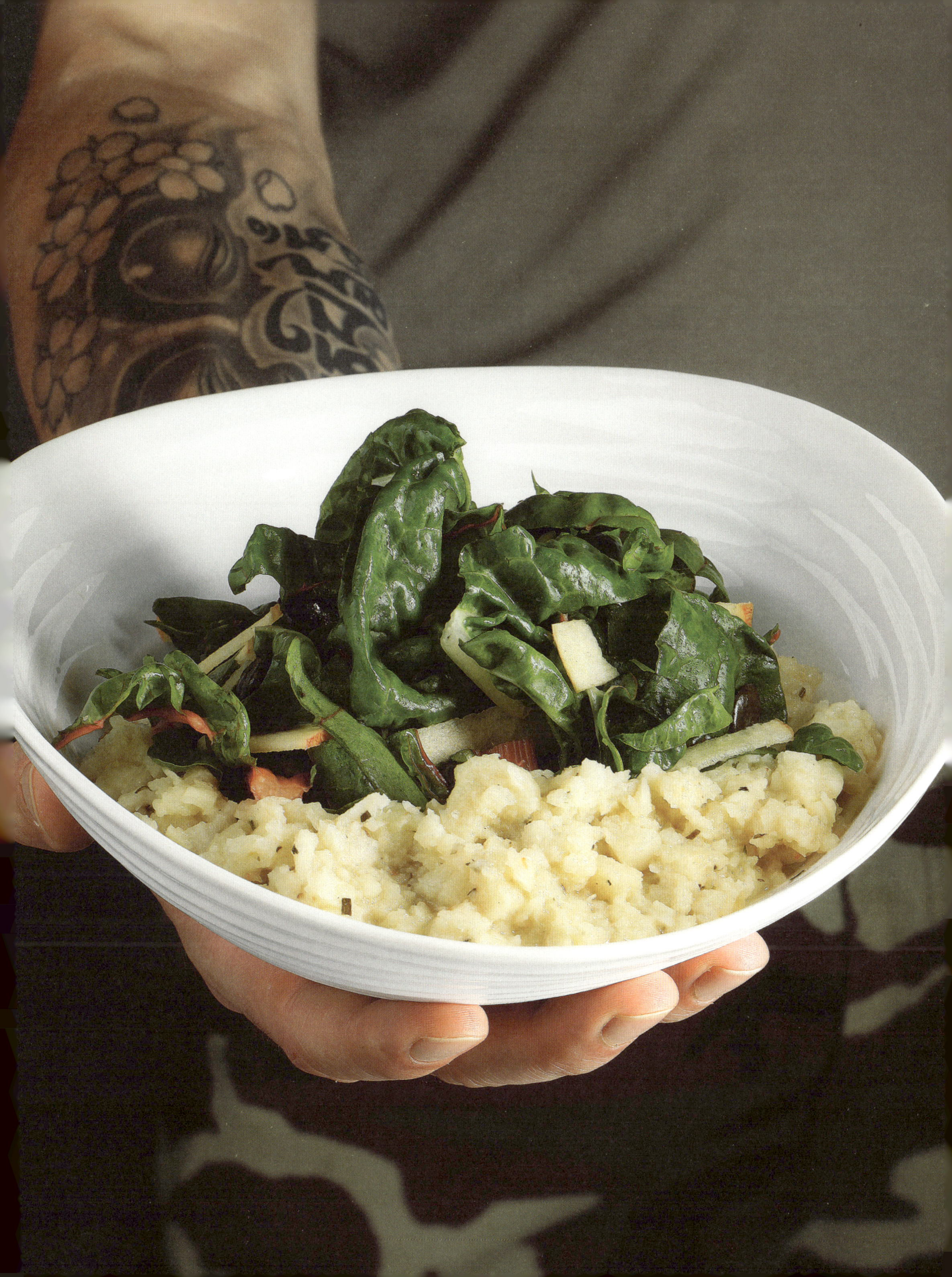

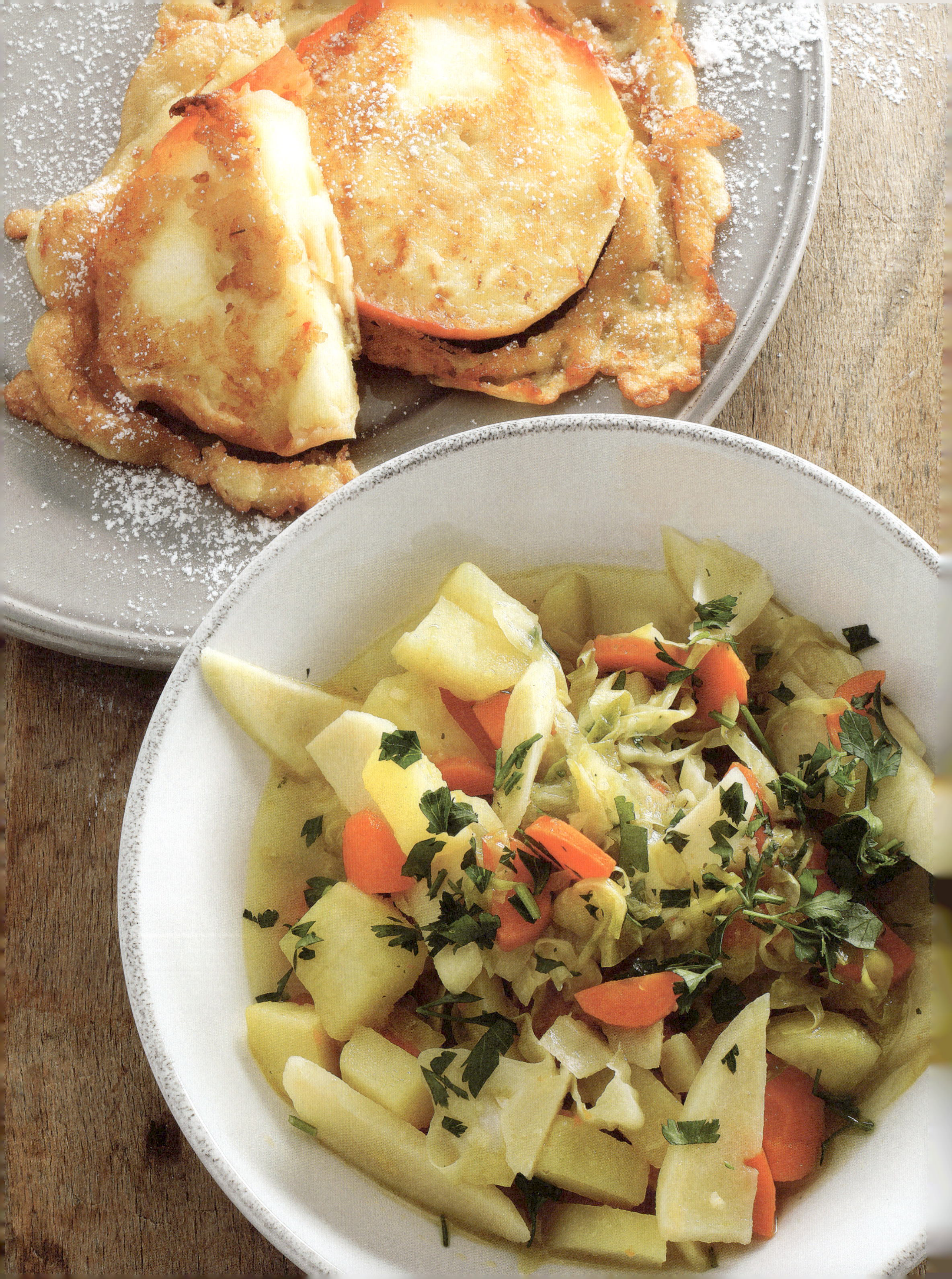

REZEPTE SPÄTHERBST UND WINTER
Abendessen

Traditioneller Kohleintopf mit Apfelringen o

Für den Kohleintopf

400 g Kohl, z. B. Grünkohl, Weißkohl, Spitzkohl, Rotkohl
1 Knollensellerie
2 Kartoffeln, festkochend
3 Karotten
1 rote Zwiebel
2 EL Olivenöl
1,5 l Gemüsebrühe
1 Bund Petersilie
ein paar Blättchen Zitronenmelisse

Für die Apfelringe

4 säuerliche Äpfel (Boskop)
2 Vanilleschoten
150 g Dinkelmehl und etwas Mehl zum Wenden der Äpfel
100 ml Apfelsaft
2 Eier (optional 2 TL Sojamehl mit 80 ml Sojamilch verrührt)
1 EL feiner Rohrzucker
100 ml Sonnenblumenöl zum Ausbacken

1 Den Kohl putzen und den Strunk herausschneiden. Die Blätter in fingerdicke Streifen schneiden, kurz waschen und abtropfen lassen.

2 Sellerie, Kartoffeln, Karotten und Zwiebel schälen und würfeln.

3 Olivenöl in einem Topf erhitzen. Die Zwiebel darin 3 Minuten andünsten, Sellerie, Kartoffeln und Karotten zugeben und weitere 5 Minuten unter Rühren andünsten. Die Gemüsebrühe zugießen und den Eintopf bei geschlossenem Deckel 15 Minuten bei mittlerer Hitze köcheln lassen.

4 Den Kohl zugeben und den Eintopf weitere 10 Minuten leicht köcheln lassen.

5 Petersilie und Zitronenmelisse waschen und hacken und über den Eintopf streuen.

1 Die Äpfel waschen, das Kerngehäuse ausstechen und die Äpfel in ca. 2 Zentimeter dicke Ringe schneiden.

2 Die Vanille fein hacken.

3 Aus Mehl, Apfelsaft, Eiern, Zucker und Vanille einen cremigen Teig rühren und 5 Minuten ruhen lassen.

4 Das Öl in einer Pfanne erhitzen. Die Apfelringe einzeln in etwas Mehl wenden, durch den Teig ziehen und von jeder Seite goldbraun ausbacken.

Glück auf!

*Tief im Westen,
wo die Sonne verstaubt,
ist es besser,
viel besser, als man glaubt.
(Herbert Grönemeyer)*

Heutzutage gehört man nach fünf Jahren Betriebszugehörigkeit schon zum alten Eisen. Eine Ehe hält im Schnitt sieben Jahre, und man kommt am schnellsten nach oben, wenn man in möglichst kurzer Zeit möglichst viel verbrannte Erde, vor allem seelisch, hinterlässt.

Auf der anderen Seite gibt es aber auch eine unbestimmte Sehnsucht nach mehr Natur, Tradition und Verbundenheit. Fast schon museal anmutende Begriffe wie Stolz, Treue, Freundschaft, Solidarität und Vertrauen erleben eine Renaissance. Ein traditionsreicher Beruf, der ganz besonders für diese Werte steht, ist der Bergmann. Die harte Arbeit unter Tage hat nicht nur die Identität des Ruhrgebiets geprägt, sondern das gesamte Nachkriegsdeutschland.

Schon Romantiker wie Novalis sind auf ihrer Suche nach dem Inneren und Unbewussten in eine Grube eingefahren und wollten den Mythos »unter Tage« ergründen. Auch uns fasziniert die einmalige Verbindung aus Kohle, Grubendreck, Vertrauen, harter Arbeit, Currywurst, Staublunge, Fußball und Taubenzucht.

GLÜCKSSTATION
Glück auf!

Daher haben wir die Zeche Nordstern in Gelsenkirchen besucht. Dort führten uns zwei ehemalige Bergleute, Reinhold Adam und Willi Weiß, durch den Besucherstollen ihrer früheren Arbeitsstätte. Zusammen mit Wohnkolonie und Fußballplatz war die Zeche lange Zeit der Nabel ihrer Welt. Heute ist sie eine Besucherattraktion, und die Region ist einerseits von Arbeitslosigkeit, andererseits von einem neuen Bewusstsein für die eigene Kultur geprägt.

Die Erzählungen der ehemaligen Kumpel hören sich in der Ära der Dienstleistungsjobs tatsächlich historisch an. Der 72-jährige Willi Weiß, das neunte von insgesamt fünfzehn Kindern in seiner Familie, begann mit 14 Jahren die Arbeit unter Tage und arbeitete bis 1992 auf der Zeche. Reinhold Adam war 35 Jahre im Bergbau tätig, bevor er mit 49 in den Vorruhestand trat. Er ist heute 66.

»Unter Tage ist alles dicht, eng und dunkel, es gibt Temperaturunterschiede von zwanzig Grad. Dein Leben ist gefährdet, wenn unter den Kumpeln kein Vertrauen herrscht«, erzählt Adam. Der Begriff »Kumpel« drückt dies aus: Es ist von dem Wort »Kumpan« abgeleitet, das sich aus den lateinischen Wörtern »cum« (»mit«) und »panis« (»Brot«) zusammensetzt – jemand, mit dem man sein Brot teilt.

Wenn sich Reinhold Adam und Willi Weiß an ihre Zeit im Bergbau erinnern, spielt die Identität eine wichtige Rolle: die spezielle Sprache, die enge Verknüpfung von Arbeit und privatem Bereich sowie die Mentalität, auch in schwierigen Zeiten die Hoffnung nicht zu verlieren.

Alles, was wir suchen, Weisheit, Glück, müssen wir in uns suchen.

Dass der Strukturwandel der Region seinen Preis hat, ist ihnen bewusst, allerdings begrüßen sie auch eine neue Offenheit in der Gestaltung der individuellen Lebenswege.

Bei seinen Führungen durch die Zeche Nordstern spricht Reinhold Adam über die Veränderungen, die er »ayurvedareif« kommentiert: »Wir sind das Produkt unserer Gedanken und unserer Gefühle, daher steht vieles in unserer Macht. Alles, was wir suchen, Weisheit, Glück, müssen wir in uns suchen. Wenn der Mensch sich als Teil der Natur versteht und weiß, dass er dem ewigen Kreislauf unterworfen ist, gibt er dem Leben ganz andere Inhalte.« Und in original Bergbau-Manier fügt Willi Weiß hinzu: »Das Herz ist überall. Hier schlägt es.«

REZEPTE SPÄTHERBST UND WINTER
Abendessen

Pflaumen-Sellerie-Chutney

g l v

500 g Pflaumen
1 Selleriestange
2 rote Chilischoten
2 EL Sonnenblumenöl
2 EL Rohrzucker
Saft einer Zitrone
100 ml Pflaumensaft
½ TL Salz

1 Die Pflaumen waschen, entkernen und klein schneiden. Die Selleriestange waschen und fein hacken. Die Chilischoten waschen und fein hacken. Wer ein Vollgas-Chutney haben will, hackt die ganzen Chilischoten. Für die »softe« Variante die Kerne vorher entfernen!

2 Das Öl in einer Pfanne erhitzen. Darin die Chilis unter Zugabe des Zuckers 3 Minuten karamellisieren lassen. Nun alle weiteren Zutaten zugeben und das Chutney etwa 10 Minuten unter Rühren einkochen lassen, bis die Flüssigkeit verdampft ist.

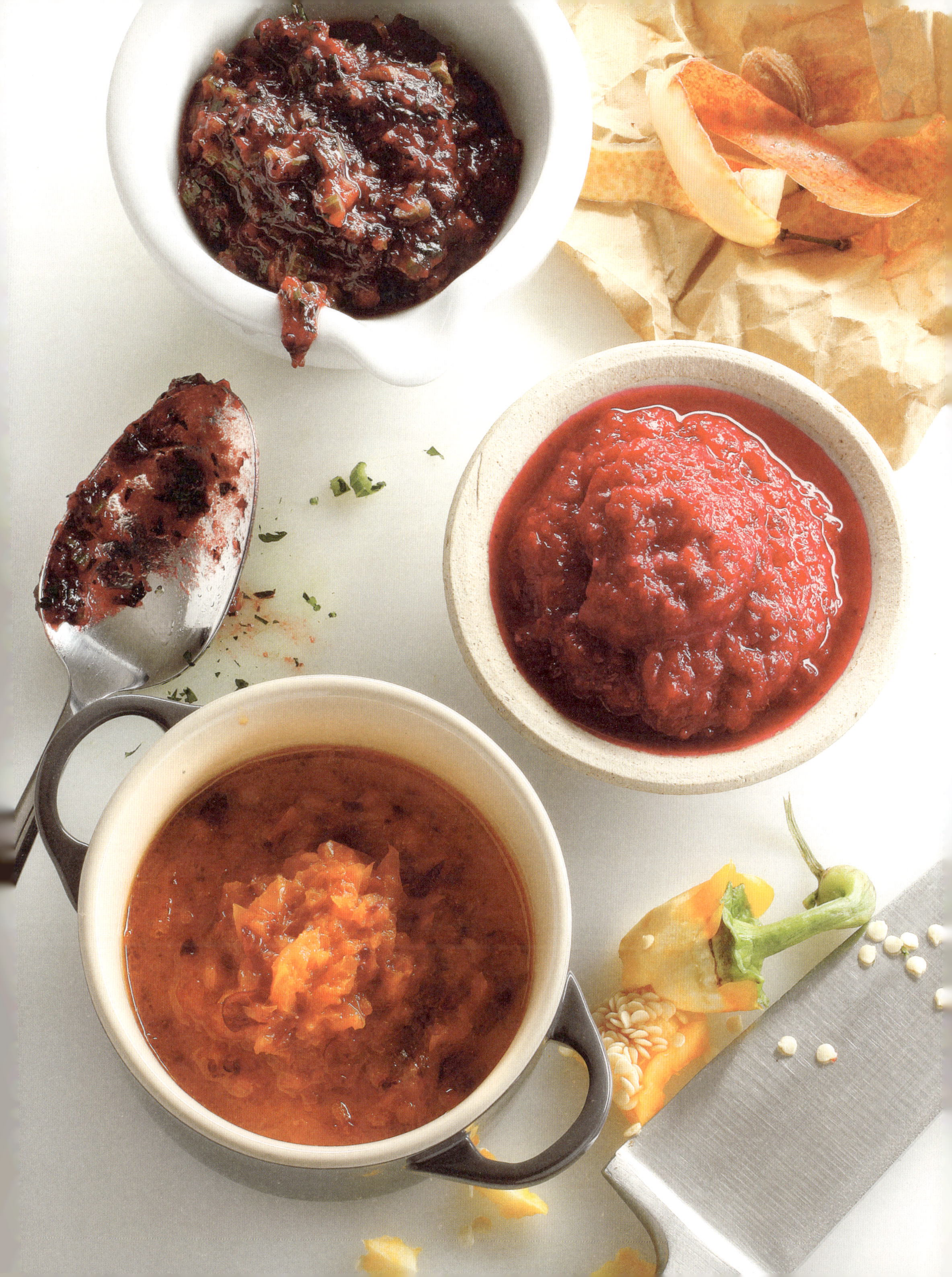

REZEPTE SPÄTHERBST UND WINTER
Abendessen

Trauben-Paprika-Chutney

g l v

CHUTNEY

Ein gutes Chutney brennt wie Feuer und ist zugleich süß wie die Liebe – und genauso soll es schmecken! Die lieblich scharfen Dips sind eine ganz einfache und sehr leckere Möglichkeit, auch einfachste Gerichte sexy aussehen zu lassen. So kann selbst simpel gedämpftes Gemüse zu einem geschmacklichen Höhepunkt werden! Chutneys passen auch gut zu Pfannkuchen, Brot, Getreidegerichten – überall dort, wo noch etwas Schärfe nötig ist. Sie halten sich luftdicht verschlossen problemlos mehrere Tage im Kühlschrank.

500 g rote kernlose Trauben
1 gelbe Paprikaschote
2 EL Sonnenblumenöl
1 EL frisch gehackter Ingwer
2 EL Rohrzucker
Saft einer Zitrone
100 ml roter Traubensaft
½ TL Salz
1 Prise Cayennepfeffer

1 Die Trauben waschen und klein schneiden. Die Paprika waschen, putzen und fein würfeln.

2 Das Öl in einer Pfanne erhitzen. Darin den Ingwer unter Zugabe des Zuckers 3 Minuten karamellisieren lassen.

3 Nun alle weiteren Zutaten zugeben und das Chutney etwa 10 Minuten unter Rühren einkochen lassen, bis die Flüssigkeit verdampft ist.

REZEPTE SPÄTHERBST UND WINTER
Abendessen

Rote-Bete-Birnen-Chutney

g l v

500 g frische Rote Bete
1 Birne, ca. 200 g
1 kleine Chilischote
2 EL Sonnenblumenöl
1 EL frisch gehackter Ingwer
2 EL Rohrzucker
Saft einer Zitrone
200 ml Birnensaft
½ TL Salz

1 Die Rote Bete schälen und fein würfeln. Die Birne schälen, entkernen und fein würfeln. Die Chilischote waschen und fein hacken. Wer es scharf mag, hackt die ganze Schote, für die »softe« Variante die Kerne vorher entfernen!

2 Das Öl in einer Pfanne erhitzen. Ingwer und Chili unter Zugabe des Zuckers 3 Minuten karamellisieren lassen. Rote Bete, Zitronensaft, Birnensaft und Salz zugeben und das Chutney etwa 20 Minuten unter Rühren einkochen lassen, bis die Flüssigkeit verdampft ist.

3 Erst kurz vor Schluss die Birnenwürfel zugeben und unterrühren.

REZEPTE SPÄTHERBST UND WINTER
Abendessen

Klassische Gemüsebrühe

g　l　v

OFFEN FÜR ALLES: SOSSEN

Sie sind wohlschmeckend und höchst flexibel: Die hier beschriebenen klassischen und extravaganten Soßen können Sie mit allem kombinieren, worauf Sie Lust haben. So schmeckt beispielsweise die Kapernsoße zu einfachen Nudel- und Reisgerichten und natürlich auch zu den Untot-Bratlingen und zum Panhas. Die Kräutersoße schmeckt zu diversen Gemüsesorten, zu Nudeln, Kartoffeln und zu Eiern. Die Malzbier-Spekulatius-Soße passt sehr gut zu hellen Gemüsesorten wie Sellerie und Kohlrabi, aber auch zu Reibekuchen und Pfannkuchen. Probieren Sie am besten selbst aus, welche Soßen Ihnen zu welchen Gerichten schmecken. Hier hat jeder seine eigenen Favoriten.

1 Lauchstange
1 Knollensellerie
2 Karotten
3 Zweige krause Petersilie
50 ml Olivenöl
5 Lorbeerblätter
2 Nelken
8 schwarze Pfefferkörner
2 EL Salz

1 Den Lauch putzen, waschen und in Ringe schneiden. Sellerie und Karotten schälen und in grobe Würfel bzw. Stücke schneiden. Die Petersilie waschen und grob zerteilen.

2 Das Öl in einem Topf erhitzen, das Gemüse zugeben und 5 Minuten kräftig anbraten. 3 Liter Wasser angießen, Lorbeerblätter, Nelken, Pfefferkörner und Salz dazugeben.

3 Aufkochen lassen, die Hitze reduzieren und das Ganze auf kleiner Flamme 2 bis 3 Stunden köcheln lassen. Danach die Brühe durch ein Sieb abgießen und in verschließbare Gläser füllen. So hält sie sich mindestens eine Woche im Kühlschrank.

REZEPTE SPÄTHERBST UND WINTER
Abendessen

Helle Grundsoße o

40 g Butter (optional Sonnenblumenöl)
80 g Weizenmehl
500 ml Klassische Gemüsebrühe (Rezept s.li.)
Salz
Pfeffer

1 Das Fett auf mittlerer Hitze in einem Topf zerlassen. Das Mehl darin unter Rühren so lange erhitzen, bis es schön hellgelb ist.

2 Nach und nach die Brühe zugeben und immer wieder mit einem Schneebesen gut durchschlagen. Die Soße muss unter Zugabe der Flüssigkeit zum Kochen kommen.

3 Die Platte ausschalten, die Soße noch 10 Minuten ziehen lassen und mit Salz und Pfeffer würzen.

TIPP Sollten Sie keine selbst gemachte Brühe zur Hand haben, können Sie auch eine hochwertige gekörnte Bio-Brühe verwenden. Achten Sie aber darauf, dass sie keine Geschmacksverstärker enthält.

Senfsoße o

500 ml Helle Grundsoße (Rezept s.o.)
1-2 EL mittelscharfer Senf
1 TL Balsamicoessig
1 TL Rohrzucker

1 Die Helle Grundsoße zubereiten und mit Senf, Essig und Zucker würzen.

TIPP Die Senfsoße ist eher kräftig. Eine etwas feinere Variante bekommen Sie, wenn Sie die Soße mit süßem Senf zubereiten.

REZEPTE SPÄTHERBST UND WINTER
Abendessen

Kapernsoße o

500 ml Helle Grundsoße (Rezept S. 99)
2 EL fein gehackte Kapern
1 EL Zitronensaft
1 Eigelb

1 Die Helle Grundsoße zubereiten. Kapern in die warme Soße geben und 10 Minuten ziehen lassen.

2 Den Zitronensaft zugeben. Das Eigelb mit Wasser verquirlen und mit einem Schneebesen kräftig unter die Soße schlagen.

TIPP Statt Kapern können Sie auch grüne entsteinte Oliven verwenden, die ebenfalls fein gehackt werden. Die Zubereitung ist die gleiche.

Bechamelsoße o

1 kleine rote Zwiebel
50 g Butter (optional Sonnenblumenöl)
80 g Weizenmehl
250 ml Brühe
250 ml Soja-/Hafermilch
Salz
Pfeffer

1 Die Zwiebel schälen und in kleine Würfel schneiden.

2 Das Fett in einem Topf bei mittlerer Hitze zerlassen. Zwiebeln und Mehl zugeben und so lange unter Rühren anschwitzen, bis das Mehl goldgelb ist.

3 Nach und nach Brühe und Milch zugeben, dabei ordentlich mit einem Schneebesen unterschlagen.

4 Die Soße kurz aufkochen lassen, dann die Platte ausschalten und die Soße 10 Minuten ziehen lassen. Wer möchte, kann die Soße jetzt noch durch ein Sieb streichen. Zum Schluss mit Salz und Pfeffer abschmecken.

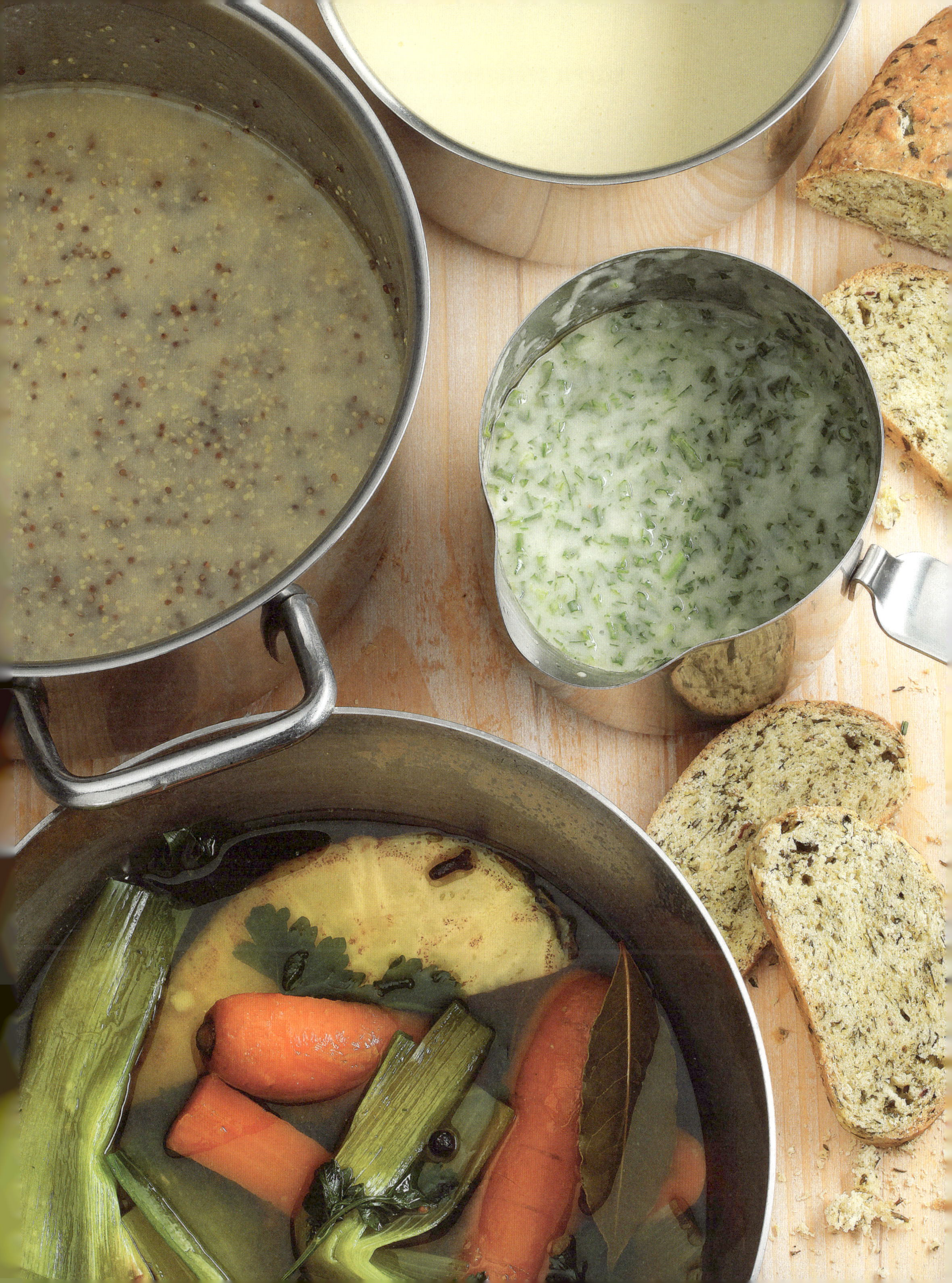

REZEPTE SPÄTHERBST UND WINTER
Abendessen

Kräutersoße o

500 ml Helle Grundsoße (Rezept S. 99)
2 EL frische gehackte Kräuter (Kerbel, Dill, Schnittlauch, Petersilie, Estragon, Pimpernelle etc.)
1 EL Zitronensaft
Salz

1 Die Helle Grundsoße zubereiten. Die Kräuter einrühren, den Zitronensaft zugeben und mit Salz würzen.

Malzbier-Spekulatius-Soße o

1 rote Zwiebel
1 Karotte
½ Sellerieknolle
50 g Butter (optional Sonnenblumenöl)
60 g Weizenmehl
150 ml Brühe
350 ml Malzbier
2 Stück fein zermahlenes Spekulatius-Gebäck
2 Lorbeerblätter
2 Nelken
¼ TL Salz
¼ TL Rohrzucker
1 EL Zitronensaft

1 Die Zwiebel schälen und in Ringe schneiden. Die Karotte und den Sellerie schälen und in Stücke schneiden.

2 Das Fett in einem Topf zerlassen. Das Mehl darin unter Rühren so lange erhitzen, bis es fast dunkelbraun ist. Brühe und Bier nach und nach zugießen und mit einem Schneebesen kräftig durchschlagen. Spekulatiusbrösel, Zwiebeln, Sellerie, Karotte, Lorbeerblätter und Nelken zugeben, aufkochen lassen.

3 Dann die Hitze reduzieren und die Soße 20 Minuten köcheln lassen. Die Platte ausschalten und die Soße weitere 10 Minuten ziehen lassen.

4 Die Soße durch ein Sieb streichen und mit Salz, Zucker und Zitronensaft würzen.

REZEPTE SPÄTHERBST UND WINTER
Abendessen

Meerrettichsoße ⬤

500 ml Helle Grundsoße (Rezept S. 99)
¼ Stange Meerrettich
100 ml Soja-/Hafermilch
1 EL Zitronensaft
Salz

1 Die Helle Grundsoße zubereiten.

2 Den Meerrettich schälen, waschen, fein reiben. Mit der Milch in die heiße, aber nicht mehr kochende Soße geben. Den Zitronensaft einrühren und salzen.

Tomatensoße ⬤

1 kleine rote Zwiebel
400 g Fleischtomaten
40 g Butter oder Sonnenblumenöl
80 g Weizenmehl
500 ml Brühe
⅓ TL Salz
⅓ TL Pfeffer
⅓ TL Rohrzucker

1 Die Zwiebel schälen und in Würfel schneiden. Die Tomaten waschen, die Kerne entfernen und das Fruchtfleisch in Würfel schneiden.

2 Das Fett in einem Topf zerlassen. Darin Zwiebel und Tomaten 3 Minuten glasig dünsten. Das Mehl zugeben und einrühren. Nach und nach die Brühe zugießen und mit einem Schneebesen kräftig durchschlagen.

3 Die Soße zum Kochen bringen, dann die Platte ausschalten und 10 Minuten ziehen lassen. Durch ein Sieb streichen, danach nochmals kurz aufkochen und mit Salz, Pfeffer und Zucker würzen.

EXKURS
Freundschaft und Verbundenheit

Freundschaft und Verbundenheit

Viele gemeinsame Berührungspunkte, Inspiration und Vertrauen: Das sind für mich grundlegende Elemente einer Freundschaft. Bei ihrer gelebten Umsetzung erlaube ich mir an dieser Stelle, auf die Klischees zurückzugreifen, die doch meist aus realen Beobachtungen entstehen. Damit möchte ich keine Stadien füllen, sondern eine Brücke zum Ayurveda schlagen.

Eine schlichte Feststellung zu Beginn: Zwischen Männer- und Frauenfreundschaften gibt es grundlegende Unterschiede. Oder können Sie sich ernsthaft zwei Frauen vorstellen, die sich wochenlang nicht gesehen haben und dann in einem Zeitraum von 90 Minuten plus Halbzeit nicht mehr kommunizieren als:
»Ähm.«
»Okay.«
»Bei mir auch.«
»Hast du noch'n Bier?«
»Ganz schön salzig, die Chips.«
»Langweiliges Gekicke.«
»Zum Glück keine Verlängerung.«
»Tschö, bis demnächst.«
Viele Frauen können diese Form von »Unterhaltung« nicht nachvollziehen, und natürlich sind sie Profis im Netzwerken. – Genau, jetzt kommt das Aber.

Es ist tatsächlich ein erwiesenes Merkmal von Freundschaft, die Anwesenheit eines anderen Menschen zu genießen, ohne einen eigenen Zweck damit zu verfolgen. Und sei es nur reden! Meine besten Freunde zeichnen sich dadurch aus, dass ich mit ihnen am längsten schweigen kann. »Im Schweigen liegt die Erkenntnis«, sagt schon Laotse. Wer hätte von uns Männern so viel Philosophie erwartet! Im Ernst: Für mich lässt sich der Grad einer Freundschaft daran messen, wie gut man sich ohne großartige Action ertragen kann. Denn ein wirklich guter Freund braucht nicht viele Worte, um zu erkennen, was los ist.

Man sagt ja auch, man habe die gleiche Wellenlänge. Hier kommt das feinstoffliche Element Äther aus dem Ayurveda zum Tragen. Gute Freunde haben feine Antennen füreinander und können besonders gut empfangen, was der andere gerade sendet. Man schickt nicht nur Funkwellen über den Äther, sondern auch Emotionen, Sehnsüchte und Wünsche. Äther ist ganz zart und feinfühlig. Und dies alles sind natürlich klassische männliche Eigenschaften …

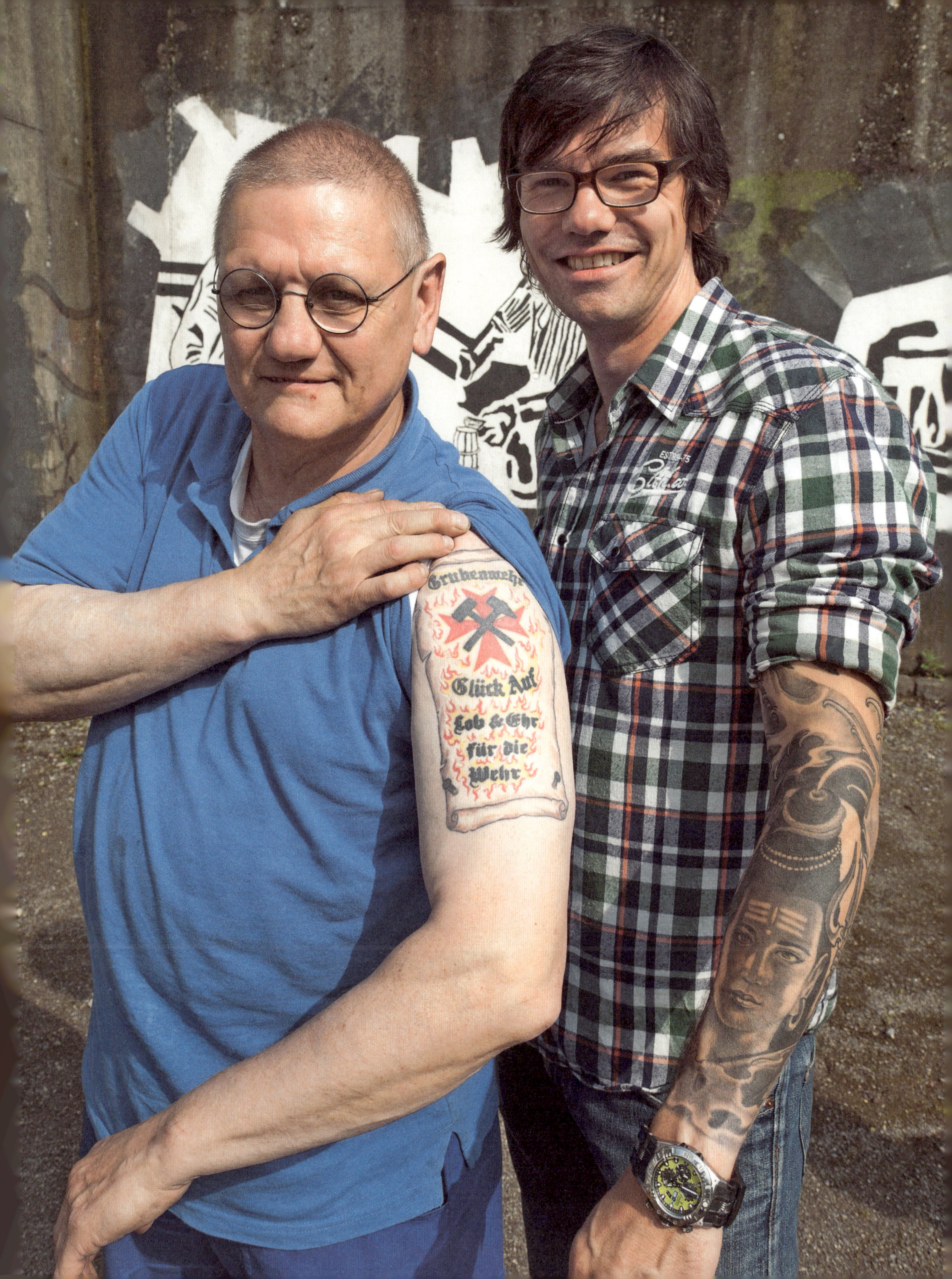
Grubenwehr
Glück Auf
Lob & Ehr
für die
Wehr

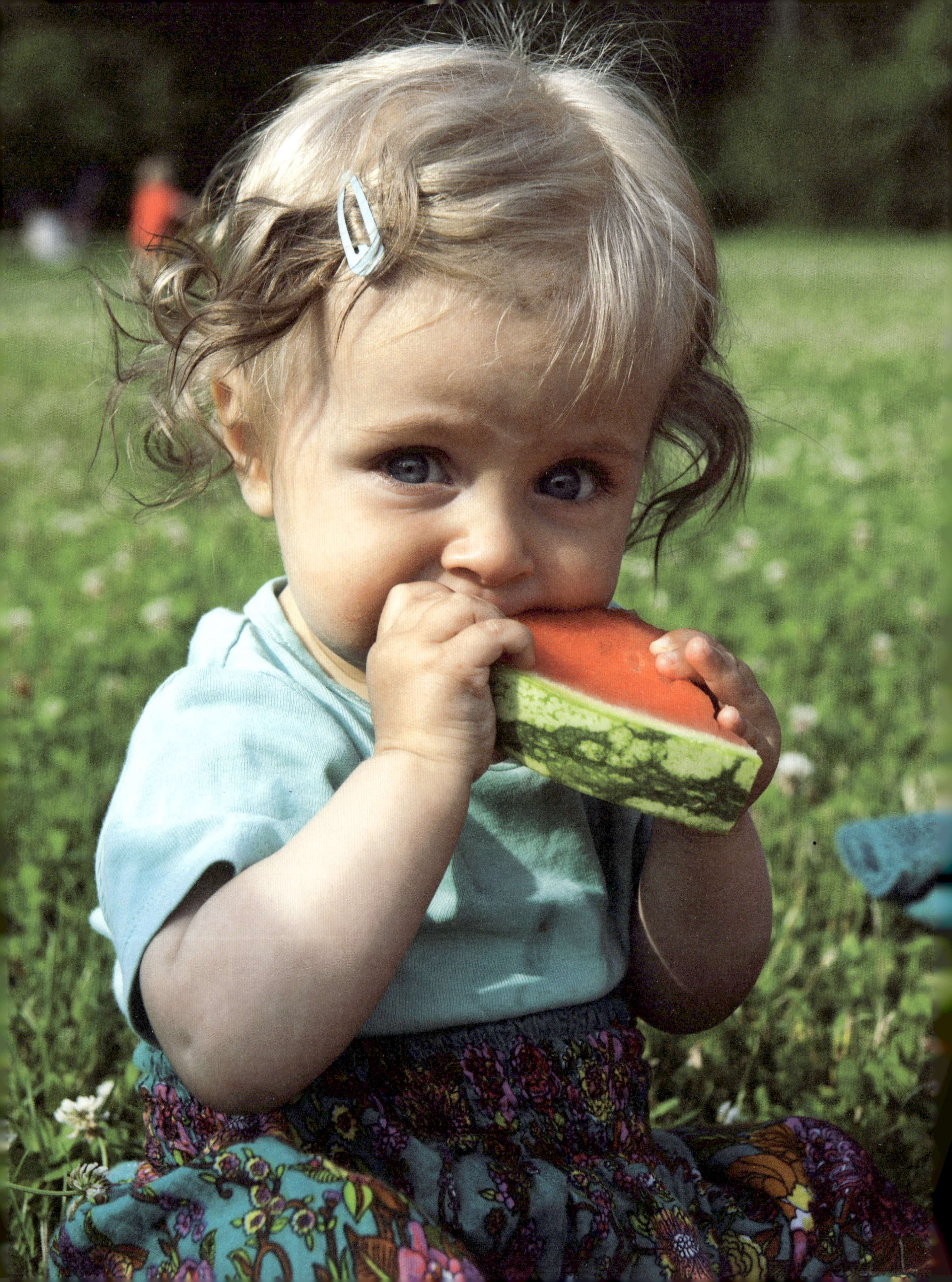

REZEPTE
Frühling und Sommer

Altlasten abstreifen, frische Perspektiven schaffen und sich öffnen für die wärmende Dynamik der Sonne: Ihre Kraft lässt das über den Winter im Körper angesammelte Kapha schmelzen. Dass dies dem Körper einiges an Energie abverlangt, macht sich unter anderem an der viel beschworenen »Frühjahrsmüdigkeit« bemerkbar. Da das Verdauungsfeuer im Frühling eher langsam arbeitet, empfiehlt sich viel Bewegung, und die Speisen sollten leicht und gut verdaulich sein. Im Sommer übernimmt schließlich Pitta. Das Wachstum steht in seiner vollen Blüte, und vermeintliche Gegensätze verschmelzen: Himmel und Erde, Körper und Seele, Kunst und Leben. Wir sind erwachsen.

REZEPTE FRÜHLING UND SOMMER
Snacks und schnelle Gerichte

Snacks und schnelle Gerichte

Genussvolles Finish!

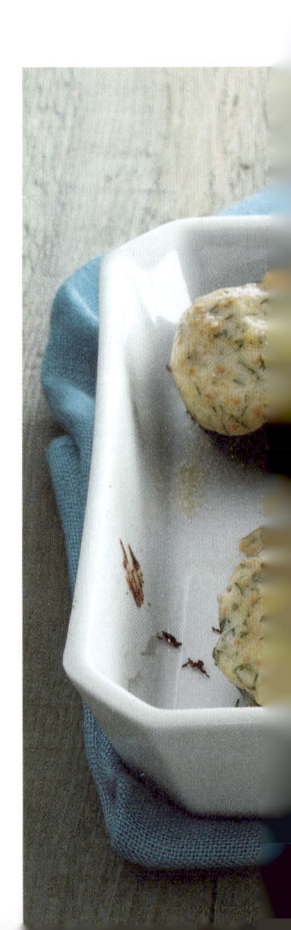

REZEPTE FRÜHLING UND SOMMER
Snacks und schnelle Gerichte

Diese schnellen Rezepte entsprechen der dynamischen Energie des Frühlings und zaubern trotzdem die volle Geschmacksvielfalt auf den Teller!

(Wenn nicht anders angegeben, sind die Rezepte für vier Personen gedacht.)

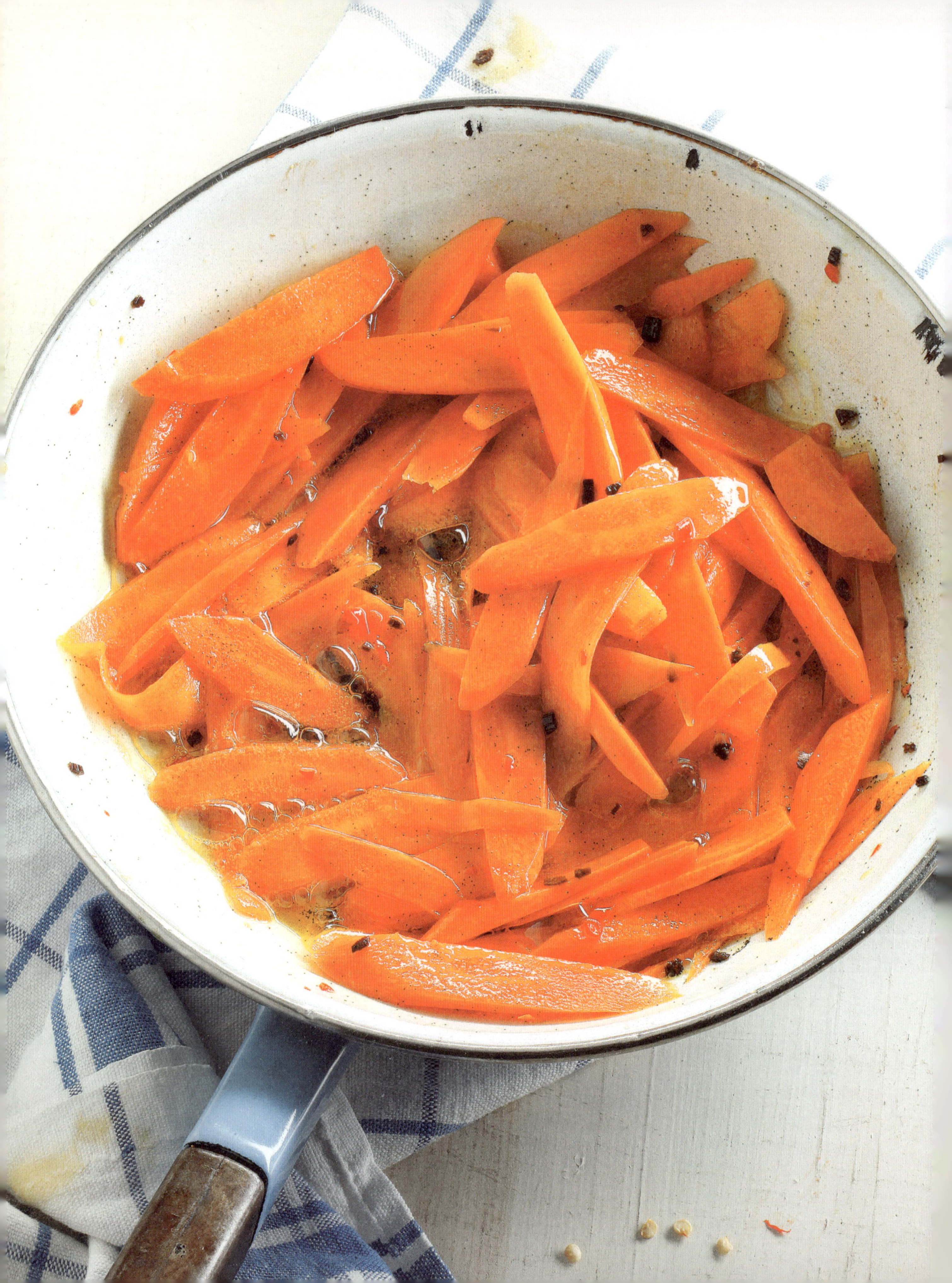

REZEPTE FRÜHLING UND SOMMER
Snacks und schnelle Gerichte

Gebratene Vanille-Chili-Karotten ⓖ

600 g Karotten
1 Vanilleschote
1 rote Chilischote, für viel Schärfe 2 Schoten
2 EL Butter
1 TL Rohrzucker
Saft einer Limette

1 Karotten schälen, halbieren und längs in feine Streifen schneiden.

2 Vanille- und Chilischote fein hacken. Wer es nicht so scharf mag, entfernt die Kerne der Chilischote vor dem Hacken.

3 Butter in der Pfanne zerlassen und den Rohrzucker darin kurz karamellisieren lassen. Karotten, Chili und Vanille zugeben und 6 bis 8 Minuten dünsten, zum Schluss den Limettensaft zugeben.

REZEPTE FRÜHLING UND SOMMER
Snacks und schnelle Gerichte

Gebratene Artischocken mit Pinienkernen *g* *l* *v*

8 kleine Artischocken
50 g Pinienkerne
50 ml Olivenöl
1 TL Salz

1 Den Stiel der Artischocken entfernen, die holzigen Spitzen zu einem Drittel abschneiden und die äußersten drei Blattreihen abzupfen. Artischocken achteln. Das jetzt sichtbare Stroh herausschneiden.

2 Die Pinienkerne ohne Fett in einer Pfanne anrösten, herausnehmen. Das Öl in die noch warme Pfanne geben und die Artischocken darin 10 bis 12 Minuten braten, bis sie goldbraun sind. Zum Schluss leicht salzen und die gerösteten Pinienkerne darüberstreuen.

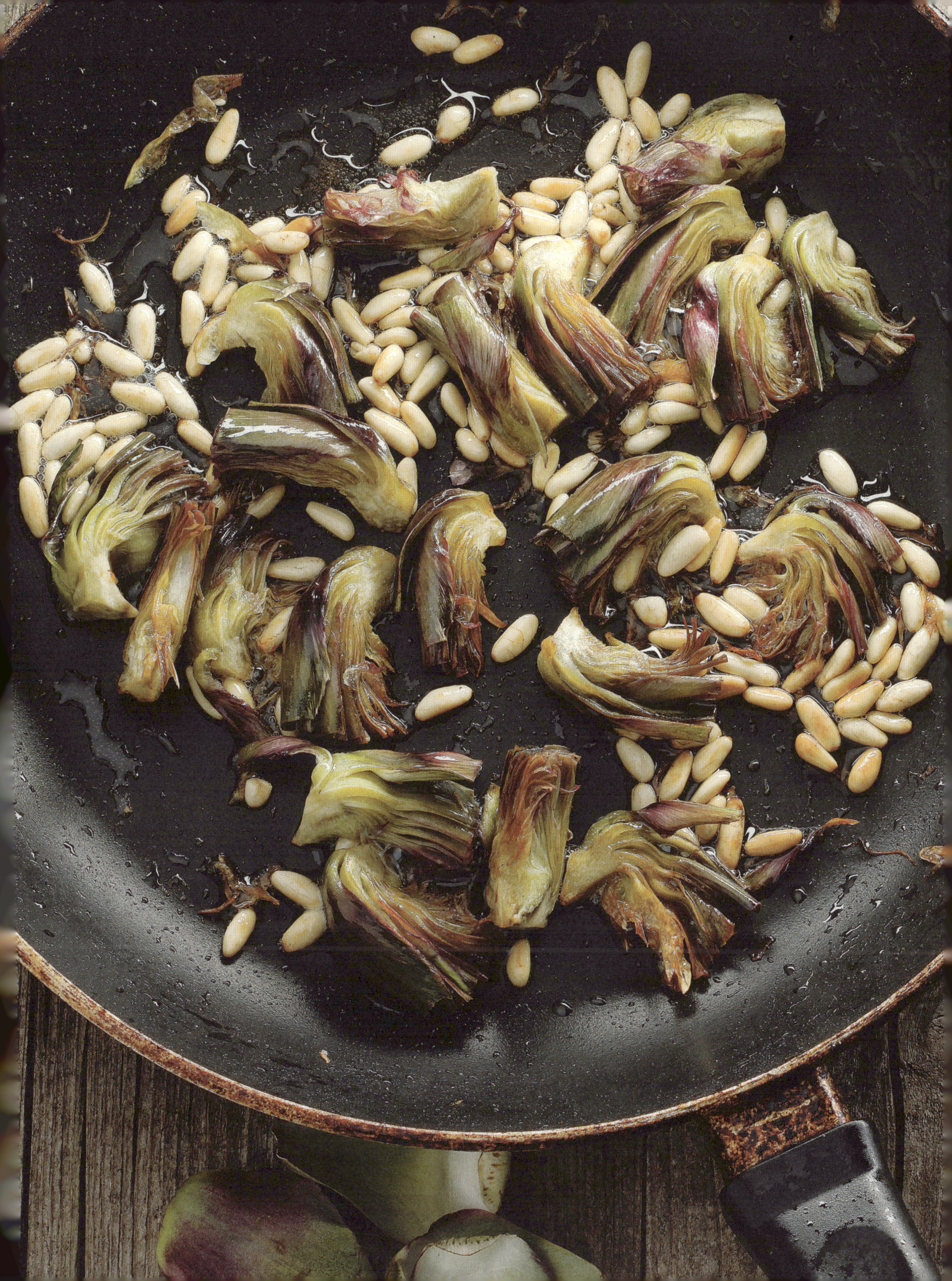

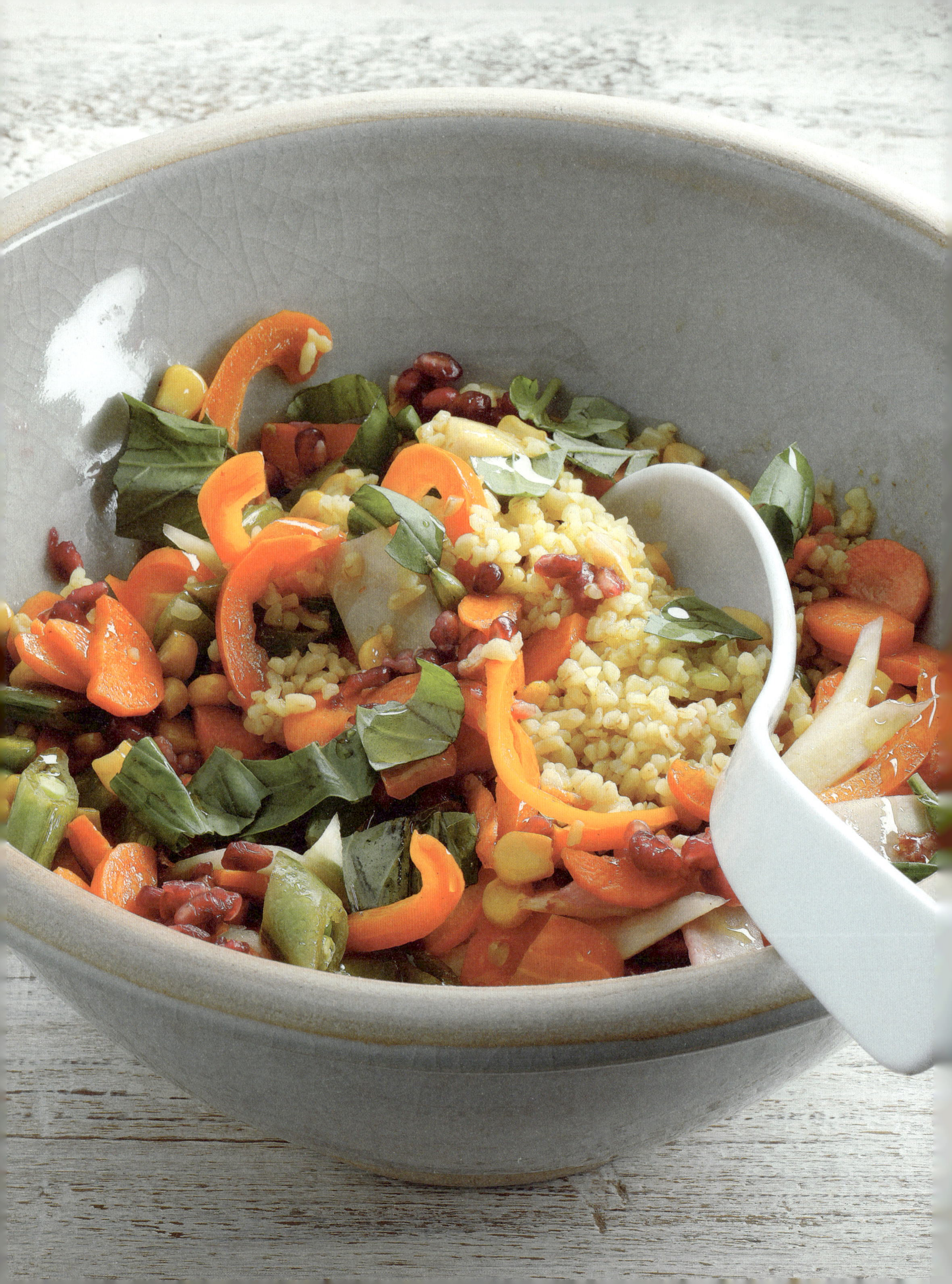

REZEPTE FRÜHLING UND SOMMER
Snacks und schnelle Gerichte

Bulgur-Granatapfel-Salat

(l) (v)

800 ml Gemüsebrühe
200 g Bulgur
1 orange Paprikaschote
2 Karotten
1 Petersilienwurzel
100 g Zuckerschoten
20 Blättchen Basilikum
1 Granatapfel
3 EL Olivenöl
Saft einer Zitrone
1 Prise Cayennepfeffer
1 EL Balsamicoessig
1 Bund Dill

1 Gemüsebrühe zum Kochen bringen, den Bulgur einrühren, Hitze reduzieren und den Bulgur 15 bis 20 Minuten quellen lassen. Gelegentlich umrühren.

2 Paprikaschote waschen, putzen und in Streifen schneiden. Karotten schälen, halbieren, in Scheiben schneiden.

3 Petersilienwurzel schälen, halbieren und schräg in Längsstreifen schneiden. Zuckerschoten waschen und schräg vierteln.

4 Basilikumblätter waschen und grob zerkleinern.

5 Den Granatapfel halbieren und die Kerne entfernen. Dazu die Hälften mit den Fingern rundherum andrücken, damit sich die Kerne leicht lösen und dann mit der Schnittfläche nach unten in die Handfläche legen, die Finger spreizen und mit der anderen Hand die Kerne in eine Schüssel ausklopfen.

6 2 Esslöffel Olivenöl in der Pfanne erhitzen, das klein geschnittene Gemüse darin bissfest anbraten. Zitronensaft und Cayennepfeffer zugeben und alles 5 Minuten dünsten.

7 Den Bulgur mit dem Gemüse in eine Schüssel geben. Das restliche Olivenöl und den Balsamicoessig darübergießen und alles gut mischen. Zum Schluss den Dill fein hacken und zusammen mit dem Basilikum und den Granatapfelkernen unterheben.

REZEPTE FRÜHLING UND SOMMER
Snacks und schnelle Gerichte

Süßkartoffel-Radieschen-Pfanne g l v

600 g Süßkartoffeln
1 kleine rote Zwiebel
50 g Pistazienkerne oder Walnusskerne
5 Radieschen
100 ml Olivenöl
1 TL Currypulver
1 EL Zitronensaft
Salz
1 TL Rohrzucker
Pfeffer

1 Süßkartoffeln schälen, halbieren und in ca. 3 Millimeter dicke Scheiben schneiden. Zwiebel schälen und klein würfen. Pistazien grob hacken. Die Radieschen putzen, waschen und fein würfeln.

2 Das Olivenöl in der Pfanne erhitzen, die Zwiebelwürfel darin glasig dünsten. Süßkartoffeln zusammen mit Currypulver und den gehackten Pistazien in die Pfanne geben und unter gelegentlichem Wenden 15 Minuten bei mittlerer Hitze braten.

3 Zum Schluss den Zitronensaft zugeben und mit Salz, Zucker und Pfeffer würzen. Die Radieschen über die Süßkartoffeln streuen und servieren.

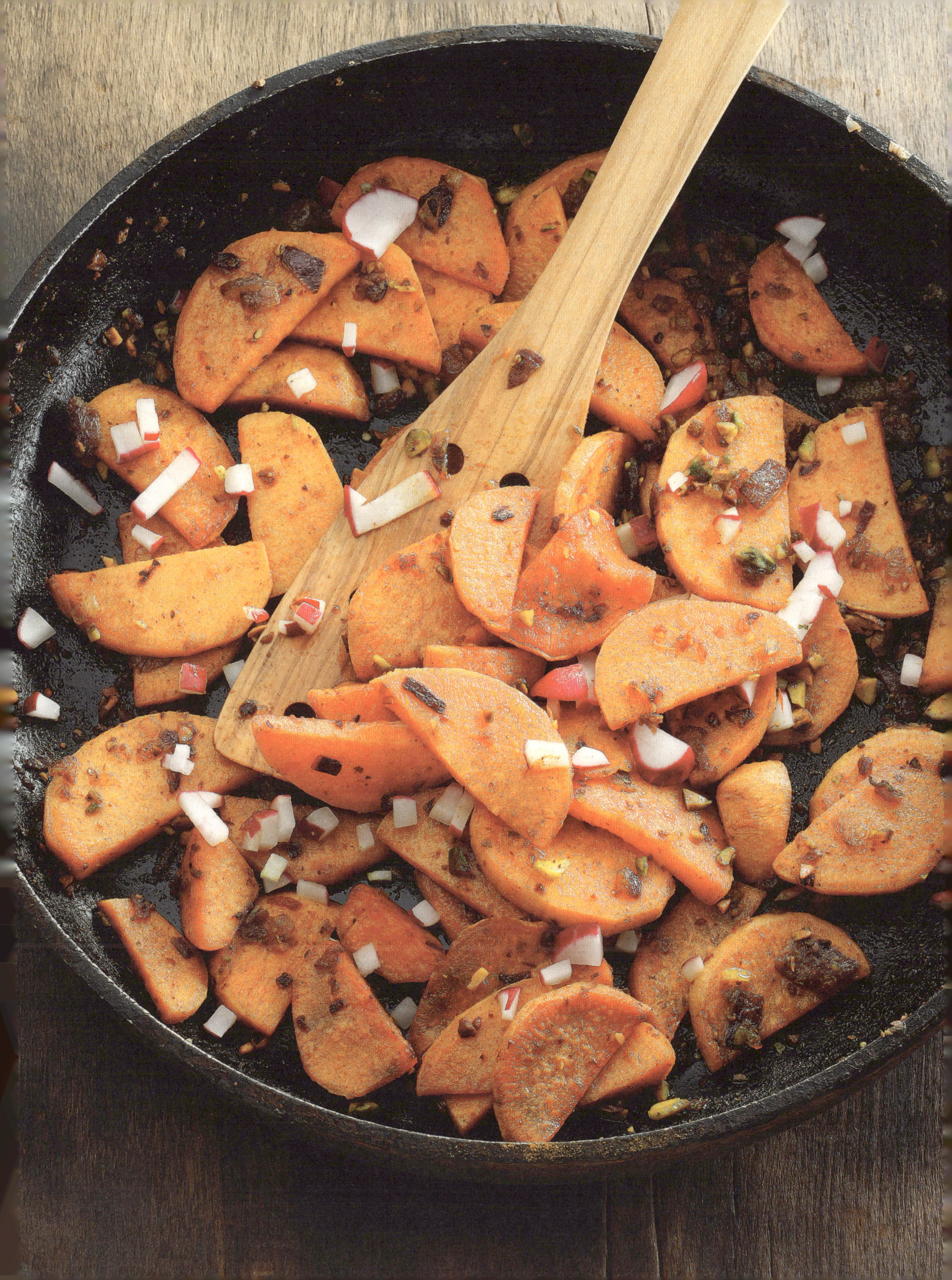

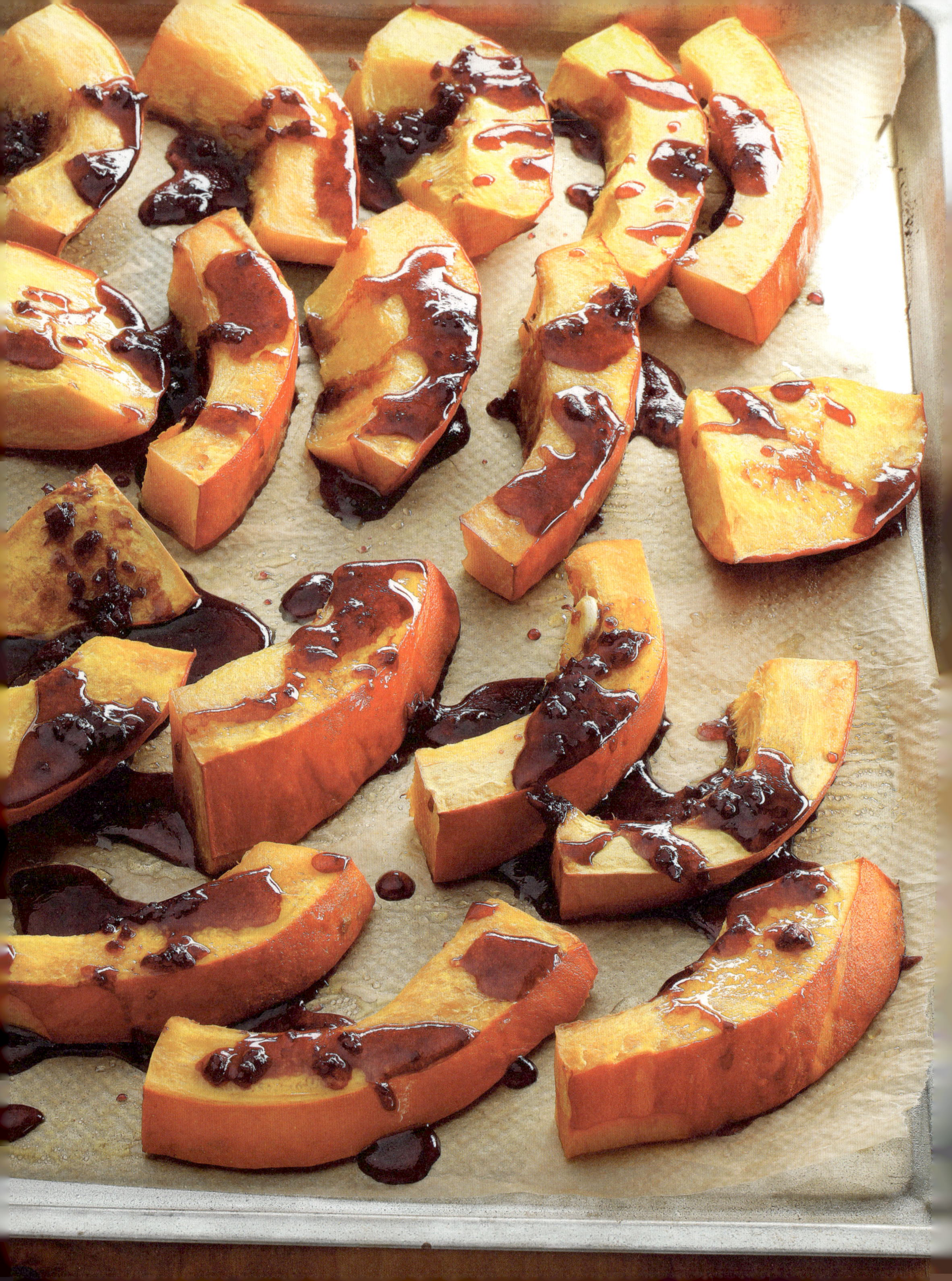

REZEPTE FRÜHLING UND SOMMER
Snacks und schnelle Gerichte

Gebackener Kürbis mit Rotwein-Ingwer-Soße *g l v*

1 Hokkaido-Kürbis (mind. 1 kg)
100 ml Olivenöl
2 EL Sonnenblumenöl
1 EL frisch gehackter Ingwer
2 EL Rohrzucker
Saft einer Limette
200 ml trockener Rotwein (alkoholfreie Variante: Trauben- oder Granatapfelsaft)
Salz

1 Den Backofen auf 160 °C vorheizen.

2 Den Hokkaido halbieren, den Stielansatz abschneiden und die Kerne entfernen.

3 Die Kürbishälften in fingerdicke Spalten schneiden. Ein Backblech mit Backpapier belegen, die Kürbisspalten darauf verteilen, mit dem Olivenöl beträufeln und für 20 Minuten im Ofen backen.

4 Das Sonnenblumenöl in einer Pfanne erhitzen, darin den Ingwer anbraten. Zucker und Limettensaft zugeben, Rotwein angießen und etwa 15 bis 20 Minuten einkochen lassen.

5 Den gegarten Kürbis aus dem Backofen nehmen, leicht salzen und die Rotwein-Ingwer-Soße darübergeben.

REZEPTE FRÜHLING UND SOMMER
Snacks und schnelle Gerichte

Feigen gefüllt mit Frischkäse-Dill-Crème

4 frische Feigen
1 EL frischer Dill
1 EL Cashewkerne
1 EL Frischkäse (optional Sojade)
1 Prise Salz
1 Prise Pfeffer
1 Prise Cayennepfeffer
1 EL Zitronensaft
1 TL Rohrzucker

1 Den Backofen auf 200 °C Oberhitze vorheizen.

2 Das obere Drittel der Feigen abschneiden. Die Feigen aushöhlen und das Fruchtfleisch in eine kleine Schüssel geben.

3 Dill und Cashewkerne hacken und zu dem Fruchtfleisch geben. Frischkäse, Salz, Pfeffer und Cayennepfeffer ebenfalls dazugeben und alles gut verrühren.

4 Zum Schluss den Zitronensaft unterrühren und die Masse in die ausgehöhlten Feigen füllen. Mit Rohrzucker bestreuen und im Backofen etwa 8 bis 10 Minuten überbacken.

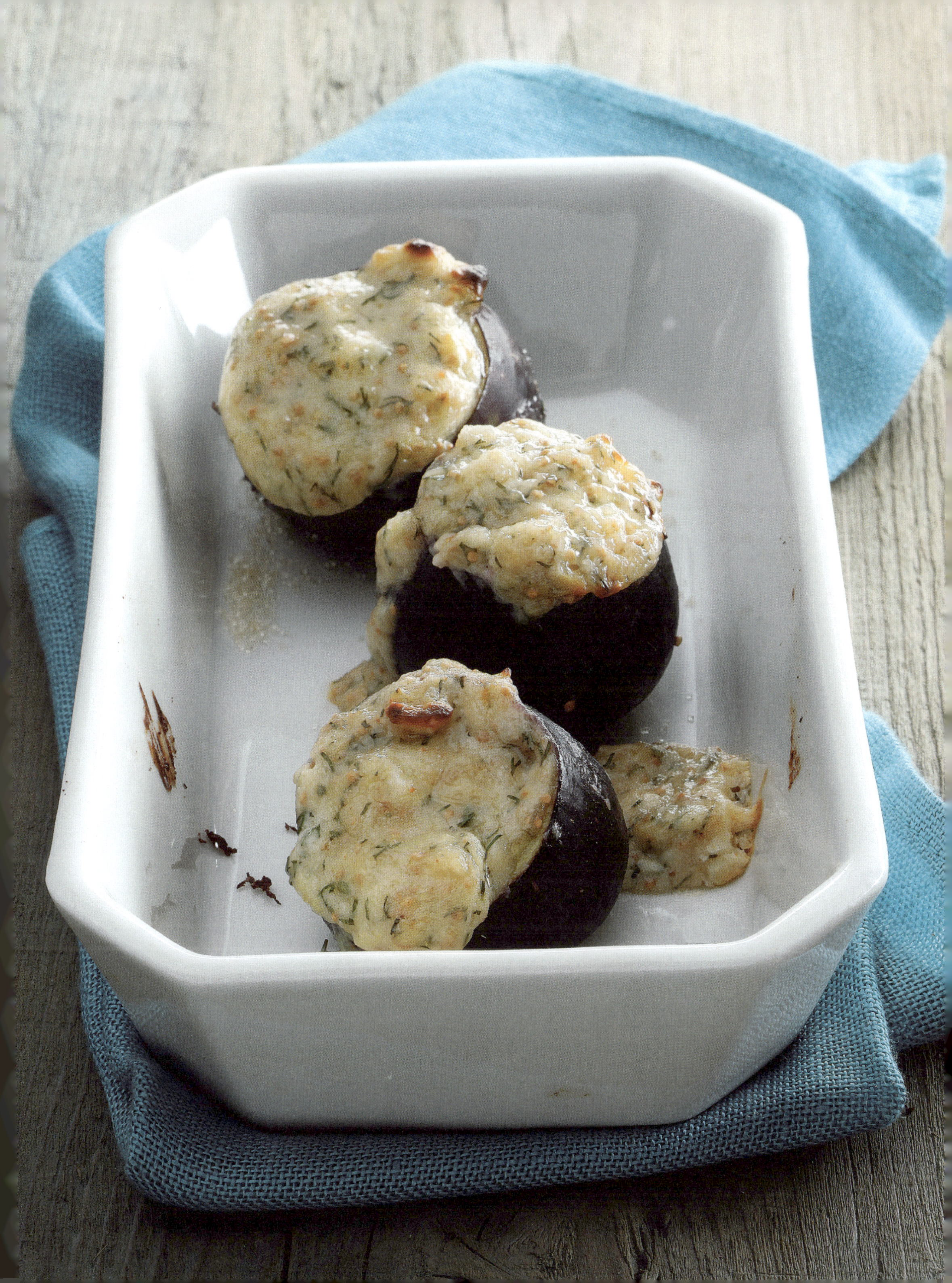

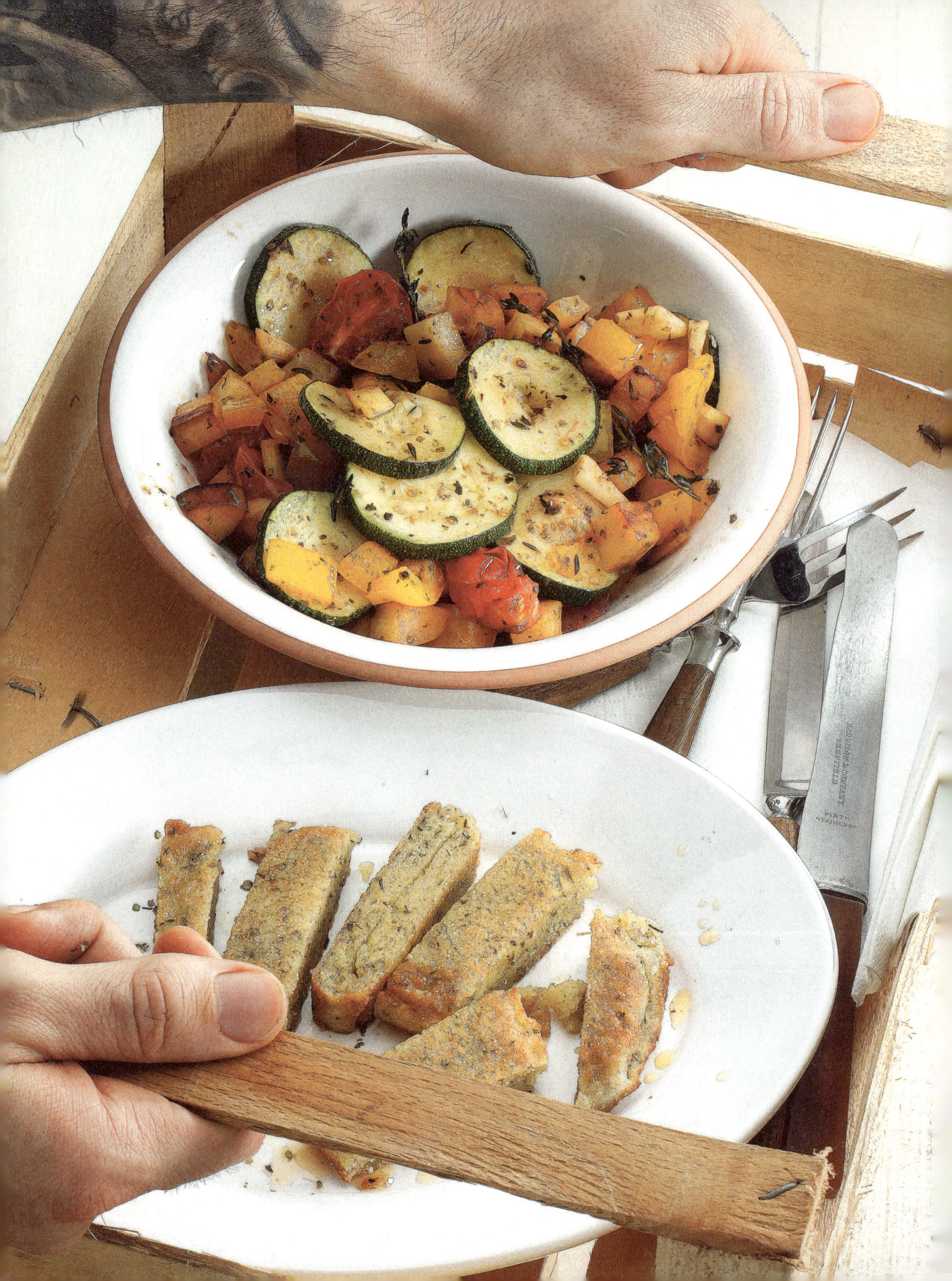

REZEPTE FRÜHLING UND SOMMER
Snacks und schnelle Gerichte

Grießschnitten mit buntem Gemüse ⓛ ⓥ

500 ml Gemüsebrühe
100 g Hartweizengrieß
½ TL Salz
2 TL getrockneter Oregano
2 TL getrockneter Majoran
120 ml Olivenöl
1 Zucchini

2 gelbe Paprika
2 Petersilienwurzeln
200 g Kirschtomaten
2 Zweige frischer Thymian
Salz
Pfeffer

1 Die Gemüsebrühe in einem Topf zum Kochen bringen.

2 Die Hitze reduzieren und langsam unter Rühren Grieß, Salz, Oregano und Majoran zugeben. Den Topf vom Herd ziehen und den Grieß 3 Minuten quellen lassen.

3 Ein Brett leicht einölen, darauf die Masse mit einem Teigschaber etwa 2 Zentimeter dick ausstreichen und auskühlen lassen. Das dauert etwa 20 Minuten. Den fest gewordenen Grieß in breite Streifen schneiden.

4 Etwa 80 Milliliter Öl in der Pfanne erhitzen und die Grießstreifen von beiden Seiten goldbraun ausbacken.

5 Zucchini und Paprika waschen und putzen, Zucchini in Scheiben schneiden, Paprika würfeln. Petersilienwurzeln schälen und ebenfalls würfeln, Kirschtomaten halbieren. Vom Thymian die Blättchen abstreifen.

6 Das restliche Öl in einer Pfanne erhitzen. Als Erstes die Petersilienwurzeln hineingeben und braten, nach etwa 5 Minuten Zucchini und Paprika zugeben, nochmals 5 Minuten leicht braten, dabei das Gemüse gelegentlich wenden. Zum Schluss die Kirschtomaten und den Thymian untermischen und nochmals 3 Minuten erhitzen. Mit Salz und Pfeffer würzen und zu den Grießschnitten servieren.

REZEPTE FRÜHLING UND SOMMER
Snacks und schnelle Gerichte

Gebratene Avocado mit Aceto-Karamell-Crème

g *l* *v*

1 kleine rote Zwiebel
50 ml Olivenöl
1 EL Rohrzucker
2 EL dunkler Balsamicoessig
200 ml weißer Traubensaft
3 Avocados
Pfeffer
grobes Meersalz

1 Die Zwiebel schälen und in feine Würfel schneiden. 2 Esslöffel Öl in einem kleinen Topf erhitzen, darin die Zwiebelwürfel anbraten. Zucker zugeben und leicht karamellisieren lassen. Mit Essig und Traubensaft auffüllen und auf die Hälfte einkochen lassen.

2 Avocados halbieren, den Kern entfernen und das Fruchtfleisch mit einem Löffel vorsichtig als Ganzes aus der Schale heben. Das Fruchtfleisch in fingerdicke Spalten schneiden. In einer Pfanne das restliche Öl erhitzen, darin die Avocadospalten 3 bis 4 Minuten von beiden Seiten kross anbraten.

3 Die Karamellsoße über die Avocados träufeln und das Ganze leicht pfeffern und salzen.

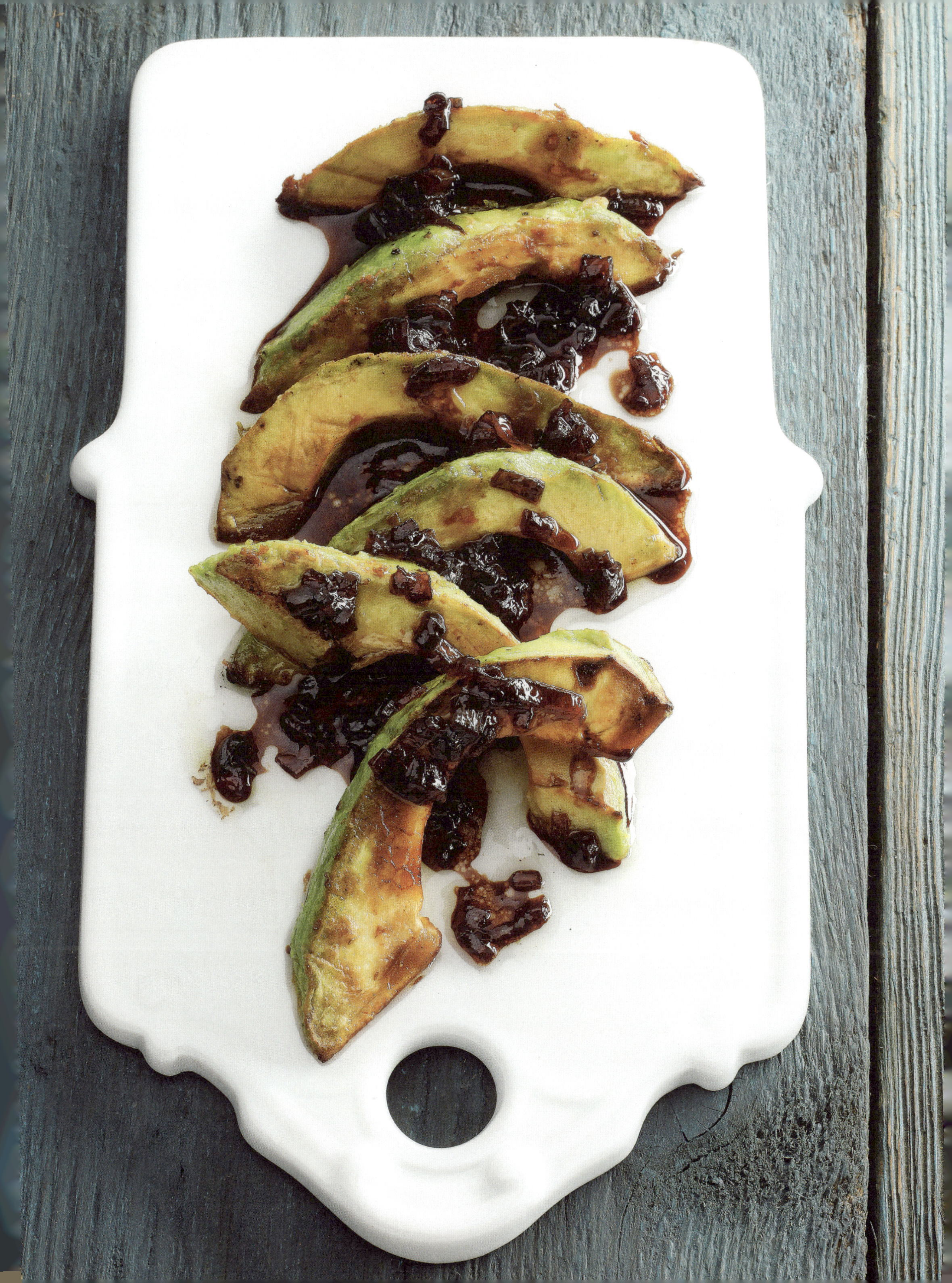

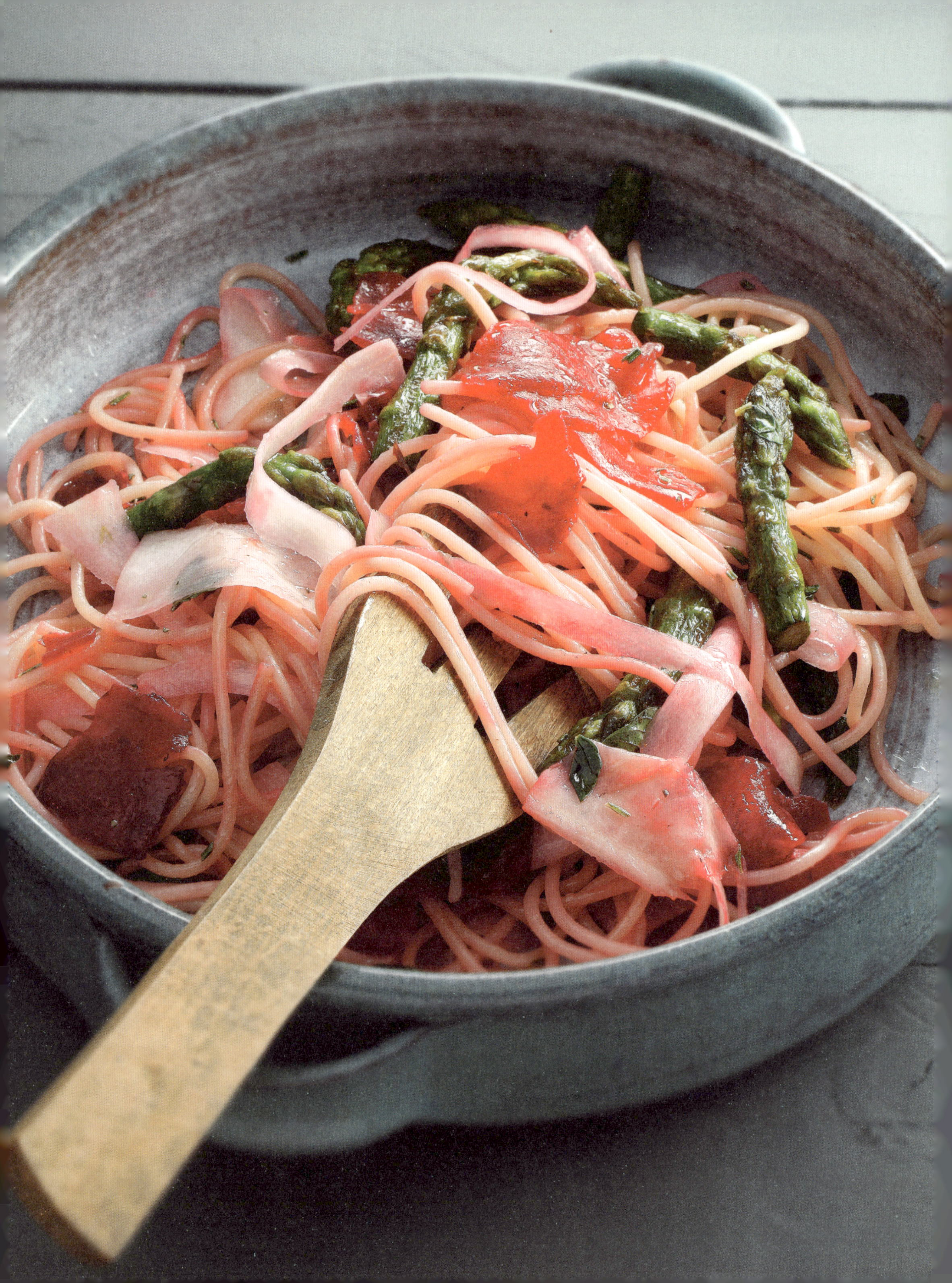

REZEPTE FRÜHLING UND SOMMER
Snacks und schnelle Gerichte

Spaghetti mit Wurzelgemüse l v

250 g Spaghetti
3 EL Olivenöl
2 Petersilienwurzeln
2 Knollen gekochte Rote Bete, ca. 350 g
1 Zweig frischer Rosmarin
Köpfe von 500 g grünem Spargel
Saft einer halben Zitrone
Salz
Pfeffer
1 Zweig frischer Oregano

1 Den Backofen auf 160 °C vorheizen.

2 Die Spaghetti nach Packungsangabe kochen, abschütten, mit kaltem Wasser abschrecken und mit ca. 1 Esslöffel Öl beträufeln, damit sie nicht kleben.

3 Die Petersilienwurzeln schälen und mit dem Sparschäler in dünne Streifen hobeln. Die Rote Bete halbieren und in dünne Scheiben schneiden. Die Rosmarinnadeln abstreifen und hacken.

4 Das restliche Olivenöl erhitzen. Die Spargelköpfe darin 5 Minuten anbraten, dann Rosmarin, Rote Bete und Petersilienwurzeln zugeben. Alles gut mischen und kurz andünsten.

5 Die Nudeln und den Zitronensaft zu dem Gemüse geben, gut vermengen.

6 Mit Salz und Pfeffer würzen. Die Blättchen des Oregano klein zupfen und drüberstreuen.

REZEPTE FRÜHLING UND SOMMER
Snacks und schnelle Gerichte

Warmer Zucchini-Ziegenkäse-Salat mit Focaccia

Für die Focaccia
20 getrocknete Tomaten
50 g Walnüsse
½ Würfel Hefe
1 TL Rohrzucker
40 ml Olivenöl
400 g Dinkelmehl
1 EL getrocknete Kerbelblätter

Für den Zucchini-Ziegenkäse-Salat
1 große Zucchini
4 Strauchtomaten
150 g Ziegenkäse-Feta
100 g Pinienkerne
Olivenöl
2 EL getrocknete Kräuter nach Wahl
Saft einer halben Zitrone
1 kleines Bund Basilikum
Salz
Pfeffer

1 Tomaten mit heißem Wasser übergießen, 5 Minuten ziehen lassen, anschließend pürieren. Walnüsse grob hacken.

2 Die Hefe in 150 Millilitern lauwarmem Wasser auflösen, Zucker zugeben, 5 Minuten ruhen lassen.

3 Danach pürierte Tomaten, Öl und Walnüsse zugeben, Mehl darübersieben, den Kerbel zugeben und alles zu einem geschmeidigen Teig kneten.

4 Den Teig 30 Minuten an einem warmen Ort ruhen lassen. Inzwischen den Backofen auf 180 °C vorheizen.

5 Den Teig zu einer Rolle formen und auf der mittleren Schiene 45 Minuten backen.

1 Die Zucchini waschen, putzen, halbieren und in dünne Scheiben schneiden. Tomaten waschen, putzen und würfeln. Den Ziegenkäse ebenfalls würfeln.

3 Pinienkerne in einer Pfanne ohne Fett anrösten und herausnehmen. Öl in die gleiche Pfanne geben und darin die Zucchinischeiben 4 Minuten anbraten. Anschließend Tomaten, getrocknete Kräuter, Ziegenkäse und Zitronensaft zugeben und ca. 5 Minuten erhitzen, bis der Ziegenkäse anfängt zu verlaufen. Alles in eine Schüssel geben.

3 Die Basilikumblätter abzupfen, grob zerkleinern und untermischen. Mit Salz und Pfeffer würzen.

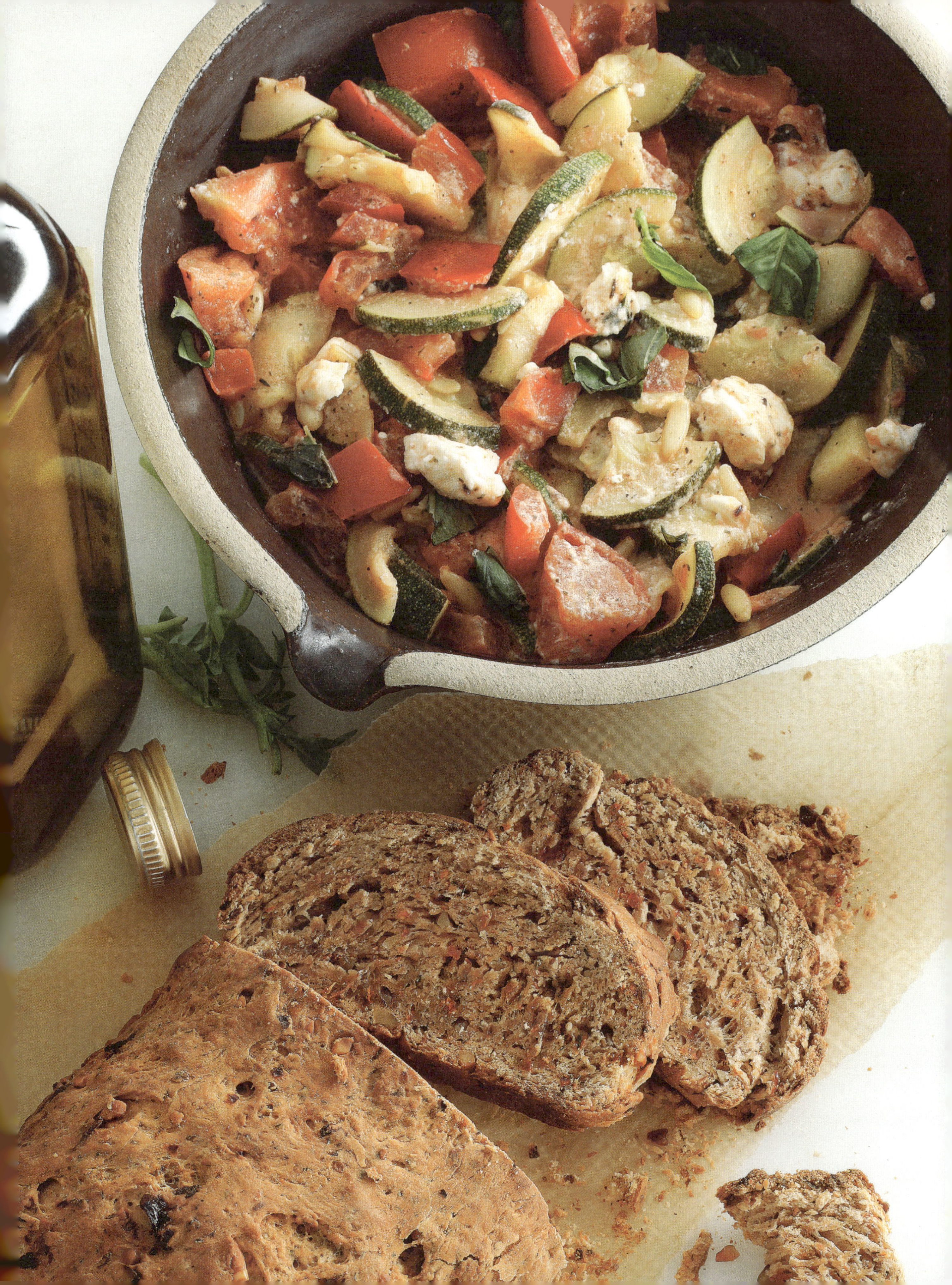

GLÜCKSSTATION
Alles hat seine Zeit

Alles hat seine Zeit

»Alles wächst mit Liebe.«
(Anja Maubach)

Bei der Erwähnung von Großstädtern, die erst dem »Urban Gardening« verfallen und anschließend ihre eigenen Ackerschollen vor den Toren der Metropolen bepflanzen, lächelt Anja Maubach fein.

Den neuen Trend zum Gärtnern hält die Landschaftsarchitektin, Buchautorin (»Garten ist Leidenschaft!«) und Leiterin einer der ältesten Gärtnereien Deutschlands für die Wiederentdeckung einer »Intimität mit lebenden Dingen«. Nicht nur in, sondern mit unserer Umgebung zu leben schlägt sich für Maubach auch in der Tätigkeit des Pflanzens nieder: »Damit erfassen wir etwas Natürliches tiefer, ordnen es neu an und lassen dann los, um es wachsen zu lassen.«

Dass Pflanzen nicht auf Knopfdruck blühen, ist für manche Teilnehmer ihrer Gartenkurse ein frustrierendes Erlebnis. »Solche Wünsche haben vor allem mit uns selbst zu tun«, so Maubach. Für das Anlegen des eigenen Gartens empfiehlt sie statt vorgefertigter Pläne Offenheit für Neues: »Je tiefer und weiter meine inneren Wurzeln reichen und an meiner ureigenen inneren Quelle sind, desto klarer, sicherer und freier sind meine Entscheidungen.«

Dazu gehöre es zu akzeptieren, wenn etwas nicht gelingt. Ihren ehrlichsten Tipp für alle

Gartenfreunde hat Anja Maubach auf ihren Gärtnereiprospekt gedruckt: »Alles wächst mit Liebe.«

In einem Zeitalter der Kopfarbeit und der technischen Hilfsmittel müssen wir die Vertrautheit mit den Dingen um uns herum neu gewinnen. Vielleicht haben Sie schon gespürt, wie viel dies mit ayurvedischer Küche zu tun hat. Durch bewussten Umgang mit natürlichen Materialien gliedern wir uns als Teil eines Ganzen in einen unvermeidlichen Rhythmus von Werden und Vergehen ein, den Anja Maubachs 125 Jahre alter Staudengarten in allen vier Jahreszeiten wunderbar repräsentiert.

Hier zu kochen und Kochkurse zu geben ist ein Geschenk, da unsere Verbundenheit mit allem und uns selbst eindrucksvoll sichtbar wird. Geschmacks- und Geruchssinn trifft auf visuellen Genuss! Hier, auf »Ronsdorfs blumiger Höh'« kann man sich im wahrsten Sinne des Wortes sattsehen.

Ob wir nun mit Koch- oder Blumentöpfen hantieren: Auf der Suche nach dem besten (Erfolgs-)Rezept sollten wir uns darauf besinnen, dass wir diese Rezeptur bereits gefunden haben – und mit uns selbst verkörpern.

REZEPTE FRÜHLING UND SOMMER
Hauptspeisen

Hauptspeisen

Hier geht die Sonne auf

REZEPTE FRÜHLING UND SOMMER
Hauptspeisen

Die Sonne steht in der Mittagszeit am höchsten Punkt. Das gilt nicht nur für die Natur, sondern auch unser Verdauungsfeuer brennt mittags am kräftigsten. Daher ist das die beste Zeit für eine Hauptmahlzeit.

(Wenn nicht anders angegeben, sind die Rezepte für vier Personen gedacht.)

REZEPTE FRÜHLING UND SOMMER
Hauptspeisen

Sonnenweizen mit grünen Bohnen und Kirschtomaten

250 g Sonnenweizen
1 l Gemüsebrühe
150 g Ziegenkäse-Feta
1 Schalotte
6 EL Olivenöl
Salz, Pfeffer
150 g grüne Bohnen
200 g Kirschtomaten
1 Vanilleschote
2 EL Pflaumenkonfitüre
1 EL Balsamicoessig

1 Den Sonnenweizen nach Packungsanweisung in der Gemüsebrühe kochen, abgießen und unter kaltem Wasser abschrecken.

2 Den Ziegenkäse grob würfeln. Die Schalotte abziehen, in Würfel schneiden und in 2 Esslöffeln Öl glasig dünsten. Sonnenweizen und Ziegenkäse zugeben, den Käse schmelzen lassen. Mit Salz und Pfeffer würzen.

3 Grüne Bohnen waschen, putzen und in Salzwasser 5 bis 7 Minuten blanchieren. Die Tomaten waschen und halbieren. Die Vanilleschote hacken.

4 Das restliche Olivenöl in einer Pfanne erhitzen. Tomaten, Vanilleschote, Konfitüre und Essig hineingeben und etwa 3 Minuten braten. Die grünen Bohnen zugeben, kurz erwärmen und die Gemüsemischung auf dem Sonnenweizen anrichten.

INFO Sonnenweizen besteht aus Hartweizen und hat die Form von reisähnlichen Körnern. Er enthält viele Ballaststoffe und schmeckt ähnlich wie Nudeln. Als Alternative können Sie auch die griechischen Kritharaki verwenden. Die kleinen Nudeln in Form von großen Reiskörnern werden aus Hartweizengrieß hergestellt.

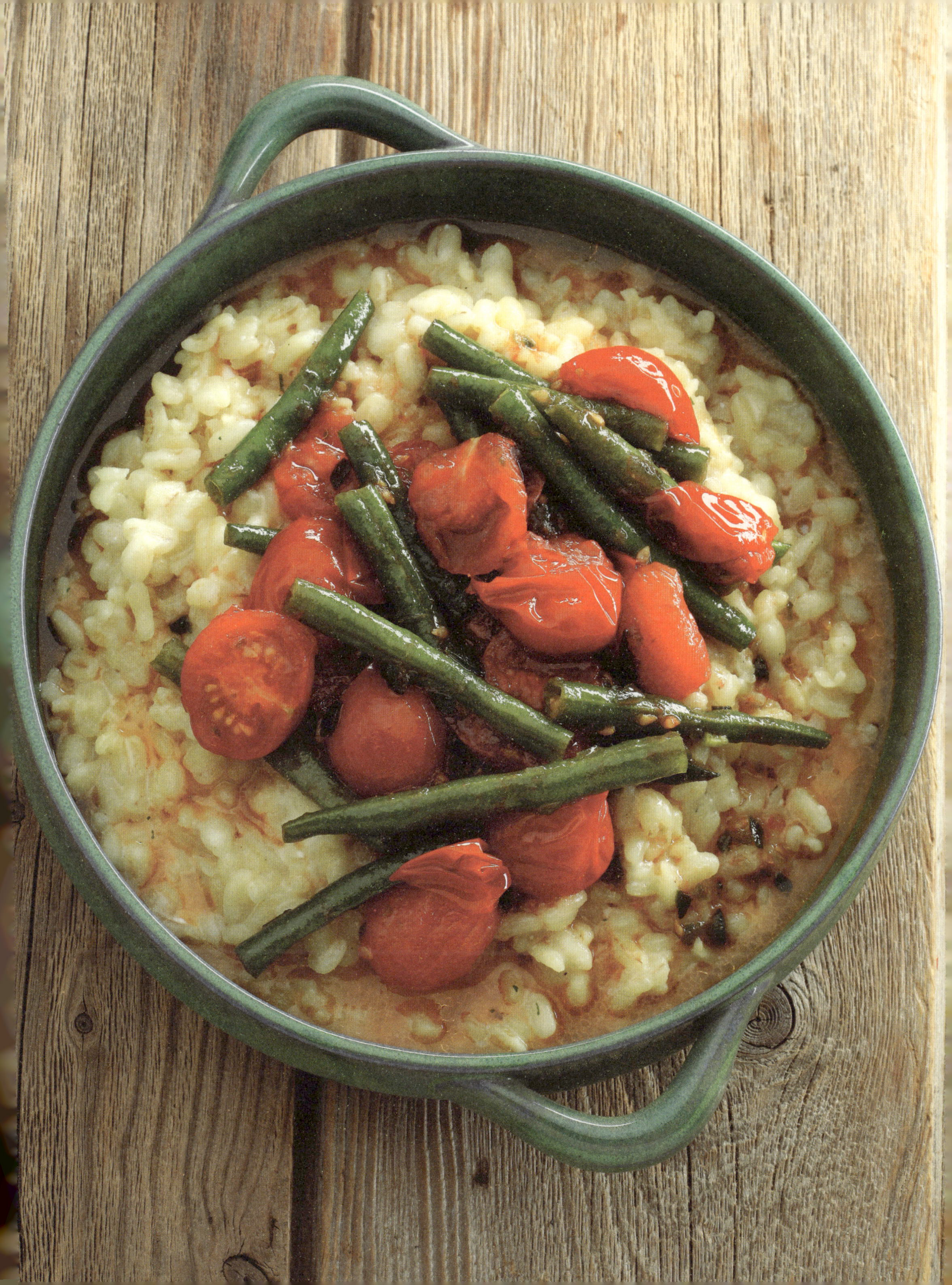

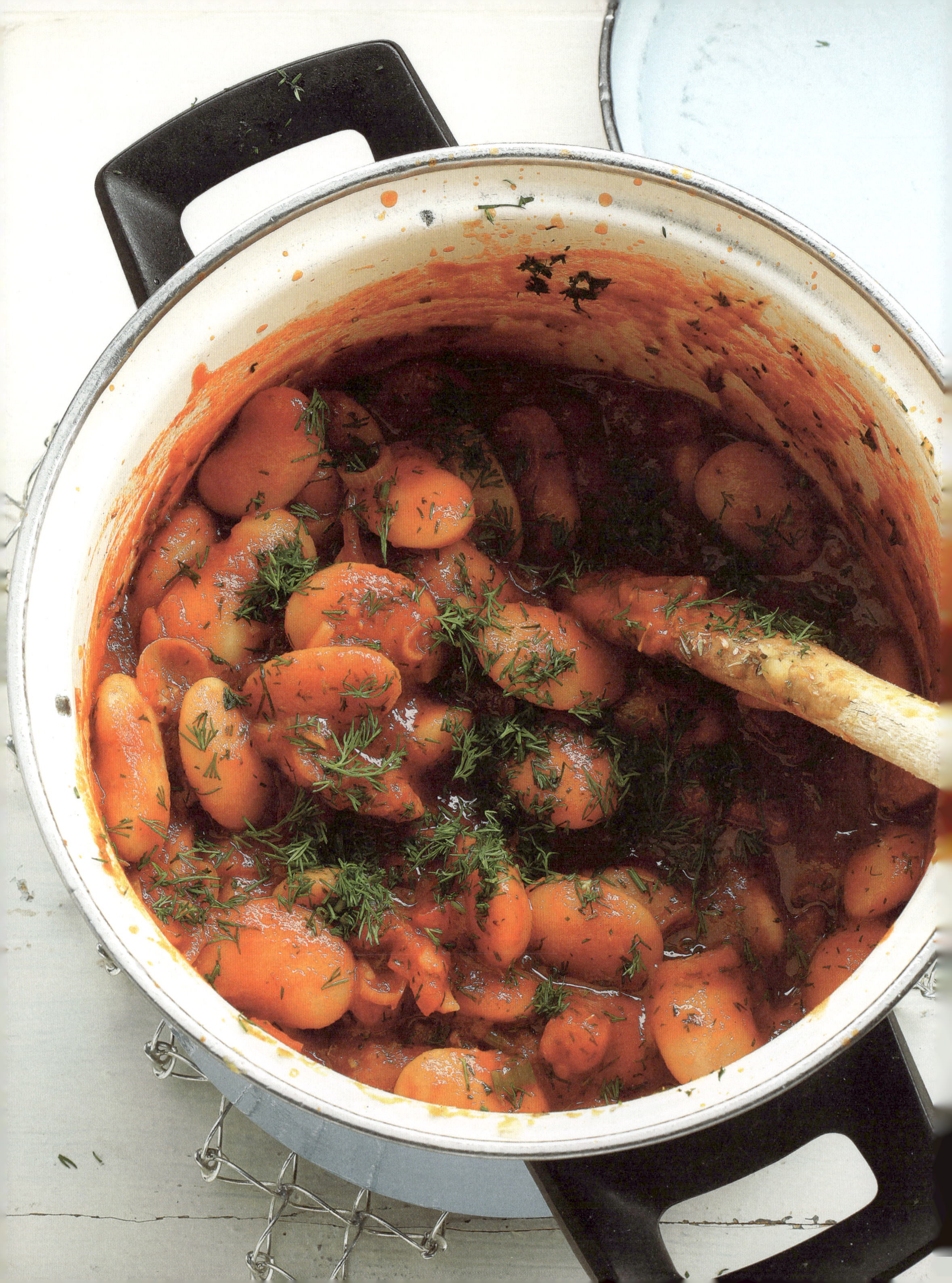

REZEPTE FRÜHLING UND SOMMER
Hauptspeisen

Weiße Bohnen in Tomaten-Dill-Sauce g l v

400 g getrocknete weiße dicke Bohnen
3 l Gemüsebrühe
2 Strauchtomaten
1 Bund Lauchzwiebeln
½ Bund Dill
1 Zweig frischer Thymian
2 EL Olivenöl
1 EL Paprikapulver edelsüß
1 Prise Cayennepfeffer
500 ml passierte Tomaten
Salz
Pfeffer

1 Die Bohnen mit heißem Wasser übergießen und 12 Stunden stehen lassen. Danach in der Gemüsebrühe etwa 2 Stunden garen, bis sie weich sind. Durch ein Sieb abgießen.

2 Die Tomaten waschen, Stielansatz und Kerne entfernen und das Fruchtfleisch würfeln. Lauchzwiebeln putzen und in feine Ringe schneiden. Den Dill fein hacken. Vom Thymian die Blättchen abstreifen.

3 Olivenöl in einem Topf erhitzen, Lauchzwiebeln mit Paprikapulver und Cayennepfeffer hineingeben und kurz anbraten. Tomatenwürfel, passierte Tomaten, Bohnen und Thymian zugeben, nochmals kurz aufkochen lassen. Den gehackten Dill unterheben, mit Salz und Pfeffer würzen.

TIPP Als Alternative können Sie auch weiße Bohnen aus dem Glas verwenden. Diese müssen Sie vor dem Verwenden nur abschütten und gut abspülen.

REZEPTE FRÜHLING UND SOMMER
Hauptspeisen

Buchweizen-Gemüse-Pfanne g l v

300 g Buchweizen
1,2 l Gemüsebrühe
2 Knollen Rote Bete
2 Karotten
2 Petersilienwurzeln
200 g Kirschtomaten
100 ml Sonnenblumenöl
½ TL Salz
½ TL gemahlener Pfeffer
1 EL getrockneter Kerbel
1 EL getrockneter Estragon
50 ml Olivenöl
1 Bund Petersilie
Saft einer Zitrone

1   Buchweizen in der Gemüsebrühe 25 Minuten kochen, er soll noch leicht bissfest sein.

2   Den Ofen auf 160 °C vorheizen

3   Rote Bete, Karotten und Petersilienwurzeln schälen und in gleich große Würfel schneiden. Kirschtomaten waschen und halbieren.

4   Das Sonnenblumenöl in einer Pfanne erhitzen, darin die Gemüsewürfel 5 bis 7 Minuten goldbraun anbraten. Mit Salz und Pfeffer würzen und zum Buchweizen geben. Kerbel und Estragon zugeben, alles gut vermischen und in eine Auflaufform füllen.

5   Die Kirschtomaten darauf verteilen, den Auflauf mit etwas Olivenöl beträufeln und im Backofen 10 Minuten backen. Mit Petersilie bestreuen und mit Zitronensaft beträufeln.

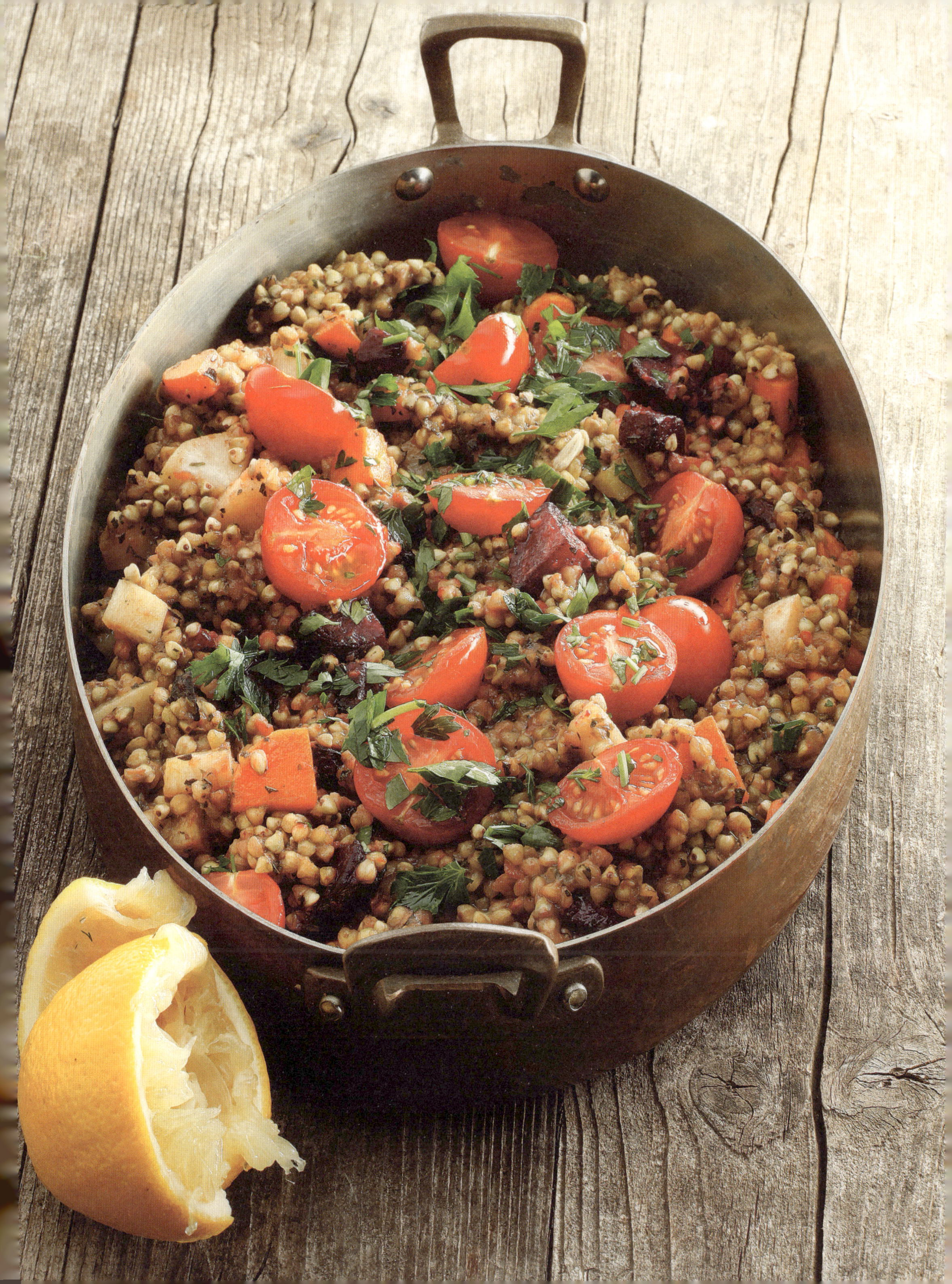

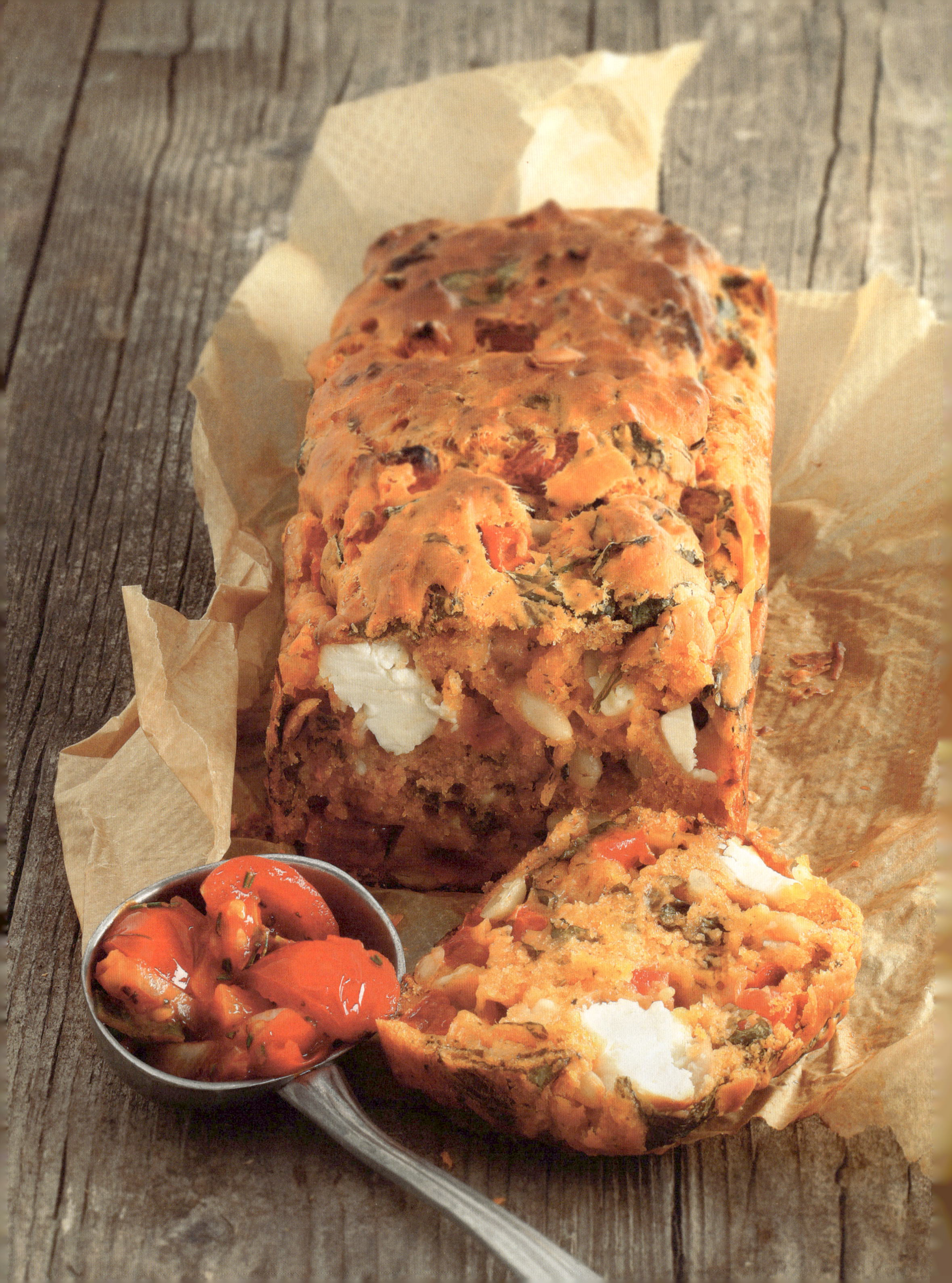

REZEPTE FRÜHLING UND SOMMER
Hauptspeisen

Spinat-Ziegenkäse-Kuchen mit Tomaten-Paprika-Relish

Für den Spinat-Ziegenkäse-Kuchen
¼ Würfel Hefe
1 EL Rohrzucker
50 ml passierte Tomaten
30 ml Olivenöl
50 g Pinienkerne
50 g frischer Spinat
1 Strauchtomate
100 g Ziegenkäse-Feta
1 EL getrocknete italienische Kräuter
150 g Mehl
100 g Stärke

Für das Tomaten-Paprika-Relish
2 orange Paprikaschoten
200 g Kirschtomaten
1 Bund Lauchzwiebeln
1 EL Rosmarinnadeln
2 EL Olivenöl
100 ml passierte Tomaten
Salz
Pfeffer
1 Prise Rohrzucker

1 Hefe mit dem Zucker in 150 Millilitern lauwarmem Wasser auflösen. Passierte Tomaten und Öl zufügen und gut verrühren.

2 Pinienkerne in einer Pfanne ohne Fett anrösten. Spinat waschen und grob hacken. Tomate waschen, entkernen und würfeln. Ziegenkäse würfeln.

3 Pinienkerne, Tomaten, Spinat, Ziegenkäse, Kräuter, Mehl und Stärke zu der Hefe-Tomaten-Mischung geben und einarbeiten.

4 Den Teig 30 Minuten ruhen lassen. Den Backofen auf 175 °C vorheizen.

5 Den Teig in eine mit Backpapier ausgelegte Kastenform füllen und 40 bis 50 Minuten backen.

1 Die Paprikaschoten waschen, putzen und in Würfel schneiden. Die Kirschtomaten waschen und halbieren. Die Lauchzwiebeln putzen und in Ringe schneiden. Die Rosmarinnadeln hacken.

2 Das Öl in einer Pfanne erhitzen. Paprika darin 5 Minuten anbraten, dann Kirschtomaten, Lauchzwiebeln, passierte Tomaten und Rosmarin zugeben und alles etwa 5 Minuten garen. Mit Salz, Pfeffer und Rohrzucker würzen.

EXKURS
Wenn Himmel und Erde sich berühren

WENN HIMMEL UND ERDE SICH BERÜHREN

Vielleicht kennen Sie das: Sie stehen am Strand, schauen auf das Meer hinaus und erkennen nicht mehr, wo der Himmel aufhört und das Meer anfängt. Der Punkt, an dem sich Himmel und Erde berühren, verschwimmt, er löst sich irgendwo im Diffusen auf.

Wo Grenzen verschwinden, entsteht viel Raum für Neues. Das ist bei Ländergrenzen nicht anders als bei Grenzen im Herzen oder im Kopf. Was vermeintlich unerreichbar und unvereinbar erscheint, wird auf einmal möglich. Türen gehen auf, negative Gefühle werden weicher und verschwinden – wie der Nebel, wenn er sich in der wärmenden Energie der Sonne nach und nach verflüchtigt.

Auch bei uns können sich durch Energie, Wärme und Liebe Grenzen auflösen: Aus Angst wird Vertrauen, aus Sorge wird Hoffnung, aus Verzweiflung wird Zuversicht, aus Einsamkeit wird Gemeinschaft, aus Misstrauen wird Liebe.

Wenn Himmel und Erde uns berühren, kommen wir in Kontakt mit unserer Natur, mit unserem Körper, mit unserer Seele, mit uns selbst. Auch bei unseren täglichen Mahlzeiten können wir mit diesen wunderbaren Energien verschmelzen. Jedes Lebensmittel entsteht aus der Berührung von Himmel und Erde. Die wärmende Energie der Sonne berührt die nährende, fürsorgende Energie der Erde.

Aus diesem Kontakt entstehen Wachstum, Leben und Nahrung in den Kreisläufen und Jahreszeiten, die unser Leben prägen.

Im Vaterunser beten wir »Unser tägliches Brot gib uns heute«. Diese wunderbar einfache Zeile bringt sehr viel zum Ausdruck, denn durch unser »tägliches Brot« kommen wir jeden Tag in Verbindung mit Himmel und Erde. Dies gilt für alles, was wir zu uns nehmen, doch bei dem Gericht »Himmel und Erde« wird es besonders deutlich. In diesem traditionellen Gericht aus dem Rheinland, Westfalen und Niedersachsen werden Kartoffeln – »Erdäpfel« – zusammen mit Äpfeln, die an Bäumen, also im Himmel wachsen, serviert.

EXKURS
Wenn Himmel und Erde sich berühren

Himmel und Erde g l v

1 kg Kartoffeln
Salz
4 Lorbeerblätter
2 Nelken
5 schwarze Pfefferkörner
1 kg Äpfel
Saft einer Zitrone
½ TL Muskat
Pfeffer
50 ml Sojamilch
5 EL Olivenöl

1 Kartoffeln schälen und je nach Größe vierteln oder achteln. In reichlich Wasser mit Salz, Lorbeerblättern, Nelken und Pfefferkörnern gar kochen.

2 Äpfel waschen, halbieren, entkernen, in grobe Stücke schneiden. Mit Zitronensaft in einem Mixer zu einem feinen Mus verarbeiten.

3 Kartoffeln abgießen und die Gewürze entfernen. Unter Zugabe von Muskat, 1 TL Salz, etwas Pfeffer, Sojamilch und Olivenöl mit dem Stampfer zerdrücken.

4 Kartoffelstampf auf die Teller verteilen und das Apfelmus daraufgeben.

REZEPTE FRÜHLING UND SOMMER
Hauptspeisen

Fenchel-Feigen-Pfanne mit Sojade-Curry-Dip *g l v*

Für die Fenchel-Feigen-Pfanne

4 Fenchelknollen
½ Zitrone
500 ml Gemüsebrühe
2 Orangen
6 getrocknete Feigen
4 EL Olivenöl
2 TL getrockneter Majoran
2 TL getrocknetes Bohnenkraut

Für den Sojade-Curry-Dip

150 ml Sojade
½ TL Currypulver
Saft einer halben Limette
1 TL Honig oder Agavendicksaft
1 Prise Salz
1 Prise Cayennepfeffer

1 Fenchelknollen vierteln, den Strunk herausschneiden und die Viertel jeweils in drei gleich große Teile schneiden. Die Stücke zusammen mit der halben Zitrone in Gemüsebrühe 15 Minuten garen, dann den Fenchel herausnehmen und die Brühe auffangen. Die Brühe kann später für eine Suppe verwendet werden.

2 Die Orangen schälen und filetieren. Die Feigen in Streifen schneiden.

3 Das Öl erhitzen, Fenchel, Feigen, Majoran und Bohnenkraut hineingeben und 5 Minuten leicht braten. Kurz vor Schluss die Orangenfilets zugeben.

1 Alle Zutaten gut miteinander verrühren und zu dem Fenchel servieren.

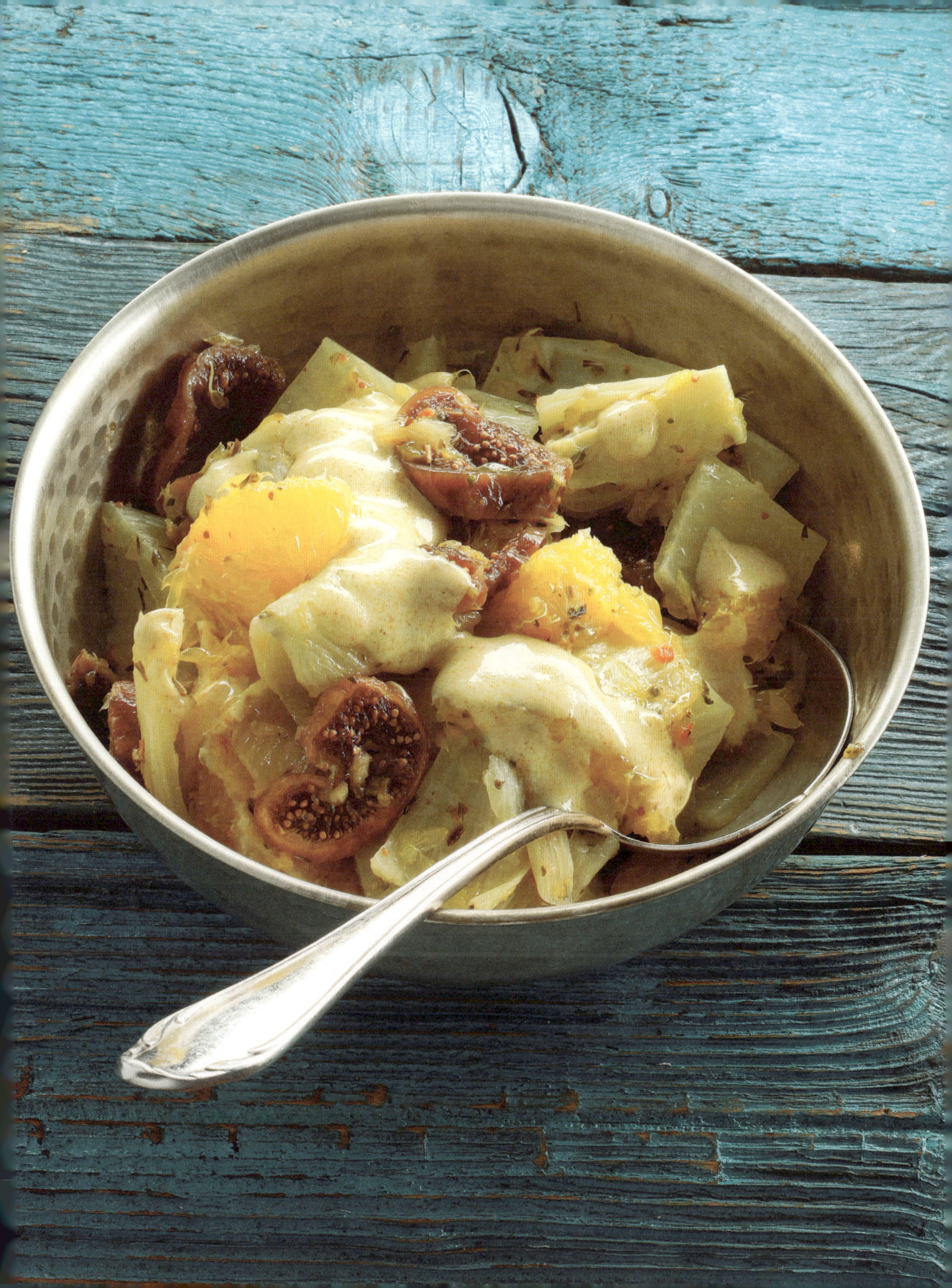

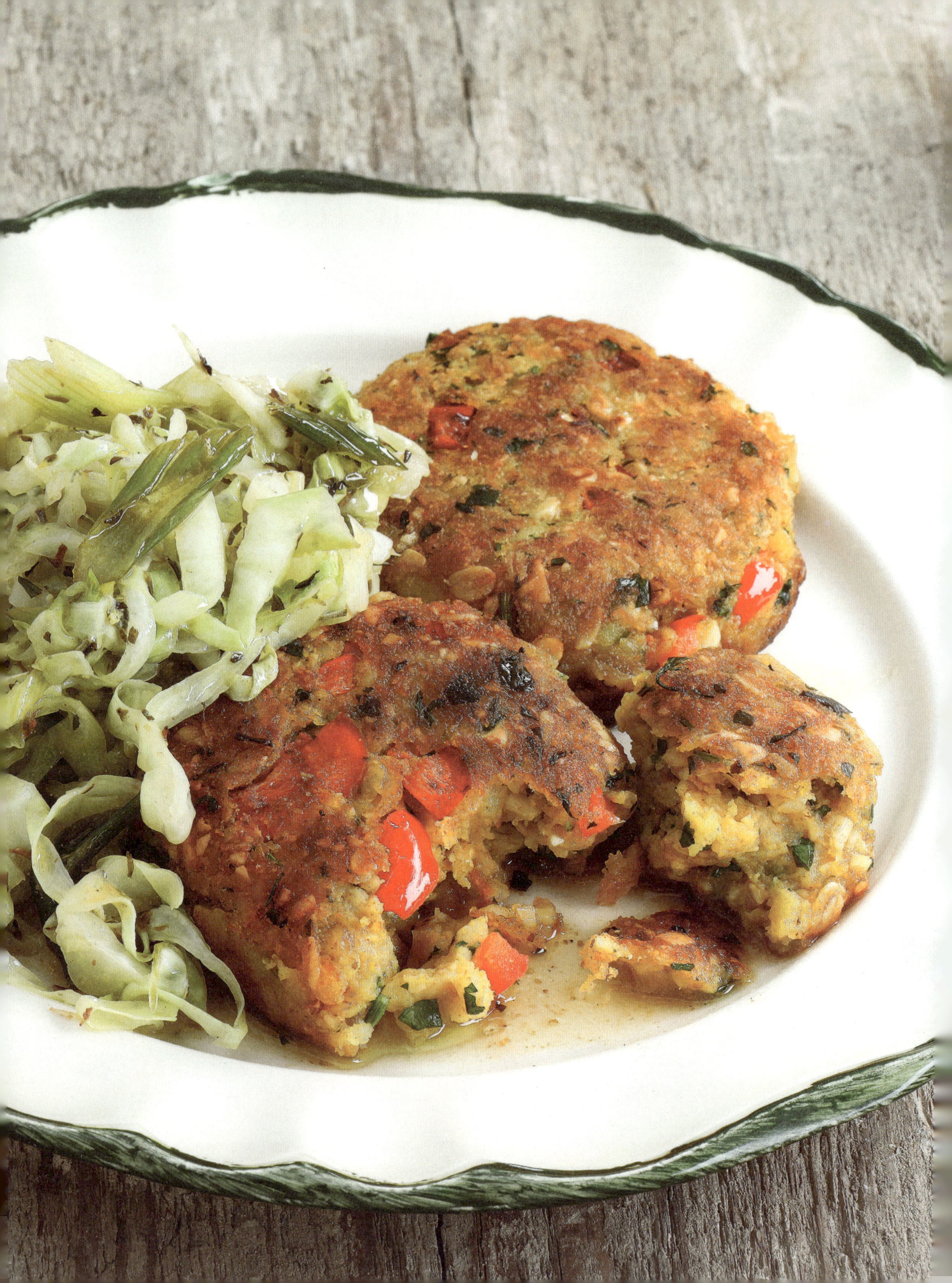

REZEPTE FRÜHLING UND SOMMER
Hauptspeisen

Untot-Bratlinge de luxe mit fruchtigem Krautgemüse ⓛ ⓥ

Für die Bratlinge

1 kg Kartoffeln
150 g Cashewkerne
1 rote Paprika (oder 10 getrocknete, eingelegte Tomaten)
1 Bund frische Blattpetersilie
1 Bund Rucola
200 g Haferflocken
2 TL Salz
1 EL mittelscharfer Senf
2 TL Currypulver
1 Prise Cayennepfeffer
80 ml Öl

Für das Krautgemüse

1 kg Weißkraut
1 Bund Lauchzwiebeln
3 EL Olivenöl
¼ TL Chilipulver
150 ml Gemüsebrühe
Saft von 3 Orangen
2 TL getrocknete italienische Kräuter oder Kräuter der Provence
5 EL Ahornsirup
1 TL Kreuzkümmel

1 Die Kartoffeln als Pellkartoffeln kochen, schälen und durch eine Presse drücken. Die Cashewkerne ohne Fett anrösten und grob hacken. Die Paprika waschen, entkernen und in feine Streifen schneiden. Petersilie und Rucola waschen und grob hacken.

2 Die vorbereiteten Zutaten zusammen mit den Haferflocken und den Gewürzen in eine Schüssel geben und zu einer geschmeidigen Masse verarbeiten. Mit angefeuchteten Händen handtellergroße Taler formen.

3 Öl in einer Pfanne erhitzen und die Bratlinge darin auf beiden Seiten goldgelb braten.

1 Das Weißkraut putzen, vierteln und den Strunk entfernen. Das Kraut in feine Streifen schneiden und abbrausen. Die Lauchzwiebeln putzen und schräg in Streifen schneiden.

2 Das Öl in einem Topf erhitzen und die Lauchzwiebeln mit dem Weißkraut und dem Chilipulver anbraten.

3 Die Gemüsebrühe angießen, dann Orangensaft, Kräuter, Ahornsirup und Kreuzkümmel in den Topf geben. Alles gut vermischen und bei geschlossenem Deckel und mittlerer Hitze ca. 15 bis 20 Minuten köcheln lassen. Das Kraut darf ruhig noch etwas Biss haben!

INFO Sie können auch andere Kohlsorten wie Spitzkohl, Rotkohl, Grünkohl oder Wirsing verwenden. Mit Fenchel schmeckt es ebenfalls lecker.

REZEPTE FRÜHLING UND SOMMER
Hauptspeisen

Rübenauflauf mit Petersilie-Rucola-Salat g

Für den Rübenauflauf

500 g Pastinaken
300 g Karotten
300 g Kartoffeln, mehlig kochend
1 Bund Lauchzwiebeln
150 g Ziegenkäse-Feta
2 Zweige frischer Rosmarin
4 Zweige frischer Thymian
2 EL Sonnenblumenöl
1 TL gemahlener Kreuzkümmel
2 TL Paprikapulver edelsüß
¼ TL Cayennepfeffer
2 TL getrocknetes Bohnenkraut
4 EL Olivenöl

Für den Petersilie-Rucola-Salat

150 g Rucola
1 Bund Petersilie
50 g Kürbiskerne
1 getrocknete Softfeige
5 EL Olivenöl
1 EL Balsamicoessig
100 ml Apfelsaft
1 Prise Salz
Pfeffer

1 Den Ofen auf 160 °C vorheizen.

2 Pastinaken, Karotten und Kartoffeln schälen und in Würfel schneiden. Lauchzwiebeln putzen und in Ringe schneiden. Den Ziegenkäse würfeln. Beim Rosmarin die Nadeln, beim Thymian die Blättchen abstreifen.

3 Kreuzkümmel, Paprikapulver und Cayennepfeffer kurz im Öl erhitzen (max. 10 Sekunden). Pastinaken, Kartoffeln und Karotten zugeben und unter Rühren 8 bis 10 Minuten bei mittlerer Hitze anbraten.

4 Das Gemüse in eine Auflaufform geben, mit Lauchzwiebeln, Ziegenkäse, Rosmarin, Thymian und Bohnenkraut vermischen und den Auflauf 30 Minuten im Ofen garen.

*

1 Den Rucola und die Petersilie waschen und grob hacken. Die Kürbiskerne in einer Pfanne ohne Fett anrösten.

2 Für das Dressing die Feige in feine Würfel schneiden. Die Würfel mit Öl, Essig, Apfelsaft, Salz und Pfeffer zu einem sämigen Dressing pürieren.

3 Das Dressing über den Salat geben und den Salat zum Rübenauflauf anrichten.

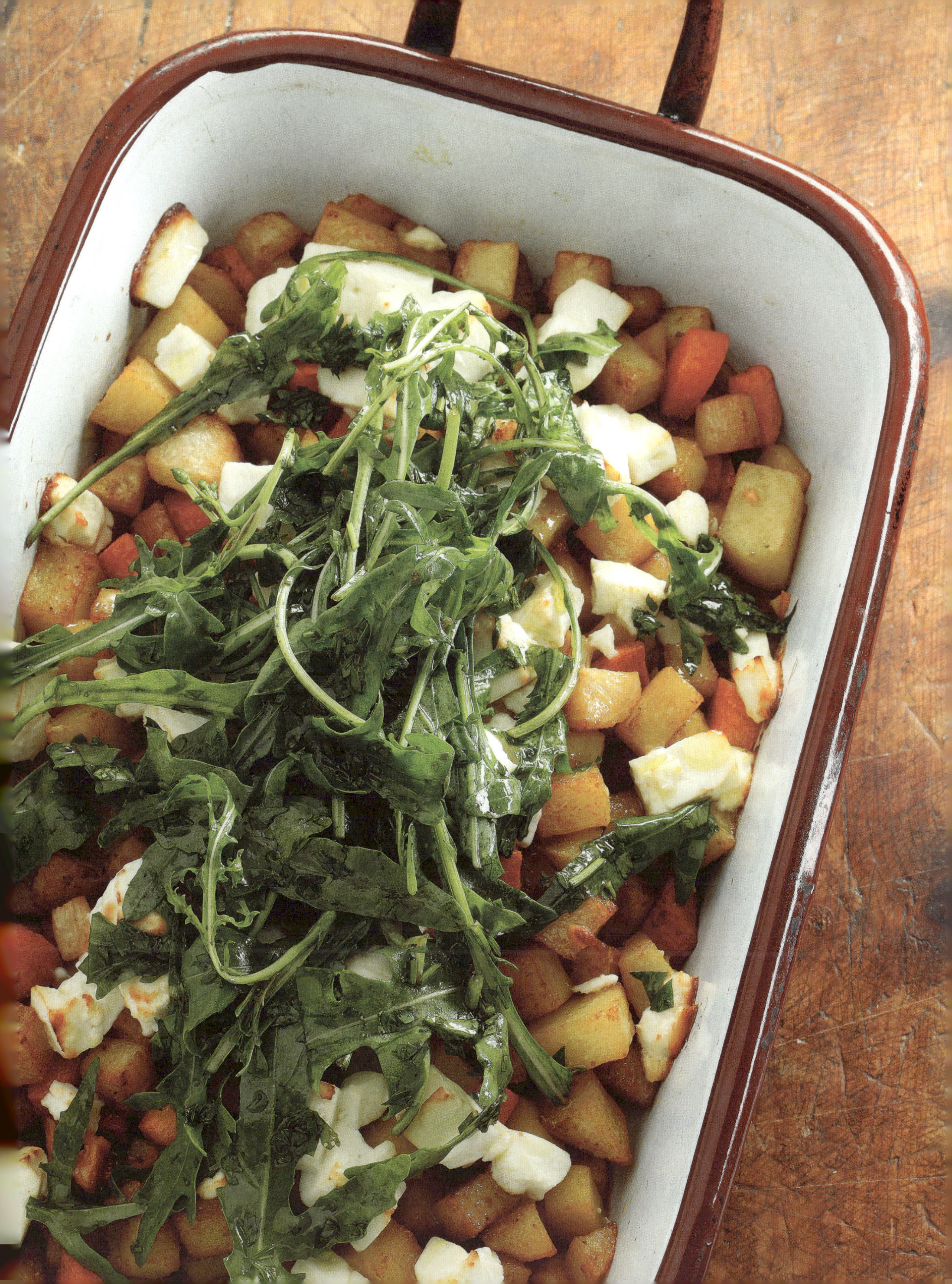

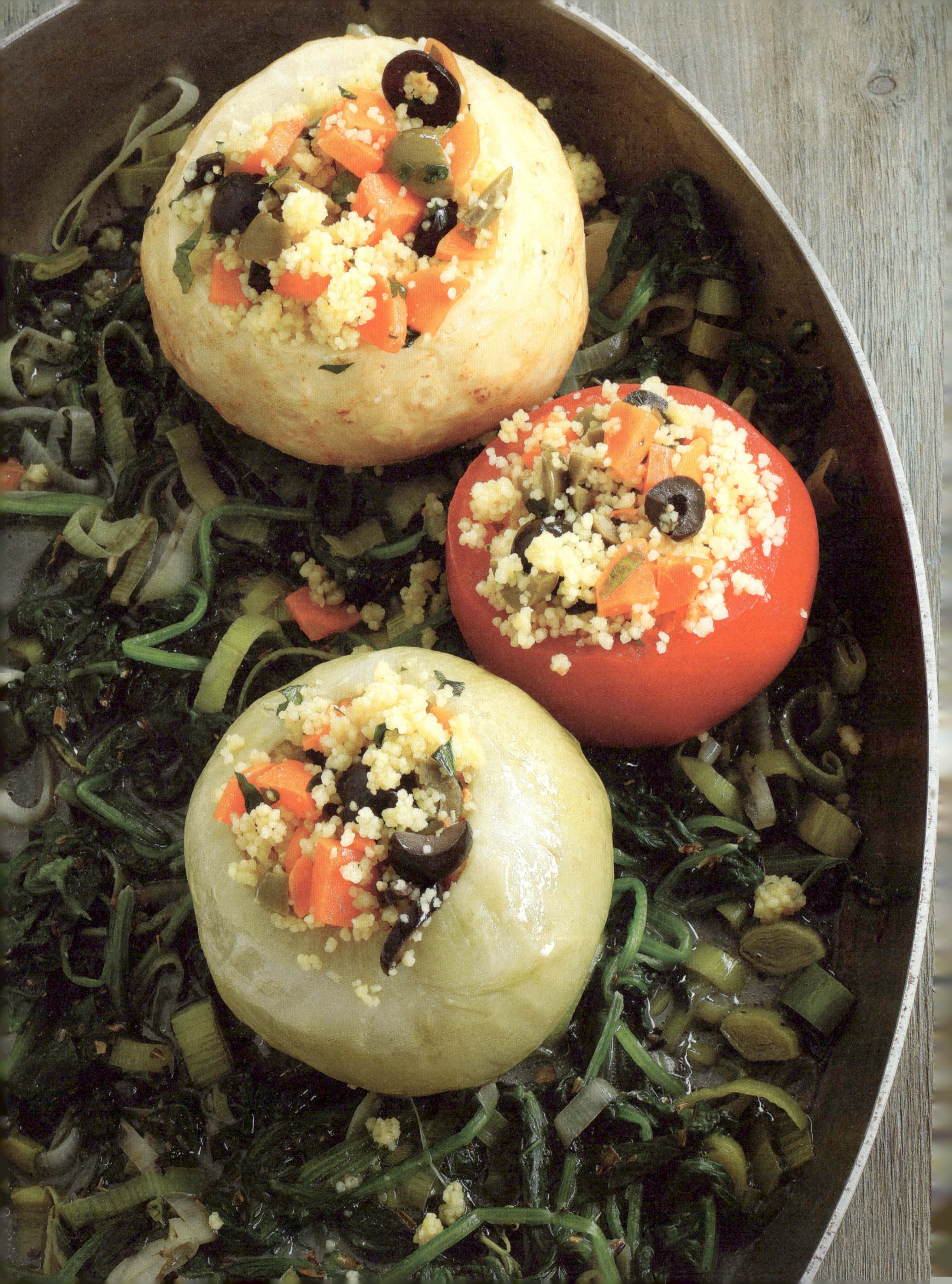

REZEPTE FRÜHLING UND SOMMER
Hauptspeisen

Gefüllte Knollen auf Lauchgemüse

2 Sellerieknollen oder 4 große Kohlrabi
ca. 500 ml Gemüsebrühe

1 Den Sellerie schälen, den Deckel abschneiden, das Innere aushöhlen. Beim Kohlrabi das Grün und holzige Teile entfernen, den Deckel abschneiden und das Innere aushöhlen.

2 Die Gemüsebrühe erhitzen, die Knollen in den Topf setzen und 45 bis 50 Minuten garen, bis sie weich sind.

3 Die Knollen mit einer der beschriebenen Varianten füllen und auf das Gemüsebett setzen.

TIPP Bei diesem Rezept können Sie nach Lust und Laune variieren. Lassen Sie sich inspirieren, und testen Sie einfach mal verschiedene Kombinationen, nach dem Motto »Beim Kochen gibt es keine Grenzen«!

Couscous-Füllung

1 Schalotte
1 kleine Karotte
10 schwarze entsteinte Oliven
3 EL Olivenöl
80 g Couscous
350 ml heiße Gemüsebrühe
1 TL mittelscharfer Senf
2 EL Zitronensaft
1 EL frisch gehackte Petersilie
Salz
Pfeffer

1 Die Schalotte und die Karotte schälen und in Würfel schneiden. Die Oliven grob hacken.

2 Das Öl in einem Topf erhitzen, Schalotten und Karotten mit dem Couscous darin 5 Minuten andünsten. Die heiße Gemüsebrühe zugießen und den Couscous 10 Minuten quellen lassen.

3 Zum Schluss Senf, Zitronensaft, Oliven und Petersilie unterrühren und mit Salz und Pfeffer würzen.

REZEPTE FRÜHLING UND SOMMER
Hauptspeisen

Brötchenfüllung

3 altbackene Brötchen
250 ml heiße Gemüsebrühe
1 Bund Lauchzwiebeln
20 g Butter
1 Bund frische Kräuter nach Wahl und Saison
1 Ei
3 TL mittelscharfer Senf
½ TL Salz
¼ TL Muskat

1 Die Rinde der Brötchen abreiben. Die Brötchen in Würfel schneiden, mit der heißen Brühe übergießen und 10 Minuten ziehen lassen.

2 Lauchzwiebeln putzen und in Ringe schneiden. Butter in einem Topf zerlassen, darin die Lauchzwiebeln andünsten. Die Brötchen dazugeben und so lange rühren, bis eine zusammenhängende Masse entstanden ist. Die Masse kurz abkühlen lassen.

3 Die Kräuter waschen und hacken, mit Ei, Senf, Salz und Muskat zu der Brötchenmasse geben. Alles gut mischen.

Buchweizenfüllung *g*

1 Schalotte
1 kleine Karotte
10 schwarze entsteinte Oliven
100 g Ziegenkäse-Feta
3 EL Olivenöl
80 g Buchweizen
400 ml Gemüsebrühe
1 TL mittelscharfer Senf
Saft einer Zitrone
2 EL Agavendicksaft
1 EL frisch gehackte Petersilie
Salz
Pfeffer

1 Die Schalotte und die Karotte schälen und in Würfel schneiden. Die Oliven grob hacken. Den Ziegenkäse in Würfel schneiden.

2 Das Öl in einem Topf erhitzen, Schalotten, Karotten und Buchweizen darin 5 Minuten andünsten. Gemüsebrühe zugießen, aufkochen lassen, Hitze reduzieren und den Buchweizen ca. 25 Minuten köcheln lassen, bis alle Flüssigkeit verdampft ist.

3 Zum Schluss Ziegenkäse, Senf, Zitronensaft, Agavendicksaft, Oliven und Petersilie unterrühren und mit Salz und Pfeffer würzen.

REZEPTE FRÜHLING UND SOMMER
Hauptspeisen

Spinat-Lauch-Gemüse (g) (l) (v)

2 Stangen Lauch
500 g frischer Spinat
2 TL frischer Oregano
2 EL Olivenöl
Saft einer halben Zitrone
150 ml Sojamilch
2 TL getrockneter Estragon
2 TL frischer Thymian
Salz
Pfeffer

1 Den Lauch waschen, putzen und in Ringe schneiden. Den Spinat waschen. Oregano klein zupfen.

2 Olivenöl in der Pfanne erhitzen, den Lauch darin etwa 5 Minuten anbraten. Dann die Hitze etwas reduzieren, Zitronensaft und Sojamilch angießen, Spinat und Estragon zugeben und alles maximal 5 Minuten erhitzen.

3 Oregano und Thymian untermischen, mit Salz und Pfeffer würzen.

Karotten-Lauch-Gemüse (g) (l) (v)

3 Karotten
1 Stange Lauch
3 EL Öl
1 TL Currypulver
½ TL Paprikapulver rosenscharf
100 ml Sojade
Saft einer Zitrone
Salz
Pfeffer

1 Die Karotten schälen, halbieren und längs in feine Streifen schneiden. Den Lauch waschen, putzen und in Ringe schneiden.

2 Das Öl in einem Topf erhitzen, darin Karotten und Lauch mit Curry und Paprikapulver kräftig anbraten.

3 Sojade und Zitronensaft zugeben, mit Salz und Pfeffer würzen.

ENERGIE UNTER TAGE: PANHAS

Das vor allem im Ruhrgebiet verbreitete Gericht »Panhas« lieferte traditionell Bergleuten die nötige Energie für ihre Arbeit. Wer einmal einen Bohrhammer in der Hand hatte, weiß, wovon ich spreche!
Ursprünglich war Panhas alles andere als vegetarisch. Die Grundlage bildete die fettige Wurstsuppe, in der an Schlachttagen die Wurst gekocht wurde. Angereichert wurde die Brühe mit Wurstresten, Rüben, Buchweizengrütze, und zum Schluss hat man die Mischung noch mit Blut angedickt. Nachdem der Panhas fest geworden war, wurde er in Scheiben geschnitten und in reichlich Butter ausgebacken. Mahlzeit! Da mittlerweile die wenigsten von uns schwer körperlich arbeiten und einen hohen Kalorienbedarf haben, reicht die vegetarische Variante völlig aus ...

EXKURS
Energie unter Tage: Panhas

Veggie-Panhas auf Kartoffelbrei mit Endiviensalat

Für den Veggie-Panhas
2 Knollen Rote Bete
2 Karotten
2 Kartoffeln
3 EL Sonnenblumenöl
150 g Buchweizengrütze (fein geschroteter Buchweizen)
500 ml Gemüsebrühe
1 TL Salz
1 TL gemahlener Pfeffer
1 Prise Cayennepfeffer
1 EL gehackter Kerbel
1 EL gehackter Majoran
2 Eier, Butter zum Anbraten

Für den Kartoffelbrei mit Endiviensalat
1 kg Kartoffeln, mehlig kochend
Salz
1 kleiner Kopf Endiviensalat
50 ml Sojamilch
1 Prise Muskat
1 Prise Pfeffer
5 EL Olivenöl
Salz zum Abschmecken

1 Rote Bete, Karotten und Kartoffeln schälen, würfeln und fein hacken oder pürieren.

2 Sonnenblumenöl in einem Topf erhitzen. Das Gemüse zusammen mit der Buchweizengrütze hineingeben und 5 Minuten anbraten. Gemüsebrühe, Gewürze und Kräuter zugeben und alles ca. 25 Minuten unter gelegentlichem Rühren zu einer festen Masse einkochen lassen. Den Backofen auf 180 °C vorheizen.

3 Die Eier verquirlen, unter die Masse rühren und das Ganze in eine mit Backpapier ausgelegte Kastenform füllen.

4 Etwa 25 Minuten im Ofen backen, herausnehmen und auskühlen lassen. Das dauert etwa 30 Minuten.

5 Den kalten Panhas in Scheiben schneiden. In einer Pfanne Butter erhitzen und darin den Panhas von beiden Seiten anbraten.

*

1 Die Kartoffeln schälen, in Stücke schneiden und in Salzwasser garen.

2 Den Endiviensalat putzen, waschen und in feine Streifen schneiden.

3 Die Kartoffeln abgießen, mit Milch, Muskat und Pfeffer zu einem Brei stampfen, Öl zugeben und mit Salz abschmecken. Den Endiviensalat untermischen und den Kartoffelbrei zum Panhas servieren.

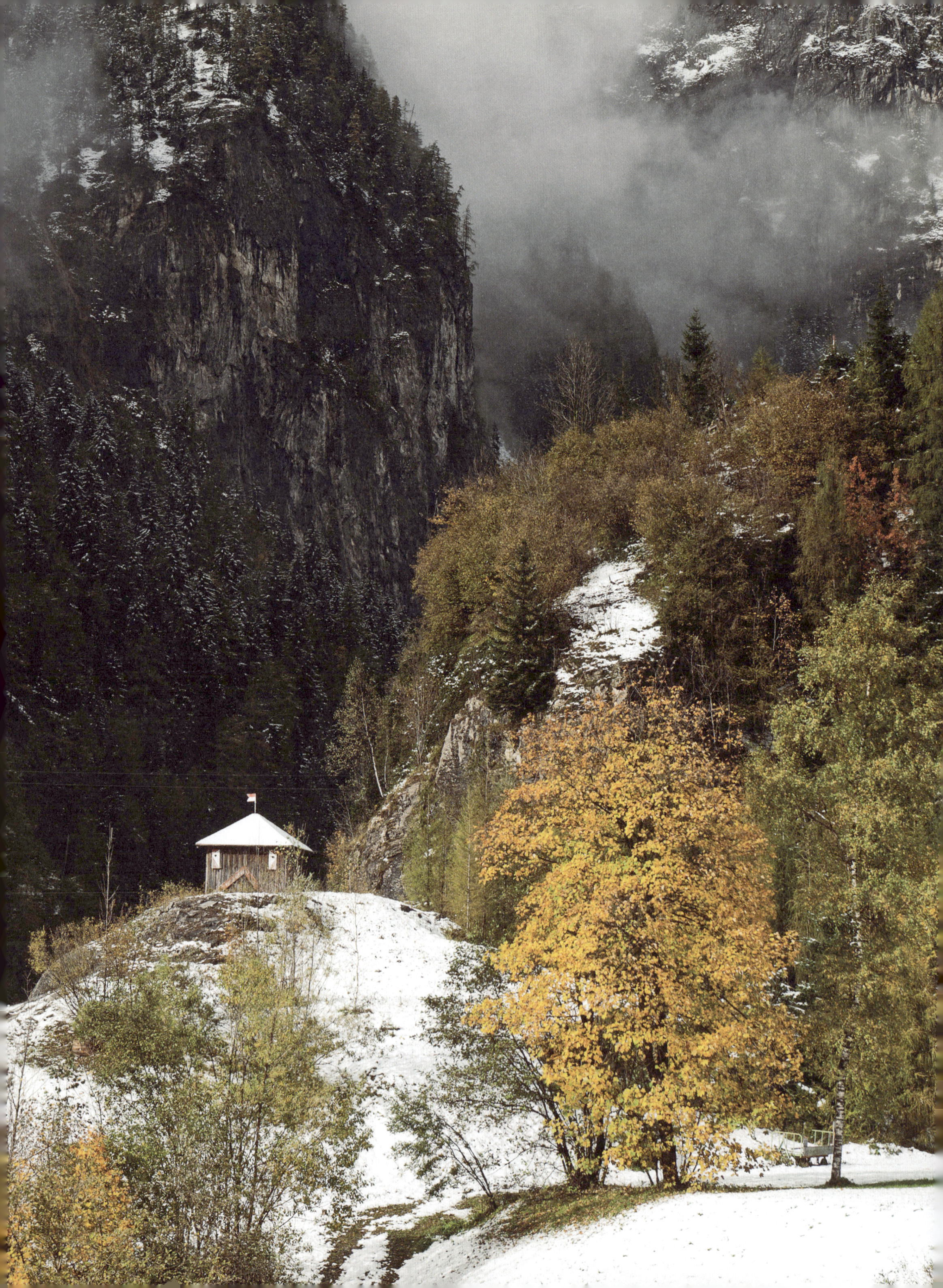

REZEPTE
Herbst

Der Herbst wird von der starken Energie des Vata-Dosha dominiert. »Vata« bedeutet »das, was Dinge bewegt« und steht grundsätzlich für die Bewegung im Organismus. Es nimmt nicht nur im Herbst, sondern auch im Laufe des Lebenszyklus zu. Bei Alterserscheinungen wie Osteoporose, Vergesslichkeit und Zittern überwiegen aus Sicht des Ayurveda die zum Vata gehörenden Elemente Luft und Äther im Körper. Mit seiner dynamischen Energie sorgt Vata aber auch für den nötigen Schuss Inspiration und Dynamik, insbesondere nach der Hitze des Sommers. Ausgleichende Wirkung haben hier warme und süße Speisen – und das universellste Gefühl überhaupt: die Liebe.

REZEPTE HERBST
Süßspeisen

Süßspeisen

Stürmische Zeiten, sanfte Erdung

REZEPTE HERBST
Süßspeisen

Wenn sich am Nachmittag der kleine Vata-getriebene Hunger zwischendurch einstellt, ist Erdendes und Wärmendes gefragt. Für die in unseren Breiten beliebte nachmittägliche Süßigkeit gibt es wunderbare ayurvedische Varianten.

(Wenn nicht anders angegeben, sind die Rezepte für vier Personen gedacht.)

REZEPTE HERBST
Süßspeisen

Glasierter Chicorée mit Apfel und Cantuccini

Für die Ingwer-Cantuccini
1 TL frisch gehackter Ingwer
1 TL Sonnenblumenöl
250 g Mehl
1 TL Backpulver
100 g feiner Rohrzucker
1 Prise Salz
50 g kalte Butter
2 Eier
100 g blanchierte Mandeln
1 halbes Fläschchen Bittermandelöl
abgeriebene Schale von einer Orange

Für den Chicorée
2 Chicorée
1 großer Apfel
1 EL Butter
4 EL Ahornsirup
¼ TL Salz
2 EL Sonnenblumenöl

1 Den Backofen auf 180 °C vorheizen.

2 Den Ingwer in ganz wenig Öl 3 Minuten glasig dünsten.

3 Für den Teig sämtliche Zutaten in eine Schüssel geben. Alles zu einem geschmeidigen Teig verarbeiten und 15 Minuten im Kühlschrank ruhen lassen.

4 Aus dem Teig zwei Rollen formen. Die Rollen auf ein mit Backpapier ausgelegtes Blech legen und 20 bis 25 Minuten backen. Herausnehmen, in Stücke schneiden und zerbröseln.

1 Den Chicorée waschen und vierteln. Den Strunk nicht herausschneiden, sonst fallen die Blätter auseinander! Den Apfel waschen und acht Spalten herausschneiden.

2 Die Butter in einer Pfanne erhitzen, den Chicorée goldbraun anbraten, mit dem Ahornsirup übergießen und leicht salzen.

3 In einer zweiten Pfanne das Öl erhitzen, darin die Apfelspalten etwa 3 Minuten dünsten, bis sie glasig sind.

4 Jeweils Chicorée und Apfelspalten auf Tellern anrichten und mit zerbröckelten Cantuccini bestreuen.

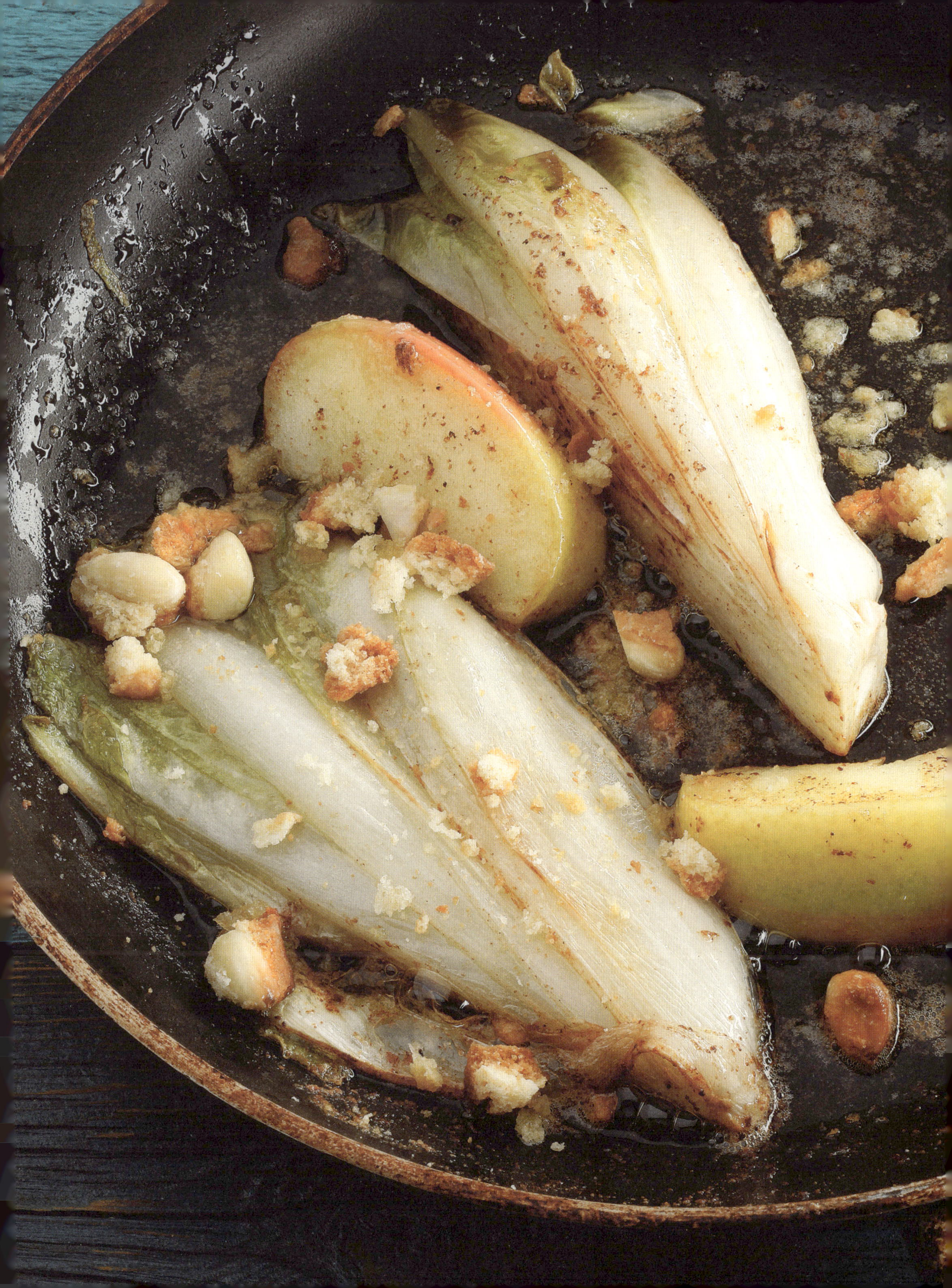

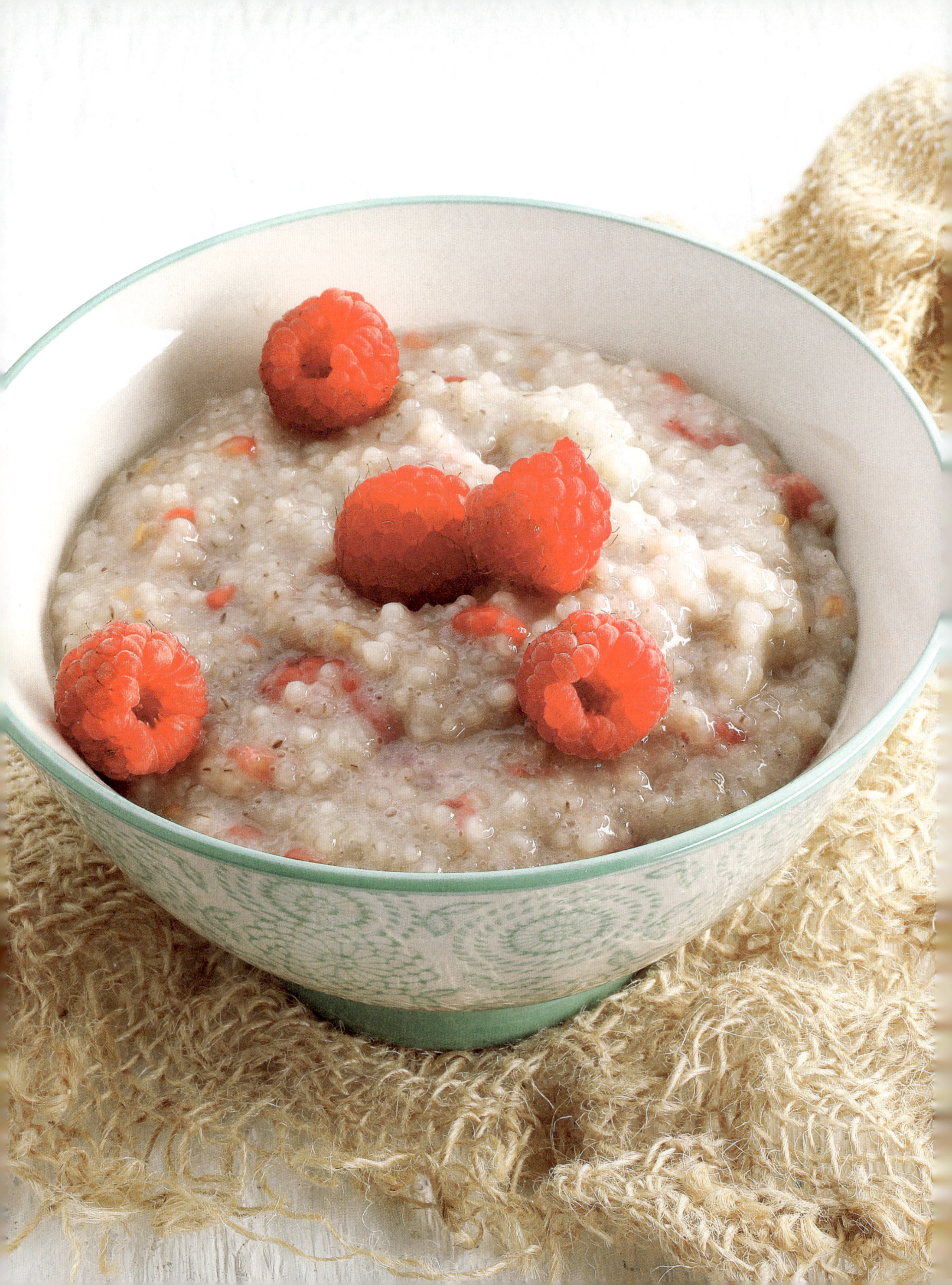

REZEPTE HERBST
Süßspeisen

Perlgraupen-Himbeer-Crème *g* *l* *v*

800 ml Sojamilch
1 Prise Salz
50 g feiner Rohrzucker
150 g feine Perlgraupen
100 g Himbeeren
3 EL flüssiger Blütenhonig oder Agavendicksaft

1 Die Sojamilch mit dem Salz zum Kochen bringen. Den Zucker einstreuen, die Perlgraupen dazugeben, kurz aufkochen lassen. Die Hitze reduzieren und 20 Minuten köcheln lassen.

2 Kurz vor Ende der Garzeit die Himbeeren unterheben und alles gut durchrühren. Nach Lust und Laune noch Honig oder Agavendicksaft darübergeben.

REZEPTE HERBST
Süßspeisen

Apfel-Limetten-Tarte l v

70 ml lauwarmes Sonnenblumenöl
¼ Würfel Hefe
3 EL feiner Rohrzucker
250 g Weizenmehl
4 Äpfel
Saft einer Zitrone
1 Limette

1 Das Öl mit 100 Millilitern lauwarmem Wasser mischen, Hefe und 2 Esslöffel Zucker darin verrühren.

2 Mehl zugeben und alles zu einem geschmeidigen Teig verarbeiten. Abdecken und an einem warmen Ort 30 Minuten gehen lassen.

3 In der Zwischenzeit die Äpfel waschen, vierteln, entkernen, in ganz feine Spalten schneiden und mit dem Zitronensaft beträufeln, damit sie nicht braun werden. Die Schale der Limette dünn abschälen und sehr fein hacken, die Limette auspressen.

4 Den Backofen auf 185 °C vorheizen.

5 Den Teig auf einem mit Backpapier ausgelegten Backblech dünn ausrollen und die Apfelspalten fächerartig darauf verteilen.

6 Limettenschale und -saft gleichmäßig über die Apfelspalten verteilen. Zum Schluss noch etwas Rohrzucker darüberstreuen.

7 Die Tarte in den Ofen schieben und maximal 12 bis 15 Minuten backen. Für die letzten 3 Minuten die Grillfunktion (wenn vorhanden) einschalten.

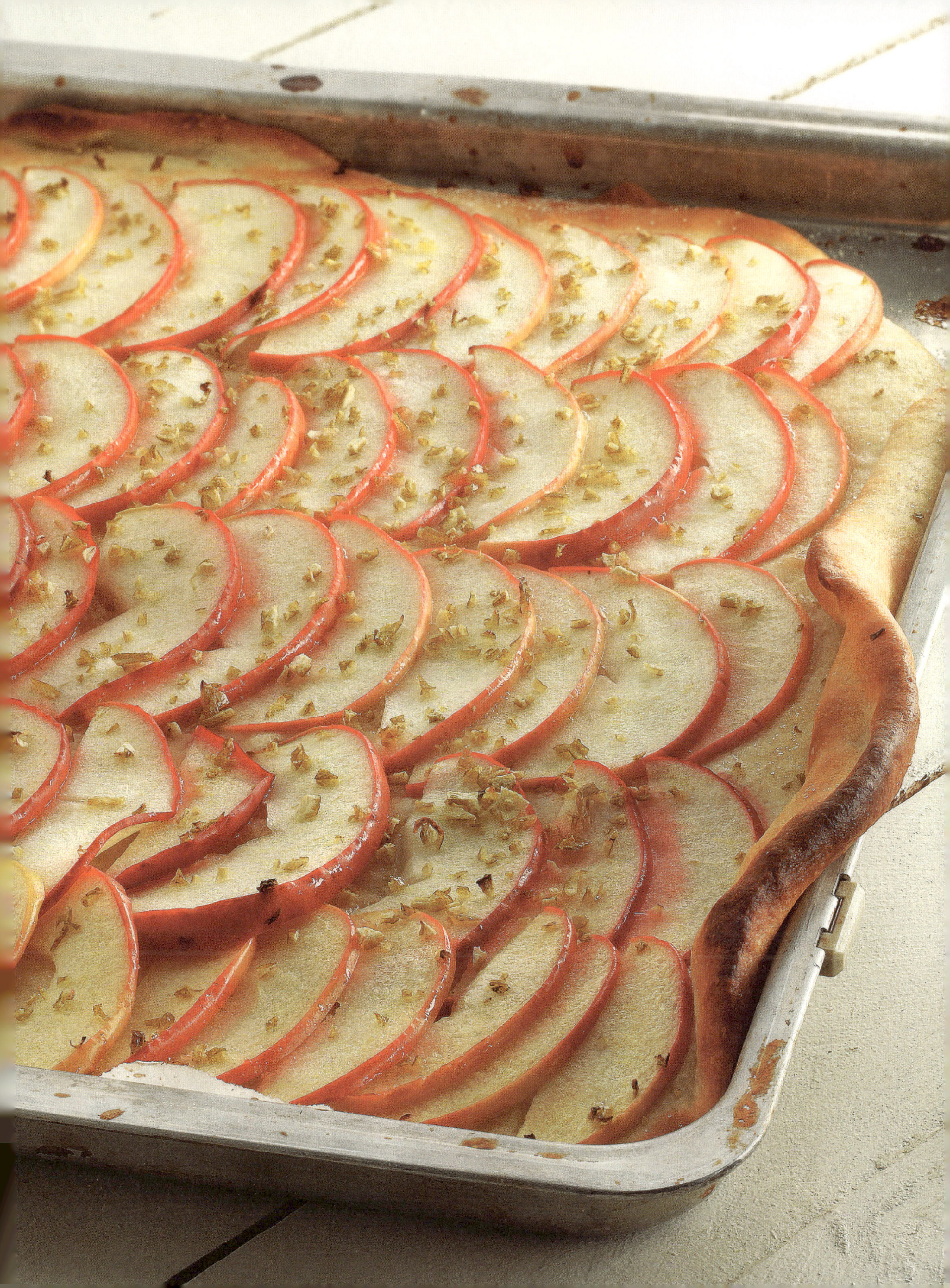

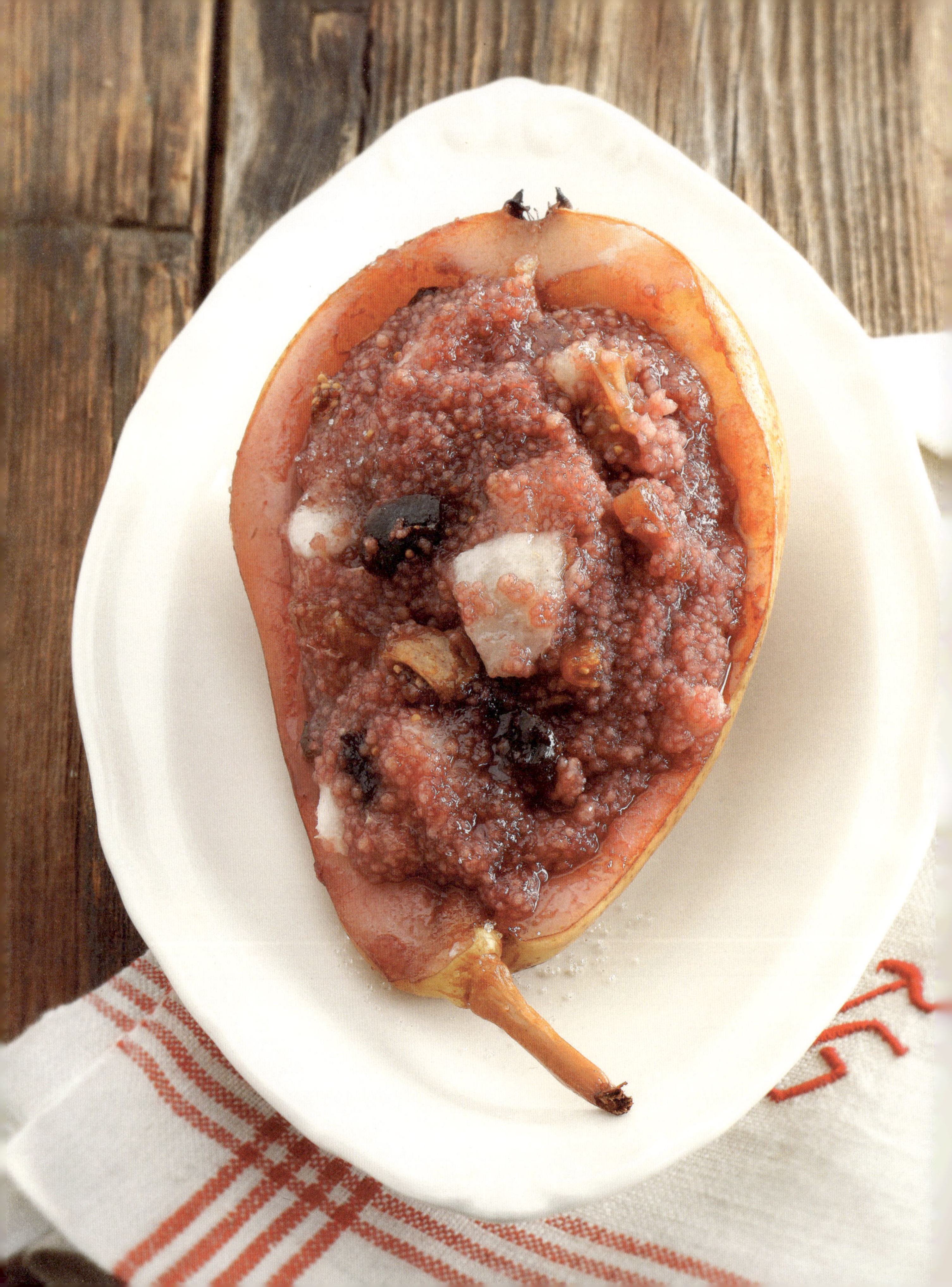

REZEPTE HERBST
Süßspeisen

Birne gefüllt mit fruchtigem Couscous ⓛ ⓥ

2 große Abate-Birnen
1 Limette
300 ml roter Traubensaft
2 Sternanis
2 Zimtstangen
80 g Couscous
4 getrocknete Feigen
4 getrocknete Pflaumen
Rohrzucker

1 Birnen waschen, halbieren, Kerngehäuse und Stiel entfernen. Mit einem Teelöffel aushöhlen, das Fruchtfleisch zur Seite stellen. Die Limette halbieren und eine Hälfte auspressen. Mit dem Saft die Innenseite der Birnen beträufeln.

3 Den Traubensaft zusammen mit der halben Limette, den Sternanis und den Zimtstangen zum Kochen bringen, danach die Birnenhälften zugeben. Hitze reduzieren und 20 Minuten köcheln lassen.

3 Danach die Birnen, Zimtstangen, Sternanis und Limette aus dem Traubensaft herausnehmen. Den Saft nochmals kurz aufkochen lassen, Couscous zugeben, den Herd ausschalten und den Couscous 10 Minuten quellen lassen.

4 Den Backofen auf 200 °C Oberhitze vorheizen.

5 Feigen und Pflaumen klein hacken, zusammen mit dem Fruchtfleisch der Birne zum Couscous geben und gut vermengen.

6 Die ausgehöhlten Birnen in eine Form setzen. Die Couscous-Masse in die Hälften füllen, das Ganze mit etwas Rohrzucker bestreuen, in den Ofen schieben und 10 Minuten überbacken.

REZEPTE HERBST
Süßspeisen

Schoko-Minz-Muffins g v

Für 24 Muffins

1 Bund frische Minze
200 g Zartbitterschokolade
300 g Mehl
1 Pck. Backpulver
200 g Zucker
1 Pck. Vanillezucker
3 EL Kakao
250 ml Öl
200 ml Sojamilch
50 ml Wasser mit Kohlensäure
100 g Kuvertüre

1 Die Vertiefungen von zwei Muffin-Formen einfetten oder mit Papierförmchen bestücken. Den Backofen auf 200 °C vorheizen.

2 Die Minze waschen und hacken. Die Schokolade ebenfalls hacken. Ein paar Minzblätter und Schokoraspel zum Garnieren beiseitelegen.

3 Mehl mit Backpulver, Zucker, Vanillezucker und Kakao mischen.

4 Öl, Milch und Wasser unterrühren. Zum Schluss Minze und Schokolade unterheben.

5 Den Teig in die Muffin-Mulden füllen und die Muffins 20 bis 25 Minuten backen. Herausnehmen und abkühlen lassen.

6 Die Kuvertüre im Wasserbad schmelzen und die Muffins damit bestreichen. Mit Schokoraspeln und Minzblättchen garnieren.

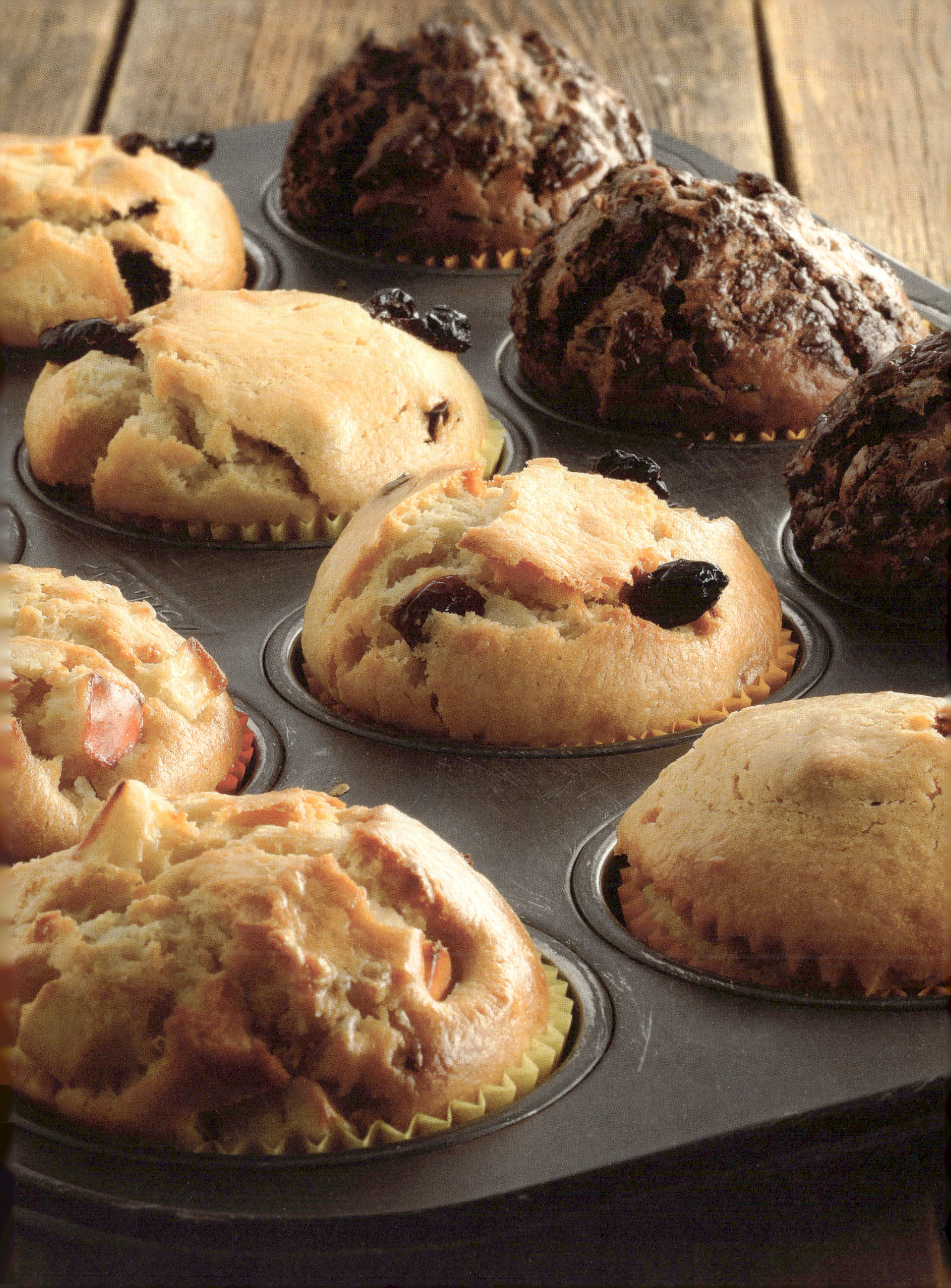

REZEPTE HERBST
Süßspeisen

Apfel-Ingwer-Muffins g v

MUFFINS À LA SOPHIE

Die sensationell leckeren, veganen Köstlichkeiten von Sophie, der Backfee in meinem Wuppertaler Kochatelier, sind der schönste Beweis der ayurvedischen Idee, dass die Energie des Kochs auf sein Essen übergeht: Die Liebe und Hinwendung, die sie investiert, sieht, schmeckt und spürt man! Ich freue mich auf jedes »Offene Atelier«, wenn ich als Ritual einen von Sophies Muffins mit einem Espresso genießen kann. Sie sind herzlich eingeladen, live dabei zu sein: jeden Donnerstag von 16 bis 21 Uhr bei mir im Kochatelier.

Für 24 Muffins

2 Äpfel
2 EL Sonnenblumenöl
1 EL Rohrzucker
5 g frischer Ingwer
300 g Mehl
1 Pck. Backpulver
200 g Zucker
1 Pck. Vanillezucker
150 ml Wasser mit Kohlensäure
150 ml Öl
200 ml Sojamilch

1 Die Vertiefungen von zwei Muffin-Formen einfetten oder mit Papierförmchen bestücken. Den Backofen auf 200 °C vorheizen.

2 Die Äpfel vierteln, entkernen und in kleine Stücke schneiden. In einer Pfanne das Sonnenblumenöl erhitzen und die Äpfel unter Zugabe des Zuckers darin karamellisieren. Den Ingwer pürieren.

3 Mehl mit Backpulver, Zucker und Vanillezucker mischen.

4 Wasser, Öl, Milch und den Ingwer unterrühren. Zum Schluss die Äpfel unterheben.

5 Den Teig in die Muffin-Mulden füllen und die Muffins 20 bis 25 Minuten backen.

REZEPTE HERBST
Süßspeisen

Cranberry-Muffins g v

Für 24 Muffins

300 g Mehl
1 Pck. Backpulver
200 g Zucker
1 Pck. Vanillezucker
150 ml Öl
200 ml Sojamilch
150 ml Wasser mit Kohlensäure
1 Pck. getrocknete Cranberrys
Sojasahne

1 Die Vertiefungen von zwei Muffin-Formen einfetten oder mit Papierförmchen bestücken. Den Backofen auf 200 °C vorheizen.

2 Mehl mit Backpulver, Zucker und Vanillezucker mischen.

3 Öl, Milch und Wasser unterrühren, dann die Cranberrys unterheben.

4 Den Teig in die Muffin-Mulden füllen und die Muffins 20 Minuten backen. Herausnehmen und leicht abkühlen lassen.

5 Sahne schlagen. Die Muffins mit Sojasahne garnieren.

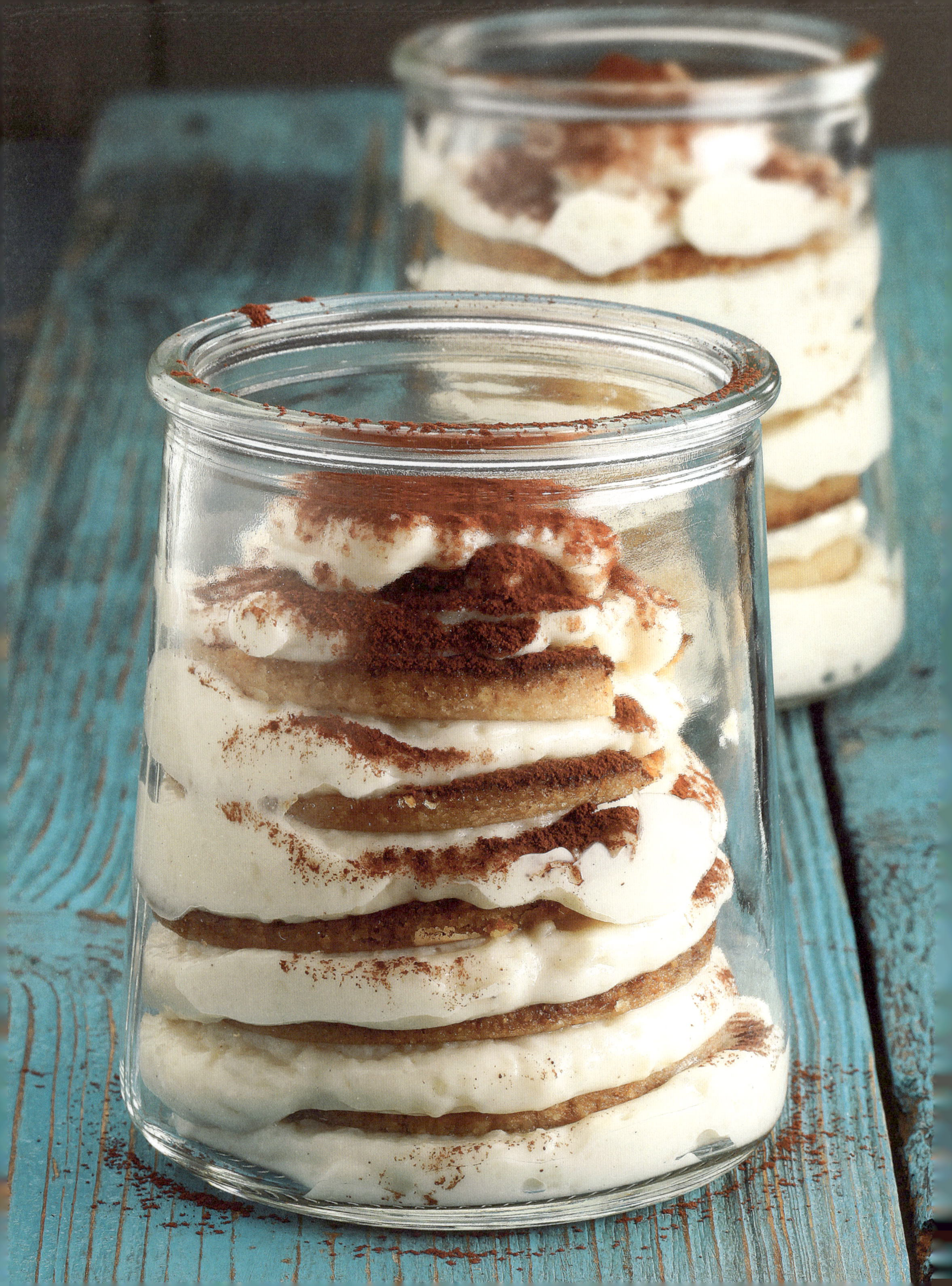

REZEPTE HERBST
Süßspeisen

Veganes Tiramisu v

Für die Ingwerplätzchen

1 TL frisch gehackter Ingwer
1 TL Sonnenblumenöl
250 g Mehl
1 Msp. Backpulver
100 g feiner Rohrzucker
1 Prise Salz
50 g Margarine
1 halbes Fläschchen Bittermandelöl
abgeriebene Schale einer Orange
2 TL Sojamehl
80 ml Sojamilch
2 Tassen starker kalter Kaffee

Für die Crème

2 Pck. Vanillepuddingpulver
400 ml Sojamilch
2 EL Zucker
300 g Sojajoghurt
6 cl Amaretto-Likör
3 Pck. Sahnesteif
1 EL Kakaopulver

1 Den Backofen auf 180 °C vorheizen.

2 Den Ingwer in ganz wenig Sonnenblumenöl 3 Minuten glasig dünsten.

3 Für den Teig Mehl, Backpulver, Zucker, Salz, Margarine, Bittermandelöl, Ingwer und Orangenschale in eine Schüssel geben. Sojamehl mit Sojamilch verrühren und dazugeben. Alles zu einem geschmeidigen Teig verarbeiten und 10 Minuten im Kühlschrank ruhen lassen.

4 Den Teig etwa 5 Millimeter dick ausrollen und kreisförmig ausstechen. Die Kreise auf ein mit Backpapier ausgelegtes Blech legen und in ca. 10 bis 12 Minuten goldbraun backen.

5 Die abgekühlten Plätzchen vor dem Schichten kurz in Kaffee tauchen.

1 Aus Puddingpulver, Sojamilch und Zucker einen festen Pudding kochen und abkühlen lassen.

2 Den Pudding mit Joghurt, Amaretto und Sahnesteif verrühren.

3 Die in Kaffee getauchten Plätzchen und die Crème abwechselnd in eine passende Form schichten, mit der Crème abschließen und mit Kakaopulver bestäuben.

REZEPTE HERBST
Süßspeisen

Biskuittörtchen mit Johannisbeerfüllung

Für den Biskuit
4 Eier
100 g feiner Rohrzucker
100 g Mehl
50 g Stärke
½ Pck. Backpulver

Für die Füllung
100 g Johannisbeeren
100 g Frischkäse
50 g Naturjoghurt
1 Prise Salz
2 EL Honig

1 Den Backofen auf 160 °C vorheizen.

2 Die Eier trennen. Eigelb mit dem Zucker und 4 Esslöffeln warmem Wasser schaumig rühren.

3 Eiweiß so steif schlagen, dass ein Messerschnitt sichtbar bleibt, und auf das Eigelb geben.

4 Mehl, Stärke und Backpulver mischen und darübersieben, alles mit einem Teigschaber locker miteinander vermengen. Auf keinen Fall rühren!

5 Den Teig auf ein mit Backpapier ausgelegtes Blech streichen und 15 Minuten backen.

1 Die Johannisbeeren abbrausen und von den Stielen zupfen. Ein paar Beeren für die Dekoration zur Seite legen.

2 Frischkäse, Joghurt, Salz und Honig gut verrühren, anschließend die Johannisbeeren unterheben.

3 Aus dem Biskuitboden Kreise von etwa 6 Zentimetern Durchmesser ausstechen und jeweils 1 Esslöffel Füllung daraufgeben. Mit einem zweiten Kreis »deckeln« und nochmals 1 Esslöffel Füllung draufgeben. Mit Johannisbeeren dekorieren.

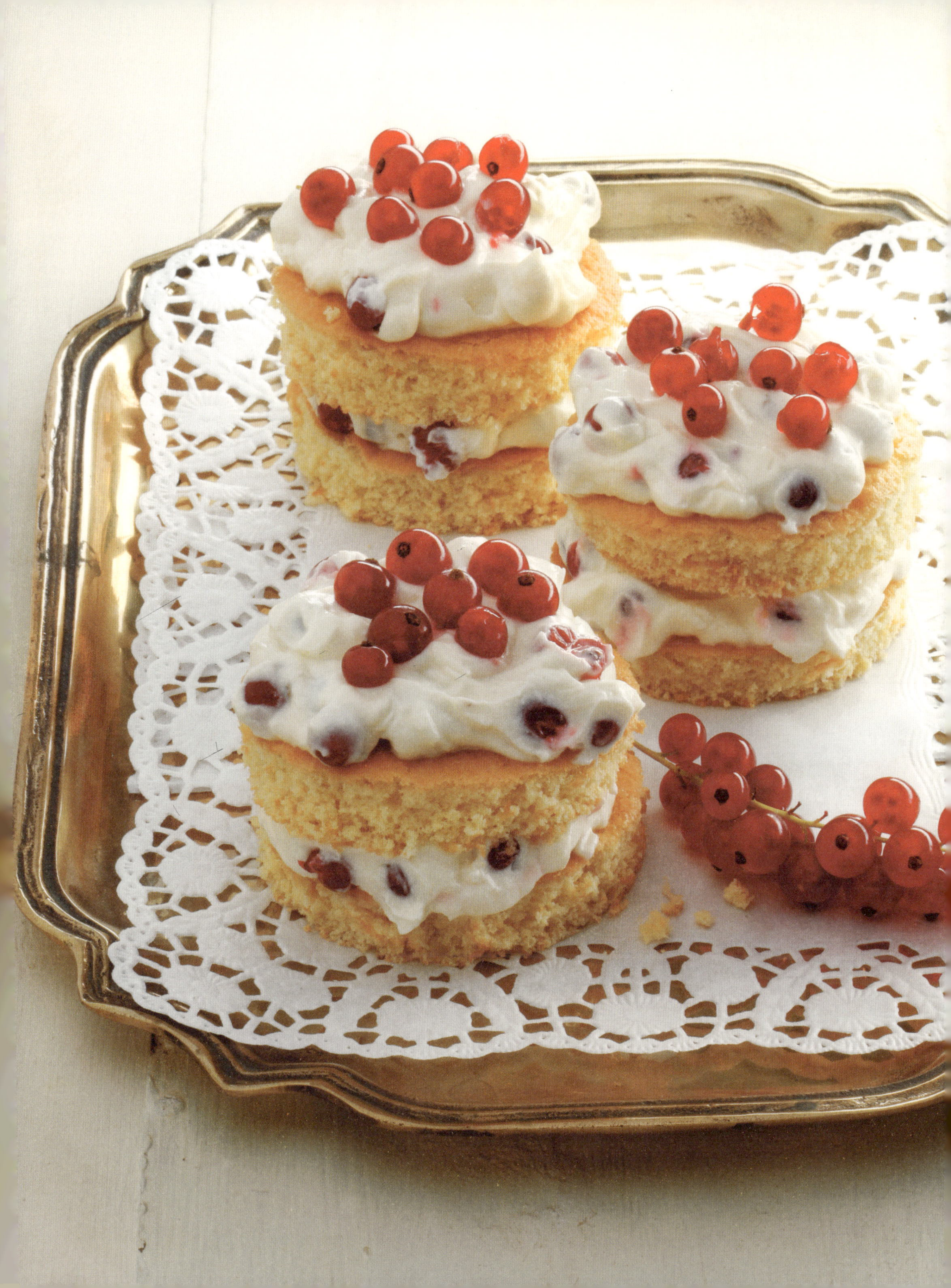

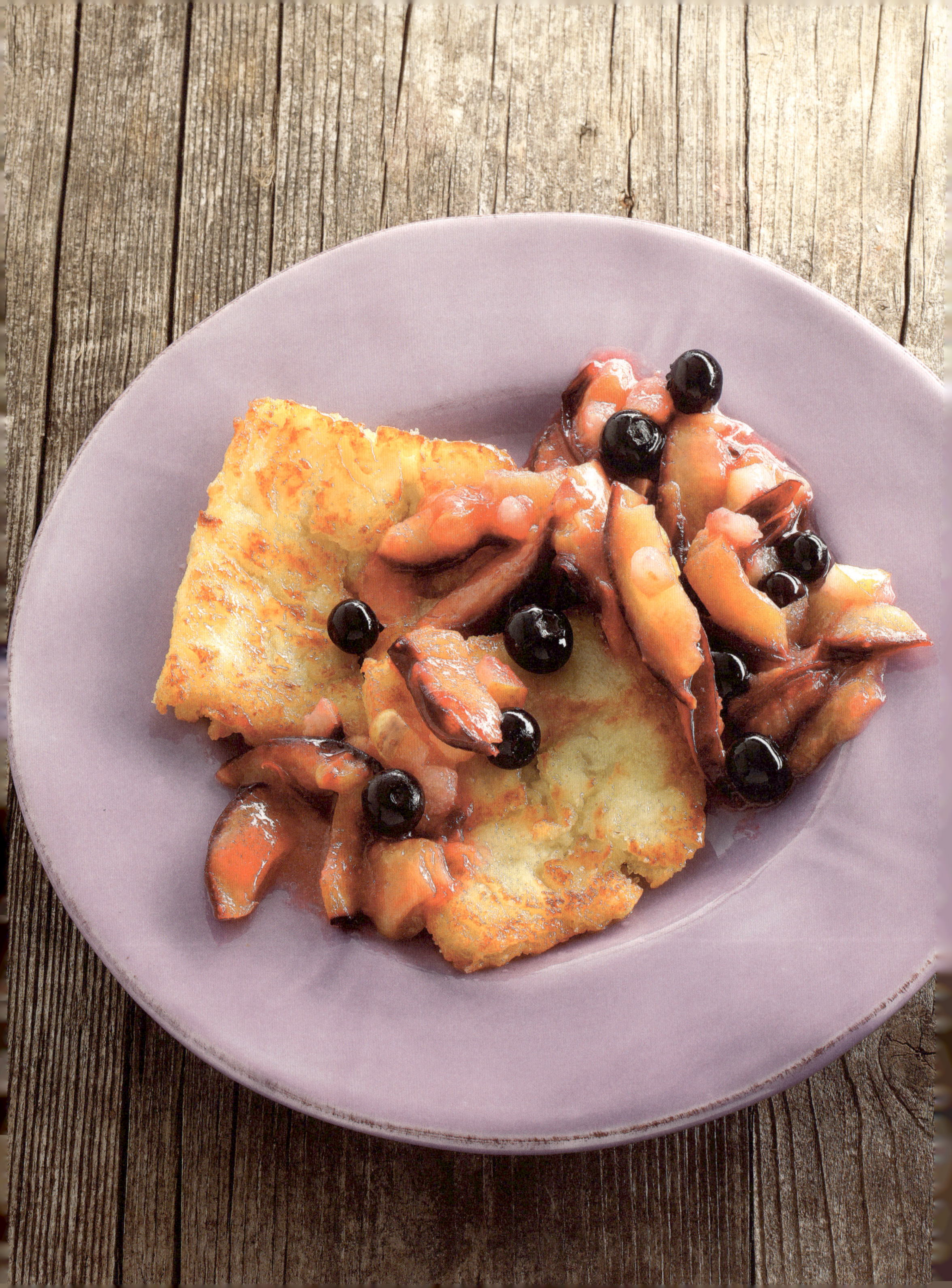

REZEPTE HERBST
Süßspeisen

Süße Grießschnitten mit Obst O

30 g Pistazienkerne
600 ml Sojamilch
2 EL Rohrzucker
½ TL Salz
150 g Grieß
4 EL Öl
2 EL Butter (optional Öl)
500 g gemischtes Obst (Äpfel, Trauben, Birnen, Pflaumen etc.)
2 EL Zitronensaft
⅓ TL gemahlener Kardamom

1 Die Pistazien in einer Pfanne ohne Fett anrösten und grob hacken.

2 Die Sojamilch in einem Topf zum Kochen bringen. Die Hitze reduzieren, Rohrzucker und Salz zugeben. Dann langsam und unter ständigem Rühren den Grieß einrieseln lassen. Kurz aufkochen, bis die Masse andickt. Den Topf vom Herd nehmen und den Grieß 5 Minuten quellen lassen.

3 Den Grieß mit einem Teigschaber auf einem mit 1 Esslöffel Öl eingepinselten Brett etwa 2 Zentimeter dick ausstreichen und auskühlen lassen. Das dauert etwa 20 Minuten.

4 Die Butter in einer Pfanne erhitzen. Den Grieß in Stücke schneiden und diese von beiden Seiten goldbraun braten.

5 Das Obst waschen, putzen, bei Bedarf entkernen und klein schneiden. In 3 Esslöffeln Öl 5 Minuten leicht glasig andünsten, Zitronensaft und Kardamom zugeben.

6 Obstkompott auf den Grießschnitten anrichten.

REZEPTE HERBST
Süßspeisen

Dreierlei Rührkuchen

Basis-Rezept
3 Eier
100 g feiner Rohrzucker
200 g weiche Butter
2 EL Sonnenblumenöl
150 g Mehl
½ Pck. Backpulver
100 g Stärke

1 Den Backofen auf 175 °C vorheizen.

2 Eier mit Zucker, Butter und Öl schaumig rühren.

3 Mehl, Backpulver und Stärke mischen, darübersieben und unterheben.

4 Den Teig in eine mit Backpapier ausgelegte Kastenform einfüllen und 55 Minuten backen.

TIPP Am besten prüfen Sie mit einem Holzstäbchen, ob der Kuchen gar ist. Einfach reinstechen, und wenn am Stäbchen nichts mehr hängen bleibt: Fertig!

Marmorkuchen

2 EL Kakao
60 ml Sojamilch

1 Teig nach dem Basis-Rezept zubereiten, dann die Hälfte des Teiges in eine separate Schüssel geben und in eine Hälfte Kakao und Sojamilch rühren.

2 Den hellen Teig in die Kastenform füllen, den dunklen Teig daraufgeben und einen Teigschaber mehrmals durch den Teig ziehen.

3 Den Marmorkuchen wie oben beschrieben backen.

Beerenkuchen

100 g Beeren der Saison

1 Teig nach dem Basis-Rezept zubereiten.

2 Beeren je nach Sorte waschen, putzen und bei Bedarf klein schneiden. Dann vorsichtig unter den Teig heben.

3 Den Teig in eine Kastenform füllen und wie beschrieben backen.

TIPP Für den Kuchen sind alle Beeren geeignet, die Sie mögen, ob Erdbeeren, Himbeeren, Heidelbeeren oder Johannisbeeren. Sie können aber auch Obst verwenden, wie Pflaumen, Äpfel oder Birnen.

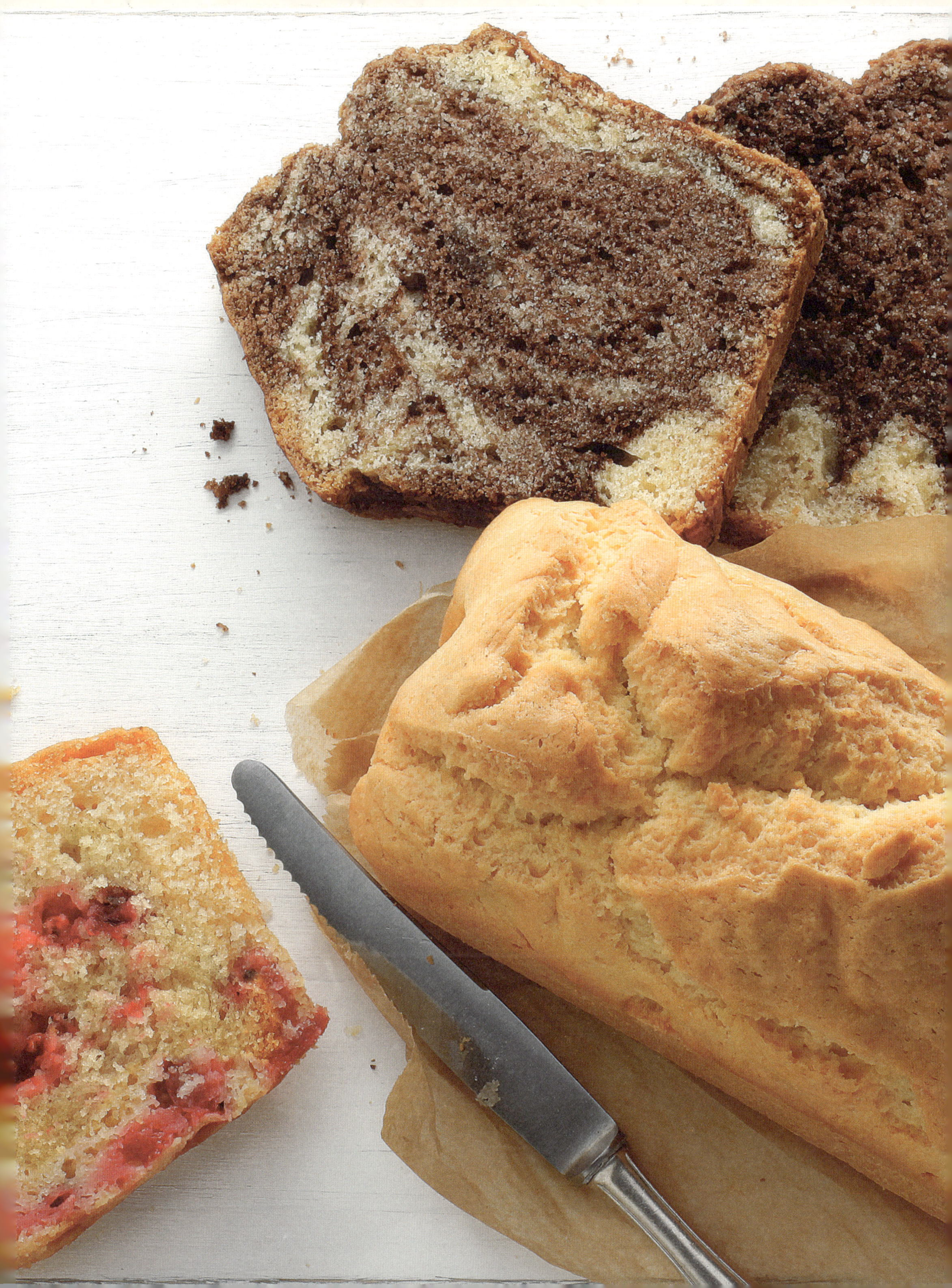

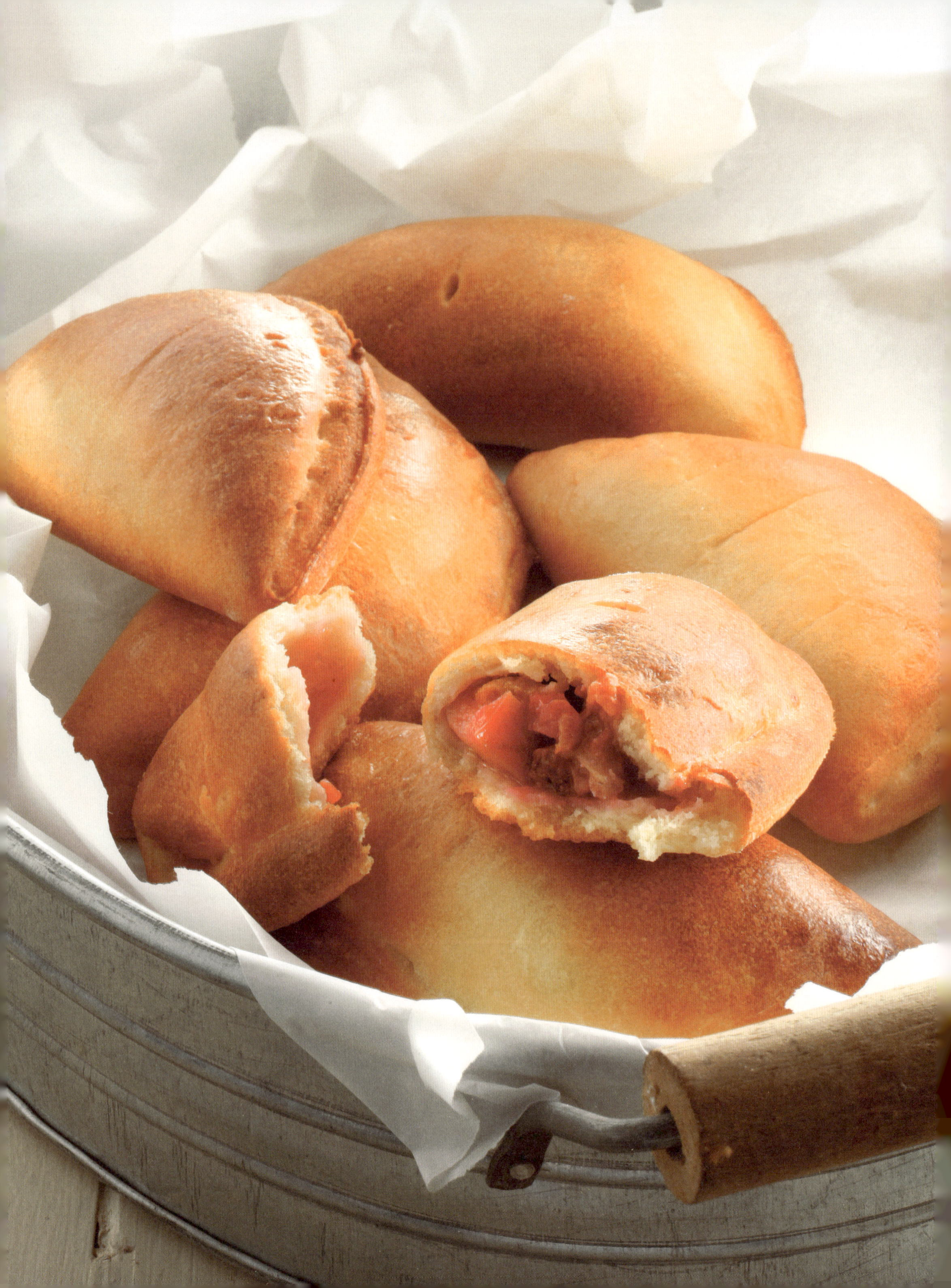

REZEPTE HERBST
Süßspeisen

Pflaumen-Apfel-Taschen

Für 8-10 Stück

Für den Quark-Öl-Teig

150 g Magerquark
8 EL Sonnenblumenöl
80 g feiner Rohrzucker
1 Prise Salz
8 EL Sojamilch
300 g Mehl
½ TL Backpulver

Für die Füllung

1 Apfel
6 Pflaumen
1 EL Sonnenblumenöl
1 TL feiner Rohrzucker
Saft einer Zitrone
1 Prise Kardamom
Sojamilch zum Bestreichen

1 Quark, Öl, Zucker, Salz und Sojamilch in eine Schüssel geben. Mehl mit Backpulver vermischen und darübersieben. Alles zu einem geschmeidigen Teig verarbeiten, in eine Schüssel geben und eine halbe Stunde ruhen lassen.

2 Den Teig dünn ausrollen und Kreise von etwa 10 bis 12 Zentimetern Durchmesser ausstechen.

1 Den Apfel und die Pflaumen waschen, entkernen und in Würfel schneiden. Sonnenblumenöl in der Pfanne erhitzen. Apfel- und Pflaumenstücke, Zucker, Zitronensaft und Kardamom zugeben und 5 Minuten dünsten.

2 Jeweils einen guten Esslöffel der Mischung in die Mitte der Teig-Kreise geben. Den Kreisrand mit Milch bestreichen, Kreise zur Hälfte zusammenklappen.

3 Die Taschen von außen ebenfalls mit Milch bestreichen und auf ein mit Backpapier ausgelegtes Backblech geben. Im Backofen bei 200 °C Umluft 12 bis 15 Minuten backen, bis sie leicht gebräunt sind.

REZEPTE HERBST
Süßspeisen

Süße Waffeln – Grundrezept

100 g Butter oder Sonnenblumenöl
2 EL feiner Zucker
3 Eier
200 g Mehl
2 EL Speisestärke
1 TL Backpulver
125 ml Soja-/Reis-/Hafermilch
Fett für das Waffeleisen

1 Das Fett mit dem Zucker schaumig rühren. Die Eier zugeben und unterrühren.

2 Mehl mit Speisestärke und Backpulver mischen und durch ein Sieb zum Teig geben. Milch zugießen und alles zu einem glatten, dickflüssigen Teig verrühren.

3 Mit einer Schöpfkelle etwas Teig in das gefettete Waffeleisen geben und so die Waffeln nach und nach backen.

TIPP Waffeln gelingen besonders gut, wenn man sie mit doppelgriffigem Mehl backt, das hat eine etwas gröbere, stets rieselfähige Konsistenz. Es wird angeboten als Instant Mehl oder unter der Bezeichnung »Wiener Griessler«.

REZEPTE HERBST
Süßspeisen

Herzhafte Tomaten-Petersilien-Waffeln

1 kleines Bund Petersilie
100 g Butter oder Sonnenblumenöl
1 TL feiner Zucker
3 Eier
½ TL Salz
200 g Mehl
3 EL Speisestärke
1 TL Backpulver
2 EL Tomatenmark
125 ml Soja-/Reis-/Hafermilch
Fett für das Waffeleisen

1 Die Petersilie waschen und hacken.

2 Das Fett mit dem Zucker schaumig rühren. Eier und Salz zugeben und unterrühren.

3 Mehl mit Speisestärke und Backpulver mischen und durch ein Sieb zum Teig geben. Tomatenmark, Petersilie und Milch zufügen und alles zu einem glatten, dickflüssigen Teig verrühren.

4 Mit einer Schöpfkelle etwas Teig in das gefettete Waffeleisen geben und die Waffeln backen.

Herzhafte Rosmarin-Käse-Waffeln

80 g Butter oder Sonnenblumenöl
1 TL feiner Zucker
2 Eier, ½ TL Salz
200 g Mehl
2 EL Speisestärke
1 TL Backpulver
30 g geriebener Parmesan
1 EL gehackter Rosmarin
150 ml Soja-/Reis-/Hafermilch
Fett für das Waffeleisen

1 Das Fett mit dem Zucker schaumig rühren. Eier und Salz zugeben und unterrühren.

2 Mehl mit Speisestärke und Backpulver mischen und durch ein Sieb zum Teig geben. Parmesan, Rosmarin und Milch zufügen und alles zu einem glatten, dickflüssigen Teig verrühren.

3 Mit einer Schöpfkelle etwas Teig in das gefettete Waffeleisen geben und so die Waffeln nach und nach backen.

GLÜCKSSTATION
Lichtstreifen am Horizont

Lichtstreifen am Horizont...

... oder in diesem Fall tatsächlich an ganz anderer, unerwarteter Stelle: Falls meine eigene Sonne mal wieder unterzugehen droht, denke ich gerne an einen meiner ungewöhnlichsten Bekannten. Emile Bani arbeitet als Toilettenmann im Akzenta-Einkaufsmarkt Wuppertal.

Dass Wuppertal einige Besonderheiten hat, fiel mir bereits kurz nach meinem Umzug dorthin auf. So war ich eines Tages auf der Toilette des Akzenta-Einkaufsmarktes, als ich jemanden Gospels singen hörte. Da Wuppertal nicht unbedingt eine Hochburg des spirituellen Gesangs ist und der Ort des Geschehens durchaus profan war, vermutete ich zunächst einen originellen Klingelton – bis ich die Toilette verließ und Herrn Bani singend und seinen Wischmopp schwingend vor mir stehen sah. Meine erste Assoziation war: Das ist Lebensfreude! Dabei fühlt man sich oft eher unsicher, empfindet Mitleid, schlimmstenfalls sogar Arroganz, wenn man die Männer und Frauen mit ihren Kleingeld-Tellerchen vor den Waschräumen sitzen sieht.

Dass ich einen singenden, dunkelhäutigen Mann mit Lebensfreude gleichsetze, bewegt sich natürlich nahe am Klischee. Im Gespräch stellt sich dann auch heraus, dass er es in Deutschland schwer hat. Durch absurde Gesetze wird seine Ehe mit der Wuppertalerin Birgitt nicht anerkannt, was es ihm wiederum erschwert, einen guten Job zu finden und seinen Lebensunterhalt zu verdienen. Trotzdem denke ich oft an ihn, wenn es darum geht, im Moment zu leben, schwierige Lebensumstände anzunehmen und Vertrauen zu haben. Emile Bani sitzt einfach da, verteilt Bonbons an Kleine und Große, hat »Jesus Saves«-Kärtchen neben seinen Plastikblumen stehen, liest in der Bibel und singt Gospels.

Herren WC

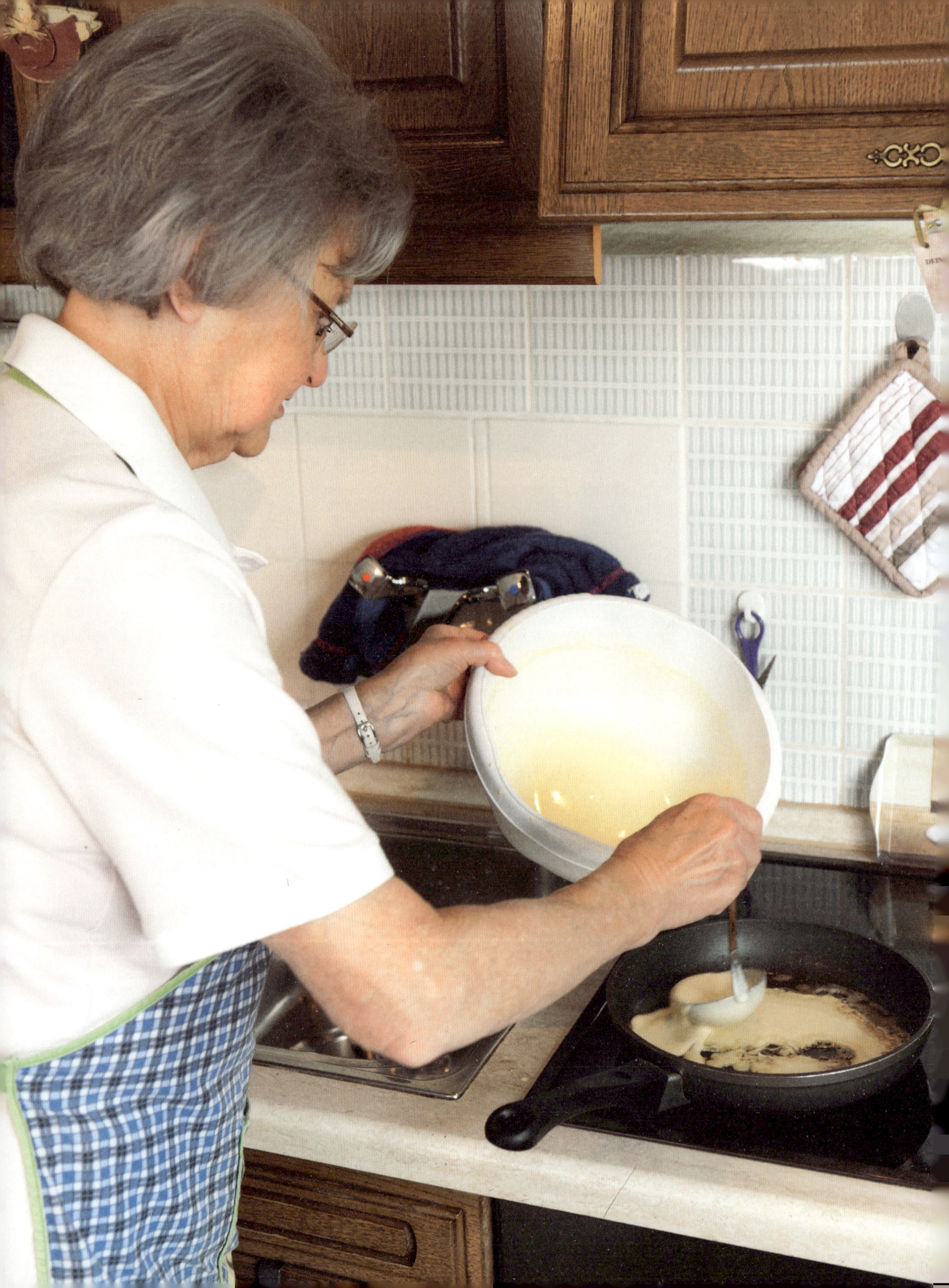

REZEPTE HERBST
Mama Mehls Back-Klassiker

Mama Mehls Back-Klassiker

Ja, ja, Mama Mehl und ihre Kuchen ... Wenn Mama Mehl weiß, dass ich nach Hause komme, ruft sie mich schon Tage vorher an und fragt: »Na, Bub, was soll ich denn kochen?« Da jede Mama auf der Welt sowieso die beste Köchin ist, freue ich mich im Prinzip auf alles, was sie für mich zubereitet. Bei ihren Kuchen habe ich allerdings meine Favoriten! Es ist wunderbar, welche Bilder in Verbindung mit Gerüchen entstehen. Kaum komme ich zur Haustür herein und rieche ihre frisch gebackenen Kuchen, tauchen Bilder auf, wie ich als Knirps in der Küche neben ihr stehe und es kaum erwarten kann, bis ich Teig naschen darf. Wie schon gesagt: Panama liegt nicht nur auf der Landkarte (oder in Wuppertal). Es kann auch auf einem Kuchenteller in Lorsch liegen.

(Wenn nicht anders angegeben, sind die Rezepte für vier Personen gedacht.)

REZEPTE HERBST
Mama Mehls Back-Klassiker

Veganer Kirsch-Mohn-Kuchen *l* *v*

Für den Belag
350 g gemahlener Mohn
100 Rohrzucker
40 g Margarine
250 ml Sojamilch
1 Glas Sauerkirschen (Abtropfgewicht 350 g)

Für den Teig
200 g Margarine
120 g feiner Zucker
400 g Mehl
1 TL Backpulver
1 Msp. Natron
2 TL Sojamehl
60 ml Sonnenblumenöl

1 Zuerst für die Mohnmischung Mohn, Zucker, Margarine und Sojamilch in einen Topf geben, aufkochen lassen und dann zum Auskühlen beiseitestellen.

2 Die Kirschen in ein Sieb schütten, den Saft auffangen und zum Beispiel zum Einkochen für ein Chutney verwenden.

3 Den Ofen auf 180 °C vorheizen.

4 Für den Teig die Margarine mit dem Zucker schaumig rühren. Mehl mit Backpulver und Natron mischen und dazugeben. Sojamehl mit Sonnenblumenöl verrühren und ebenfalls zugeben.

5 Alles zu einem geschmeidigen Rührteig verarbeiten und auf ein mit Backpapier ausgelegtes Backblech streichen.

6 Die Mohnmasse gleichmäßig auf dem Teig verteilten und mit den Kirschen belegen.

7 Den Kuchen ca. 30 Minuten backen.

REZEPTE HERBST
Mama Mehls Back-Klassiker

Kokos-Käsekuchen mit frischen Himbeeren

Für den Teig
100 g Butter
100 g Zucker
200 g Mehl
1 Prise Salz
1 Ei
Fett für die Form

Für den Belag
4 Eier
750 g Quark
200 g Crème fraîche
200 ml Kokoscrème (Tipp: ins warme Wasser stellen!)
2 Pck. Vanillezucker
4 EL Speisestärke
1 Prise Salz
100 g feiner Zucker
250 g Himbeeren

1 Den Backofen auf 180 °C vorheizen.

2 Für den Teig Butter mit Zucker schaumig rühren. Mehl, Salz und Ei zugeben und alles zu einem Teig verkneten.

3 Eine Springform mit 26 Zentimetern Durchmesser einfetten. Den Teig ausrollen und die Form damit auslegen.

4 Für den Belag die Eier trennen. Eigelb mit Quark, Crème fraîche, Kokoscrème, Vanillezucker und Speisestärke glatt rühren.

5 Eiweiß mit einer Prise Salz steif schlagen, nach und nach den Zucker einrieseln lassen.

6 Den Eischnee unter die Quarkcrème ziehen und zum Schluss vorsichtig die Himbeeren unterheben.

6 Die Masse auf dem Teigboden verteilen und den Kuchen ca. 60 bis 70 Minuten backen, bis die Oberfläche goldbraun ist.

REZEPTE HERBST
Mama Mehls Back-Klassiker

Burgunder-Kuchen

1 Vanilleschote
100 g Zartbitter-Schokolade
200 g Butter
150 g feiner Zucker
4 Eier
250 g Mehl
1 TL Backpulver
1 TL Zimt
1 EL Kakaopulver
125 ml Rotwein
Fett für die Form

1 Den Ofen auf 180 °C vorheizen.

2 Die Vanilleschote fein hacken. Die Zartbitter-Schokolade raspeln.

3 Die Butter mit dem Zucker schaumig rühren. Eier einrühren. Mehl, Backpulver, Zimt, Kakaopulver und Rotwein zugeben und alles zu einem glatten Rührteig verarbeiten.

4 Den Teig in eine gefettete Kastenform geben und den Kuchen ca. 50 bis 55 Minuten backen.

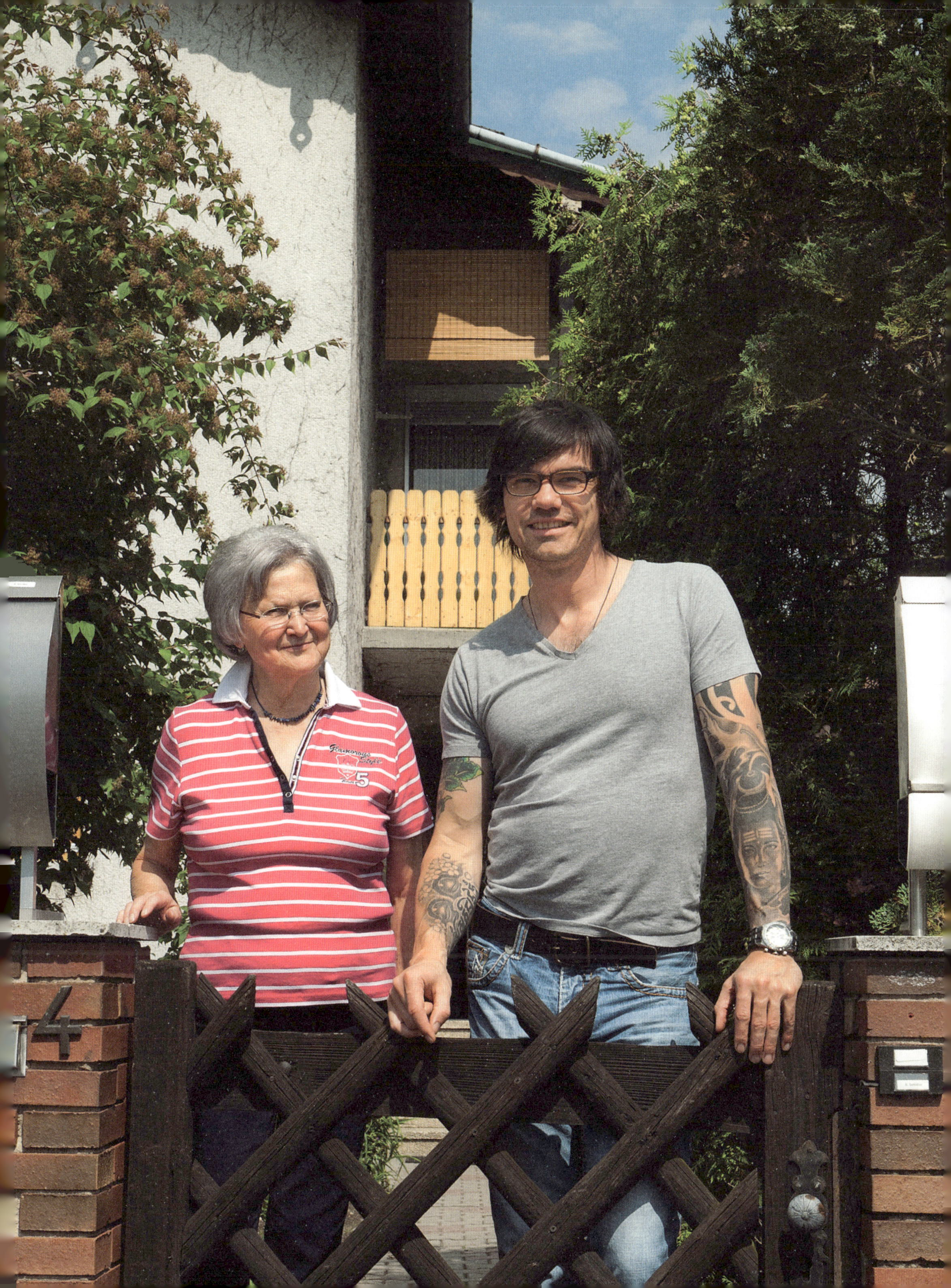

GLÜCKSSTATION
So, wie es ist

So, wie es ist

»Wir hatten nie das Gefühl, etwas zu vermissen«, sagt Margot Diehl, 85, während ihr Mann Fritz, 91, seine Hand auf ihre legt. Kurz vorher haben sie extra für uns ihre 63 Jahre alten Eheringe aus der Schatulle genommen und angelegt.

> **Es hat Spaß gemacht, wie es gelaufen ist.**

Das Ehepaar Diehl aus meiner Heimatstadt Lorsch braucht keine äußeren Beweise für die Beständigkeit ihrer Verbindung und beeindruckt uns beim Treffen mit dem heiteren Fazit ihrer Ehe: »Es hat Spaß gemacht, wie es gelaufen ist.« Und das ganz ohne Selbstverwirklichung, Paartherapie und der modernen Auffassung von »Beziehungsarbeit«.

Ihre Geschichte, ihr Umfeld, ihre Aufgaben und das uneingeschränkte Annehmen ihrer Gemeinschaft – das alles hat sie zu starken Zeit- und Gefühlszeugen gemacht. Die Diehls sind Kinder der deutschen Kriegs- und Nachkriegszeit, haben Verluste in ihren Familien erlitten, hatten Erlebnisse mit Gefangenschaft und mussten aus wirtschaftlichen Gründen nach ihrem Kennenlernen drei Jahre auf ihre Hochzeit warten: »Wir hatten ja nichts.«

Wenn es bei uns nicht gut lief, haben wir gleich geplaudert.

In einer Zeit, in der Tauschgeschäfte an der Tagesordnung waren und Männer nur im Wald den Kinderwagen übernahmen, setzten sie auf Stabilität.

An vorderster Stelle standen die finanzielle Unabhängigkeit, der Aufbau ihres Betriebs mit bis zu dreitausend Hühnern zur Eierproduktion und ihre vier Söhne. Ihre Konzentration darauf, »alles am Laufen zu halten«, kostete sie die heute sehr beschworene »Zeit für sich selbst« oder als Paar, dennoch kam der Austausch nicht zu kurz. »Unsere Väter haben nicht viel geplaudert«, erinnert sich Frau Diehl. »Wenn es bei uns nicht gut lief, haben wir gleich geplaudert.«

Im Fernsehen sieht sie, wie sich Paare und Familien heute auseinandersetzen. Das findet sie interessant, aber sie weiß, dass sie und ihre Familie andere Voraussetzungen hatten. »Es war so, wie es war.« Dass es immer noch so ist, konnten wir an ihrem Lorscher Wohnzimmertisch mit viel Rührung und Bewunderung feststellen.

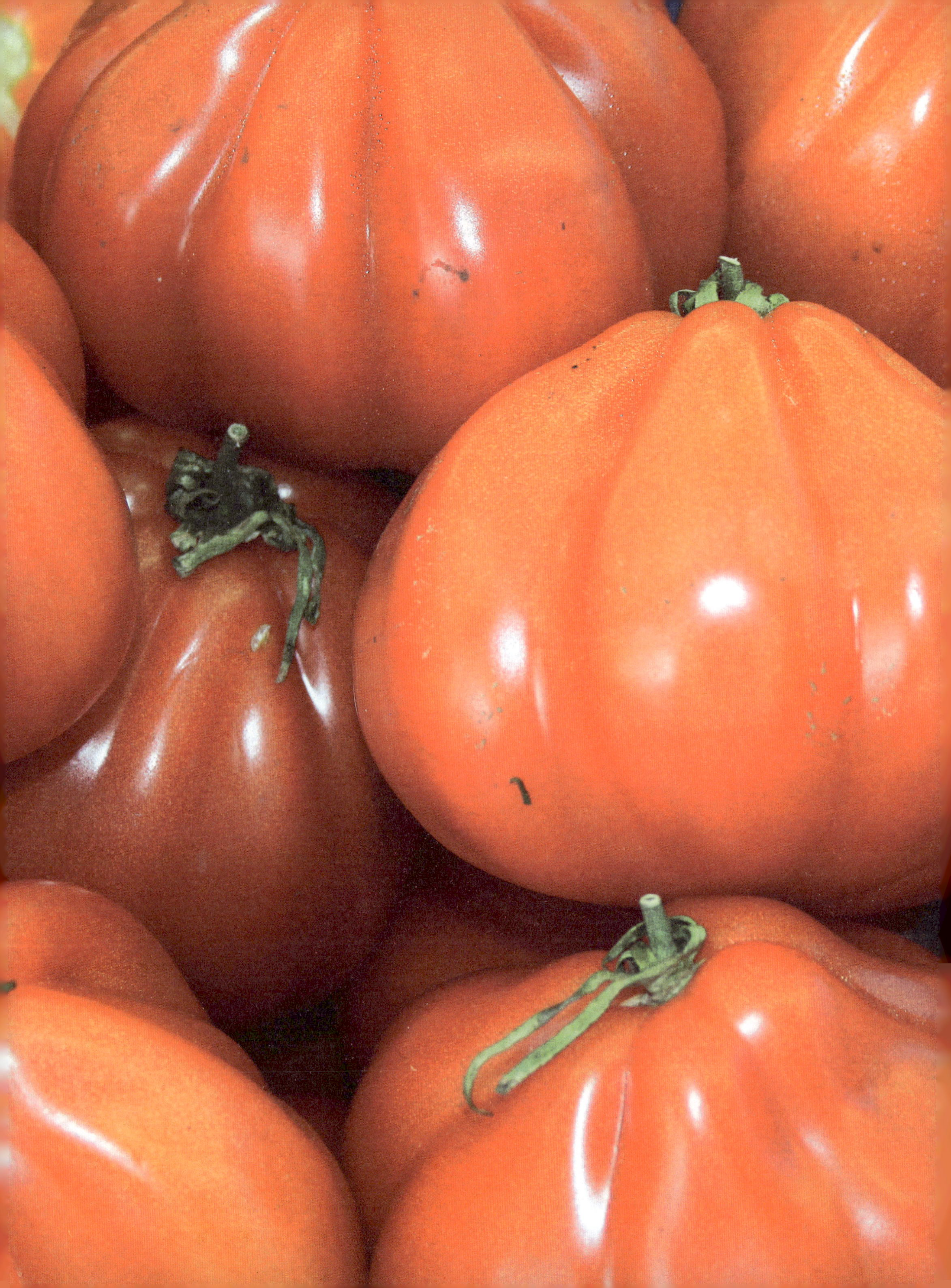

Küchen-Basics und Warenkunde

In diesem Kapitel erfahren Sie einiges über die offensichtlichen und verborgenen Qualitäten der pflanzlichen Zutaten, die wir für die Rezepte in diesem Buch benötigen. Um ihr volles Potenzial auszuschöpfen, sind darüber hinaus ein paar Grundregeln hilfreich.

KÜCHEN-BASICS UND WARENKUNDE
Alles frisch – Volkers kleine Obst- und Gemüsekunde

Alles frisch – Volkers kleine Obst- und Gemüsekunde

In diesem Buch spielen der Kreislauf des Lebens und die Jahreszeiten eine wichtige Rolle. In diesem Sinne konzentriere ich mich auf saisonales Obst und Gemüse. Hier der Überblick über die Zutaten, die im Jahresverlauf zur Verfügung stehen.

Januar
Chicorée, Grünkohl, Karotten, Pastinaken, Rosenkohl, Rote Bete, Rotkohl, Sellerie, Topinambur, Weißkohl, Wirsing, Zwiebeln
Äpfel, Apfelsinen, Clementinen, Grapefruit, Mandarinen, Zitronen

Februar
Chicorée, Grünkohl, Lauch, Karotten, Pastinaken, Rosenkohl, Rote Bete, Rotkohl, Sellerie, Sprossen, Steckrüben, Topinambur, Weißkohl, Wirsing, Zwiebeln
Äpfel, Apfelsinen, Clementinen, Grapefruit, Mandarinen, Zitronen

März
Chicorée, Feldsalat, Grünkohl, Kopfsalat, Lauch, Löwenzahn, Karotten, Rotkohl, Schwarzwurzeln, Sellerie, Spinat, Weißkohl, Wirsing, Zwiebeln
Äpfel, Apfelsinen, Clementinen, Grapefruit, Mandarinen, Zitronen

April
Feldsalat, Grünkohl, Kopfsalat, Lauch, Löwenzahn, Pastinaken, Radieschen, Spinat, Topinambur, Zwiebeln
Äpfel, Apfelsinen, Grapefruit, Zitronen

Mai
Kopfsalat, Mairüben, Radieschen, Rettich, Rhabarber, Spargel, Spinat, Zucchini, Zwiebeln
Apfelsinen, Erdbeeren, Melonen, Zitronen

Juni
Blumenkohl, Eisbergsalat, Erbsen, Kohlrabi, Kopfsalat, Lattich, Mairüben, Mangold, Radieschen, Rettich, Rhabarber, Spargel, Spinat, Stangensellerie, Zucchini
Aprikosen, Birnen, Erdbeeren, Johannisbeeren, Melonen, Nektarinen, Pfirsiche, Pflaumen, Sauerkirschen, Süßkirschen, Zitronen

Juli
Auberginen, Bataviasalat, Blumenkohl, Brokkoli, Eisbergsalat, Fenchel, Gurken, Karotten, Kohlrabi, Kopfsalat, Lattich, Mangold, Paprikaschoten, Portulak, Radieschen, Rettich, Rotkohl, Sellerie, Tomaten, Weißkohl, Wirsing, Zucchini, Zwiebeln
Aprikosen, Birnen, Blaubeeren, Erdbeeren, Heidelbeeren, Himbeeren, Johannisbeeren, Kiwi, Melonen, Mirabellen, Pfirsiche, Pflaumen, Sauerkirschen, Stachelbeeren, Süßkirschen, Zitronen

August
Artischocken, Auberginen, Bataviasalat, Blumenkohl, Brokkoli, Eisbergsalat, Endiviensalat, Fenchel, Gurken, Karotten, Knoblauch, Kohlrabi, Kopfsalat, Kürbis, Paprikaschoten, Pastinaken, Petersilienwurzeln, Portulak, Rettich, Rotkohl, Sellerie, Spinat, Steckrüben, Tomaten, Weißkohl, Wirsing, Zucchini, Zwiebeln
Aprikosen, Birnen, Blaubeeren, Brombeeren, Heidelbeeren, Himbeeren, Johannisbeeren, Kiwi, Melonen, Mirabellen, Pfirsiche, Pflau-

men, Sauerkirschen, Stachelbeeren, Weintrauben, Süßkirschen, Zitronen

September
Artischocken, Auberginen, Bataviasalat, Blumenkohl, Brokkoli, Chinakohl, Eisbergsalat, Endiviensalat, Fenchel, Gurken, Karotten, Knoblauch, Knollensellerie, Kohlrabi, Kopfsalat, Kürbis, Lauch, Mangold, Paprika, Pastinaken, Petersilienwurzeln, Rettich, Rotkohl, Spinat, Staudensellerie, Steckrüben, Wirsing, Zucchini, Zwiebeln
Äpfel, Birnen, Brombeeren, Heidelbeeren, Holunder, Kiwi, Melonen, Quitten, Pfirsiche, Pflaumen, Stachelbeeren, Weintrauben, Zitronen

Oktober
Artischocken, Blumenkohl, Chinakohl, Endiviensalat, Feldsalat, Grünkohl, Gurken, Karotten, Knollensellerie, Kohlrabi, Kopfsalat, Kürbis, Lauch, Paprika, Pastinaken, Petersilienwurzeln, Rote Bete, Rotkohl, Schwarzwurzeln, Spinat, Staudensellerie, Steckrüben, Weißkohl, Wirsing, Zucchini, Zwiebeln
Ananas, Äpfel, Birnen, Clementinen, Grapefruit, Holunder, Kiwi, Limetten, Melonen, Pflaumen, Quitten, Weintrauben, Zitronen

November
Endiviensalat, Feldsalat, Grünkohl, Lauch, Karotten, Pastinaken, Rosenkohl, Rote Bete, Rüben, Schwarzwurzeln, Topinambur, Weißkohl, Winterrettich, Wirsing, Zuckerhutsalat, Zwiebeln

KÜCHEN-BASICS UND WARENKUNDE
Alles frisch – Volkers kleine Obst- und Gemüsekunde

Äpfel, Apfelsinen, Clementinen, Feigen, Grapefruit, Kiwi, Mandarinen, Melonen, Quitten, Weintrauben, Zitronen

Dezember
Feldsalat, Grünkohl, Lauch, Karotten, Pastinaken, Rosenkohl, Rote Bete, Rotkohl, Rüben, Topinambur, Weißkohl, Wirsing, Zuckerhutsalat, Zwiebeln
Äpfel, Apfelsinen, Clementinen, Grapefruit, Kiwi, Mandarinen, Zitronen

Vorbereitung der Zutaten

Warme Wannenbäder bei Kerzenschein mögen zwar für uns ganz entspannend sein. Bei Vitaminen und Mineralstoffen verhält es sich dagegen eher wie bei vielen Kindern: Ist die Wanne in Sicht, sind sie auch schon weg. Deshalb gilt: Weniger ist mehr! Eine kurze Dusche ist wesentlich effektiver für uns und unsere Zutaten. Das Gemüse also vor dem Schneiden oder Zerkleinern waschen und nie zu lange wässern. Wenn es sorgfältig gebürstet wurde, kann es in vielen Fällen auch mit Schale verwendet werden. Wenn möglich, sollte das Gemüse so schnell wie möglich weiterverarbeitet oder abgedeckt in den Kühlschrank gestellt werden.

Zubereitungsarten

Um die Vitamine und die Mineralstoffe zu erhalten, ist es wichtig, die Kochzeiten so kurz wie möglich zu halten. Die folgenden Zubereitungsarten mag das Gemüse.

Blanchieren
Beim Blanchieren wird das Gemüse kurz in kochendes Wasser getaucht und danach in Eiswasser abgeschreckt. Dadurch werden Keime abgetötet, und das Gemüse wird für die Weiterverarbeitung, zum Beispiel zum Einfrieren, haltbar gemacht.

Dünsten
Das Gemüse wird in wenig Wasser gegart, nur so viel, um das Anbrennen zu verhindern. Wichtig ist, dass das Kochgefäß verschlossen bleibt. Gemüse enthält bis zu 90 Prozent Wasser, daher genügt eine wirklich kleine Menge, die gerade den Topfboden bedeckt.

Dämpfen
Das Gemüse wird nur durch den heißen Wasserdampf gegart und kommt nicht direkt mit Wasser in Berührung.
Dämpfen gilt als die schonendste Zubereitungsform, dauert aber auch etwas länger. Wer keinen Dampfgarer zur Verfügung hat, kann das Gemüse einfach in einem Sieb über Dampf garen. Wichtig ist allerdings, dass der Topf gut schließt!

KÜCHEN-BASICS UND WARENKUNDE
Alles frisch – Volkers kleine Obst- und Gemüsekunde

Anbraten »Asia Style«

Man kann Gemüse auch wie in vielen Teilen Asiens üblich in einer Pfanne – optimal ist ein Wok – unter größerer Hitze mit etwas Öl kurz anbraten. Dafür sollte es aber fein geschnitten sein, denn gerade feste Gemüse wie Blumenkohl sind sonst noch extrem bissfest.

Ayurveda Backstage

Was Sie schon immer über die Stars der ayurvedischen Küche wissen wollten: Hier ein paar ausgewählte Hauptdarsteller im Kurzporträt!

Äpfel

Sie enthalten das Antioxidans Quercetin, das sich in der Prävention von Herzkrankheiten und Krebs positiv bewährt hat. Sie sind außerdem besonders für Diabetiker zu empfehlen, und aufgrund der reichlich enthaltenen Ballaststoffe fördern sie die Verdauung.

Aprikosen

Aprikosen sind eine der besten Quellen für Betacarotin, ein Vitamin, das sich äußerst günstig bei Herz- und Augenkrankheiten auswirkt. Im alten China haben angehende Ehefrauen reichlich Aprikosen genascht, um ihre Schwangerschaftschancen zu erhöhen. Aprikosen enthalten nämlich auch Mineralien, die zur Produktion von Geschlechtshormonen benötigt werden.

Artischocken

Sie enthalten Folsäure, Magnesium und zudem das Antioxidans Silymarin, das äußerst effektiv bei Hautkrebs wirkt.

KÜCHEN-BASICS UND WARENKUNDE
Alles frisch – Volkers kleine Obst- und Gemüsekunde

Avocados
Diese feinen Früchte liefern nicht nur Kalium und Folsäure, sondern wirken auch cholesterinregulierend und blutdrucksenkend.

Beeren in allen Varianten
Bei Beeren ist besonders die Ellagsäure hervorzuheben, die vor allem krebs- und entzündungshemmend wirkt. Zusätzlich beugen sie Augenkrankheiten wie dem grauen Star vor. Daneben enthalten sie viele Ballaststoffe und Vitamin C.

Birnen
Aufgrund ihrer Ballaststoffe wirken Birnen vor allem cholesterinsenkend. Sie fördern die Verdauung und verringern das Infektionsrisiko. Daneben enthalten sie das knochenstärkende Mineral Bor.
Das ist vor allem für Frauen in der Menopause nicht ganz unwichtig, da in dieser Zeit das Osteoporose-Risiko deutlich ansteigt.

Blattgemüse
Mangold, Spinat, Grünkohl, Löwenzahn, Chicorée und andere Blattgemüse regulieren den Blutdruck, wirken krebshemmend und senken deutlich das Herzinfarkt-Risiko.

Blumenkohl und Brokkoli
Diese beiden so harmlos aussehenden Kohlgemüse zählen neben der Brunnenkresse zu den absoluten Superstars in der natürlichen Krebsprävention. Verantwortlich dafür sind vor allem die beiden sekundären Pflanzenstoffe Sulforaphan und Indol-3-Carbinol. Sulforaphan regt die Produktion eines Enzyms an, welches die Zellen vor Toxinen schützt. Indol-3-Karbinol verhindert eine krankhafte Östrogenbildung und wirkt damit als Hormonblocker. Generell enthalten Blumenkohl und Brokkoli neunmal mehr Vitamin C als eine Grapefruit und beugen Blutarmut vor.

Bohnen
Weiße Bohnen sind kleine Kraftwerke: reich an Eiweiß, Ballaststoffen und Vitaminen, gepaart mit einem sehr geringen Fettgehalt. Das absolute Power-Gemüse! Sie senken den Cholesterinwert und sind aufgrund ihrer stabilisierenden Wirkung auf den Blutzucker eine absolute Empfehlung für Diabetiker.

Brunnenkresse
Die kleinen Blättchen mit ihrem leicht pfeffrigen Geschmack haben es in sich! Zum einen sind sie reich an Betacarotin und beugen somit Herzkrankheiten und altersbedingtem Grauen Star vor. Daneben zählt die Brunnenkresse durch ihren Inhaltsstoff Phenylethylisothiocyanat (PEITC) zu den größten natürlichen Tumorblockern. Durch sie kann das Risiko, an Lungenkrebs zu erkranken, wissenschaftlich nachgewiesen um bis zu 50 Prozent gesenkt werden. Allerdings müsste ein erwachsener Mensch dafür täglich über 150 Gramm Kresse zu sich nehmen!

Buchweizen

Diese fast schon in Vergessenheit geratene Getreidesorte ist innerhalb der verschiedenen Getreidearten die hochwertigste Eiweißquelle und deshalb ein ganz heißer Tipp für alle Vegetarier und Veganer. Daneben beugt Buchweizen Krebs und Herzkrankheiten vor und wirkt sich positiv auf den Blutzuckerspiegel aus.

Bulgur

Bulgur wird aus Vollkornweizen hergestellt und gilt als eines der gesündesten Lebensmittel. Ihm wird eine positive Wirkung bei der Vorbeugung von Darm- und Brustkrebs zugeschrieben. Daneben enthält er reichlich Ballaststoffe und wird bei der Behandlung von Verdauungsproblemen eingesetzt.

Chilischoten

Die kleinen roten Schoten sorgen für Dampf aus allen Poren. Sie wirken schleimlösend, beugen Magengeschwüren vor und wirken aufgrund ihrer gerinnungshemmenden Wirkung positiv in der Prävention von Herzinfarkt und Schlaganfall. Aber Vorsicht: Zu viel Schärfe kann zu Schleimhautreizungen, Gefühlen von Brennen und Ohnmacht führen! Der Hauptwirkstoff Capsaicin ist übrigens nicht wasserlöslich, sondern nur fettlöslich. Daher sollten Sie die Chilis mit Handschuhen schneiden oder nach dem Schneiden zuerst die Hände mit etwas Öl einreiben und dann mit lauwarmem Wasser und Spülmittel abwaschen.

Erbsen

Sie sind in ihrer Schote nicht nur sehr praktisch verpackt, sondern enthalten auch große Mengen Vitamin C, schützen vor Erkältungskrankheiten, vor Krebs und vor Herz-Kreislauf-Erkrankungen. Außerhalb der Saison kann man Erbsen auch guten Gewissens einmal tiefgekühlt kaufen, da sich unter anderem Vitamin C sehr gut hält.

Feigen

Das, was wir als vermeintliche Feigenfrucht verzehren, ist eigentlich gar keine Frucht,

KÜCHEN-BASICS UND WARENKUNDE
Alles frisch – Volkers kleine Obst- und Gemüsekunde

vielmehr handelt es sich um die fleischigen Blütenstände.
Die eigentlichen Früchte sind die kleinen Kerne. Feigen senken den Blutdruck. Daneben wirken sie verdauungsfördernd, senken den Cholesterinspiegel und schützen vor Darmkrebs.

Gerste
Dieses durchaus kräftig schmeckende Getreide schützt vor Blutgerinnseln, fördert die Verdauung und senkt das Darmkrebs-Risiko. Daneben enthält Gerste große Mengen an Selen und Vitamin E.

Hafer
Bis weit ins 19. Jahrhundert überwiegend nur als Pferdefutter verwendet, ist Hafer ein äußerst wertvolles Lebensmittel. Denn anders als bei Gerste, Weizen und vielen anderen Getreidesorten behält der Hafer bei der Weiterverarbeitung Keimschichten und Kleie.
Gerade darin sind die meisten Nährstoffe enthalten, vor allem wirksame Antioxidantien, die zellvernichtende Sauerstoffmoleküle neutralisieren. Hafer ist ein bewährtes Mittel, um sowohl den Blutzucker- als auch den Cholesterinspiegel zu senken. Daneben reduziert er das Herzinfarktrisiko und wirkt infektionshemmend.

Hirse
Während Hirse in vielen afrikanischen Ländern ein Grundnahrungsmittel ist, dient sie im Westen überwiegend als Vogelfutter.
Das ist sehr schade, denn Hirse enthält große Mengen an Eiweiß, Ballaststoffen, Vitaminen und Mineralien, darunter vor allem Magnesium. Dieses Mineral reguliert die Herzfrequenz, stärkt die Nerven und lindert Regelbeschwerden.

Karotten
Dass Karotten aufgrund ihres hohen Betacarotin-Gehaltes das Sehvermögen verbessern, hat bereits unsere Eltern motiviert, uns mit Unmengen von Karottenbrei zu traktieren. Recht hatten sie. Außerdem enthalten die orangefarbenen Allrounder auch sekundäre Pflanzenstoffe, die den Cholesterinspiegel senken und vor Krebs schützen können.

Kartoffeln
Die gute alte Kartoffel hat im Verlauf ihrer über viertausend Jahre alten Geschichte schon einiges mitgemacht: Sie war Grundnahrungsmittel für Millionen, geschmähtes »Arme-Leute-Gemüse« und ist heute wiederentdeckter Star in vielen Gourmettempeln.
Auf jeden Fall enthält sie verschiedenste Nährstoffe und Mineralien, darunter mehr als doppelt so viel Kalium wie Bananen. Dadurch können sie den hohen Natriumwert im Salz ausgleichen und wirken positiv auf einen erhöhten Blutdruck. Weiterhin regulieren sie den Blutzuckerspiegel und sättigen wesentlich länger als andere Lebensmittel. Kartoffeln sind übrigens am gesündesten, wenn sie mit der Schale gegessen werden! Es geht das Märchen um, Kartoffelschalen seien giftig aufgrund der Alkaloide. Bei mehreren Kilogramm ist das korrekt, ansonsten gilt wie bei vielem anderen auch: Die Dosis macht das Gift!

KÜCHEN-BASICS UND WARENKUNDE
Alles frisch – Volkers kleine Obst- und Gemüsekunde

Kirschen
Diese süßen Verführer sind ein seit Jahrhunderten bewährtes Mittel zur Linderung von Gicht und den daraus resultierenden Schmerzen. In vielen Labortests hat sich zudem besonders ein Wirkstoff aus Kirschen, der Perillylalkohol, als äußerst wirksam gegen verschiedenste Krebsarten gezeigt.

Kohl
Wie viele andere Gewächse aus der Familie der Kreuzblütler ist auch Kohl ein wirksames Mittel in der Krebsvorbeugung.
Daneben enthalten Kohlgemüse reichlich Vitamin C und Folsäure, sie stärken das Immunsystem, wirken blutdrucksenkend und beugen Herzkrankheiten vor.

Kürbis
Er ist die absolute Nummer eins, was den Betacarotin-Gehalt betrifft: 30 Milligramm sind in 250 Gramm Kürbis enthalten. Die Karotinoide geben dem Fruchtfleisch nicht nur seine kräftige orange Farbe, sie enthalten auch große Mengen an Antioxidantien. Vor allem die Kerne liefern größere Mengen Eisen und Eiweiß.

Leinsamen
Sie enthalten große Mengen an mehrfach ungesättigten Fettsäuren, darunter auch Omega-3-Fettsäuren. Diese Fettsäuren sind ein wirksames Mittel in der Tumorprävention, da sie die Bildung krebsbeschleunigender Hormone

KÜCHEN-BASICS UND WARENKUNDE
Alles frisch – Volkers kleine Obst- und Gemüsekunde

unterbinden. Weiterhin enthalten sie ebenso große Mengen des Antioxidans Lingan. 30 Gramm Leinsamen enthalten so viel Lingan wie 8 Kilo Brokkoli oder 50 Scheiben Vollkornbrot!

Mais
Kleine gelbe Kraftwerke: Mais enthält viel Power, aber nur 80 Kalorien pro Kolben. Daneben senkt Mais den Cholesterinspiegel und enthält sowohl einfach als auch mehrfach ungesättigte Fettsäuren.

Olivenöl
Die griechische Küche hat viele Qualitäten, nur gilt sie nicht unbedingt als fettarm. Umso erstaunter hat man schließlich festgestellt, dass es auf Kreta so gut wie keine Herzerkrankungen gibt.
Es ist ebenfalls nachgewiesen, dass griechische Frauen im weltweiten Vergleich seltener an Brustkrebs erkranken. Abgesehen von den frischen Zutaten und Kräutern, liegt dies vor allem am hochwertigen Olivenöl. Es besteht aus einfach ungesättigten Fettsäuren, die die schädlichen LDL-Cholesterine senken, ohne dabei die gesundheitsförderlichen HDL-Cholesterine zu beeinträchtigen.

Orangen
Bekanntermaßen sind Orangen ein guter Vitamin-C- und Ballaststoff-Lieferant. Ebenso wie Zitronen und Limetten enthalten sie auch den Wirkstoff Limone. Er wirkt sich äußerst positiv in der Krebsbekämpfung aus und senkt das Risiko für Herzinfarkt und Schlaganfall.

Pastinaken
Sie gehören zur Familie der Petersilie und führten lange Zeit vor allem in der Gourmet-Szene ein Schattendasein. Erst vor wenigen Jahren rückte dieses köstlich schmeckende Gemüse etwas mehr in den Fokus. Sie enthalten große Mengen an Ballaststoffen, Folsäure und Vitaminen. Sie schützen vor Dickdarmkrebs, stabilisieren den Blutzuckerspiegel und senken das Schlaganfallrisiko.

Petersilie
Meistens führt sie ein tristes Dasein als lieblos gehackte Salatdeko. Dabei kann sie so viel mehr: Sie lindert Infektionen der Harnwege und wirkt generell harntreibend. Daneben enthält sie große Mengen an Folsäure und hilft bei Regelschmerzen.

Reis
Von dem Grundnahrungsmittel für viele Millionen Menschen gibt es weltweit rund 40 000 verschiedene Sorten. Reis enthält große Mengen an Ballaststoffen und wirkt sich äußerst positiv auf die Verdauung aus.

Rhabarber
Nicht jedermanns Sache, aber als Kompott oder im Kuchen kann Rhabarber wunderbar schmecken. Er enthält große Mengen an Vitamin C, senkt den Cholesterinspiegel, stärkt das Immunsystem und hilft bei Verdauungsproblemen.
Aber Achtung, niemals die Blätter verwenden! Sie enthalten große Mengen an Mineralsalzen,

sogenannte Oxalate. Diese werden vom Körper nicht verwertet und können giftig wirken.

Rosinen
Auch wenn sie nicht besonders sexy aussehen, sollte man sie nicht unterschätzen. Nicht ohne Grund sind Rosinen als Energiespender der Hauptbestandteil im Studentenfutter. Sie zermatschen nicht und sind extrem lange haltbar. Rosinen fördern die Verdauung, senken den Blutzuckerspiegel und enthalten größere Mengen an Eisen und Kalium.
Außerdem eignen sie sich als Zahlungsmittel: Mit Rosinen haben die Israeliten schon um 1000 v. Chr. ihre Steuerschulden bei König David bezahlt!

Rote Bete
Sie enthält große Mengen des Stoffes Betazyanin, der der Knolle die sattrote Farbe verleiht. Rote Bete hat tumorhemmende Eigenschaften und bietet größere Mengen an Folsäure und Eisen.

Sellerie
Bereits die alten Römer trugen Kränze aus Sellerie, um sich vor den Nachwirkungen übermäßigen Alkoholgenusses zu schützen.

Bis heute ist Sellerie einer der Bestandteile des Kater-Getränkes Bloody Mary. Ich habe es noch nicht probiert und weiß nicht, ob es wirkt. Aber auf jeden Fall senkt Sellerie den Blutdruck, enthält reichlich Ballaststoffe, Vitamin C, Kalium und Kalzium.

Spargel
Spargel enthält große Mengen an Folsäure und ist somit besonders in Zeiten von Kinderwunsch, Schwangerschaft und Stillzeit zu empfehlen. Wegen seines feinen Geschmacks war er schon im 17. Jahrhundert am französischen Hof sehr begehrt.

Aufgrund seiner Form sagte man ihm auch aphrodisierende Wirkung nach. Das muss allerdings jeder für sich selbst testen – klinisch bewiesen ist es bislang nicht …

KÜCHEN-BASICS UND WARENKUNDE
Alles frisch – Volkers kleine Obst- und Gemüsekunde

Süßkartoffeln
Das ist eines meiner Lieblingsgemüse. Vor allem in Süßkartoffelstampf mit dunklem Kürbiskernöl könnte ich baden! Mit ihrem hohen Gehalt an Vitamin C, E und Betacarotin sind Süßkartoffeln nicht nur lecker, sondern auch gesund. Da sie darüber hinaus reichlich Kohlenhydrate, aber wenig Kalorien enthalten, sind sie auch hervorragend für Diabetiker geeignet.
Die süße Knolle hat übrigens nichts mit der Kartoffel gemeinsam, denn sie gehört zur Familie der Ackerwinden.

Tomaten
Tomaten sind sehr vielseitig in der Küche verwendbar, egal ob als Soße, Salat, gebacken, gebraten, gefüllt oder nur mit etwas Olivenöl. Sie enthalten große Mengen an Vitamin C und A sowie das Antioxidans Lykopin, das ihnen die rote Farbe verleiht und in der Tumorprävention eingesetzt wird.

Zwiebeln
Wie viele andere Vertreter aus der Alliumfamilie enthalten Zwiebeln zahlreiche Verbindungen, die vor Krebs, Bluthochdruck, Asthma und Herzkrankheiten schützen können. Auch die Schwefelverbindungen, die uns zum Weinen bringen, wirken sich äußerst positiv auf die Gesundheit aus. Vor allem schützen sie die Blutgefäße vor schädlichen Ablagerungen.

Diese Tipps bewahren Sie davor, beim Schneiden eine Taucherbrille aufsetzen zu müssen:

• Die Zwiebel vor dem Schneiden 30 Minuten ins Eisfach legen.

• Nicht durch das Wurzelende schneiden, da hier die Schwefelverbindungen konzentriert sind.

• Die geschälte Zwiebel mit kaltem Wasser abwaschen.

AYURVEDA FÜR DIE OHREN

Mit allen Sinnen genießen:
Volkers Top Ten der
musikalischen Koch-Begleiter:

• Amalgamation of Soundz, *Enchant me*

• Nina Simone, *My Baby Just Cares For Me*

• Incubus, *Adolescent*

• Herbert Grönemeyer, *Bochum*

• Depeche Mode, *Enjoy The Silence*

• Camino Del Sol, *L'Etoile D'Or*

• Sting, *Fragile*

• Linkin Park, *Burn It Down*

• Staind, *Outside*

• Die Fantastischen Vier, *Picknicker*

[handschriftliche Notiz: Musik empfehlungen beim Kochen]

KÜCHEN-BASICS UND WARENKUNDE
Zutatenliste

Zutatenliste

In diesem Kapitel habe ich für Sie die Grundzutaten zusammengestellt, die ich für die Rezepte in diesem Buch verwendet habe. Gleichzeitig dient diese Aufstellung als ein Überblick darüber, welche Lebensmittel Sie brauchen, um leckere und einfache ayurvedische Gerichte zu zaubern. Sie werden sehen, dass sich viele dieser Zutaten längst in Ihrem Vorratsschrank befinden.

Getreide und Flocken
- Buchweizen
- Buchweizengrütze
- Bulgur
- Couscous
- grobe Hafer- und Dinkelflocken
- Hartweizengrieß, Weichweizengrieß
- Hirse
- Perlgraupen

Trockenfrüchte
- getrocknete Aprikosen
- getrocknete Kirschen
- getrocknete, entsteinte Pflaumen
- getrocknete Feigen

Hülsenfrüchte
- getrocknete dicke weiße Bohnen

Reis und Nudeln
- Hartweizennudeln (z.B. Spaghetti)
- Langkornreis
- Sonnenweizen (Ebly) oder griechische Kritharaki

Mehl
- Dinkelmehl, auch als Vollkornmehl
- Kichererbsenmehl
- Buchweizenmehl
- Weizenmehl, auch als Vollkornmehl
- Stärke
- Johannisbrotkernmehl

Nüsse und Kerne
- blanchierte Mandeln
- Cashewkerne
- Erdnüsse
- Haselnusskerne
- Kürbiskerne
- Leinsamen, grob geschrotet

KÜCHEN-BASICS UND WARENKUNDE
Zutatenliste

- Pinienkerne
- Walnusskerne, ganz und gehackt

Fette
- Butter
- Margarine
- Olivenöl
- Sonnenblumenöl

Getränke
- Apfelsaft
- Multivitaminsaft
- Sojamilch
- weißer und roter Traubensaft

Milch-/Soja-Produkte
- Crème fraîche
- Frischkäse
- Magerquark

- Naturjoghurt/Sojade
- Ziegenkäse

Sonstiges
- Backpulver
- Balsamicoessig
- Eier
- frische Hefe
- Gemüsebrühe
- Kokoscrème
- mittelscharfer Senf
- Mohnback
- passierte Tomaten
- Sauerkirschen
- Zartbitterschokolade

Süßungsmittel
- Agavendicksaft
- Ahornsirup

KÜCHEN-BASICS UND WARENKUNDE
Zutatenliste

- brauner Zucker
- feiner Rohrzucker
- Honig
- Kakaopulver
- Pflaumenkonfitüre
- Vanillezucker

Kräuter, Gewürze und Aromen

- Bittermandelöl
- Bohnenkraut, getrocknet
- Cayennepfeffer
- Chilipulver
- Currypulver
- Estragon, frisch und getrocknet
- frische Minze
- frische Petersilie
- frischer Dill
- frischer Ingwer
- frischer Schnittlauch
- gemahlener Kreuzkümmel
- gemahlener Zimt
- getrocknete italienische Kräuter
- getrocknete Kräuter der Provence
- getrocknete Salatkräuter
- Kardamom
- Kerbel, frisch und getrocknet
- Lorbeerblätter
- Majoran, frisch und getrocknet
- Muskat
- Nelken
- Oregano, frisch und getrocknet
- Paprikapulver rosenscharf und edelsüß
- Rosmarin, frisch und getrocknet
- rote Chilischoten
- Salz
- Schwarzer Pfeffer (Körner)
- Thymian, frisch und getrocknet
- Vanilleschoten
- Vanillezucker
- Zimtstangen

Gemüse

- Avocados
- Chicorée
- entsteinte Oliven, grün und schwarz
- Fenchel
- frischer Meerrettich
- Gemüsemais (Glas oder Dose)
- getrocknete, eingelegte Tomaten
- grüne Bohnen
- grüner Spargel
- Karotten
- Kartoffeln
- kleine französische Artischocken
- Knollensellerie
- Kohlrabi
- Kraut (Spitzkohl, Wirsing, Rotkohl …)
- Lauch
- Lauchzwiebeln
- Mais
- Paprika, rot, gelb, orange

- Pastinaken
- Petersilienwurzeln
- Radieschen
- Rote Bete
- rote Zwiebeln
- Salatgurke
- Spinat
- Strauchtomaten, Kirschtomaten
- Süßkartoffeln
- Zucchini
- Zuckerschoten

- Blaubeeren
- Feigen
- Granatäpfel
- Himbeeren
- Johannisbeeren
- Kirschen
- Limetten
- Orangen
- Pflaumen
- rote Äpfel
- rote kernlose Trauben
- Zitronen

Salate
- Feldsalat
- Endiviensalat

Frische Früchte
- Aprikosen
- Birnen

Epilog
Liebe ist …

Die Rezepte für dieses Buch zu schreiben fiel mir relativ leicht. Dabei geht es um Zutaten und die Beschreibung der Schritte, die zum Entstehen eines Gerichts führen. Darauf kann man sich objektiv einigen, das folgende Geschmackserlebnis ist natürlich höchst individuell.

Meine Gedanken zu den intensiven Themen sind anders entstanden. Diese Texte sind definitiv keine Fleißarbeit. Sie entstehen irgendwann, irgendwo tief drinnen und wollen zu einem bestimmten Moment nach außen. So fand ich es zunächst ziemlich anmaßend von mir, über die Liebe schreiben zu wollen, die maximale Verbundenheit, die zwischen zwei Menschen bestehen kann.

Zu dem Thema haben sich immerhin schon ein paar mehr oder weniger berühmte Menschen vor mir Gedanken gemacht. Ich habe keine Kinder, war in meiner Ehe nicht sonderlich gut und bin auch noch geschieden: Eigentlich nicht der beste Kandidat, um über die Liebe zu philosophieren. Oder gerade deshalb?
Eines ist mir klar: Für mich ist sie intensiv und damit auch sehr real für mein Leben und für meine Umwelt.

Im Ayurveda geht es im besonderen Maße um das individuelle Selbst, das im Mittelpunkt aller Betrachtungen und Methoden steht. Unsere erlebte, erfahrene Realität macht uns zu dem, was wir sind.

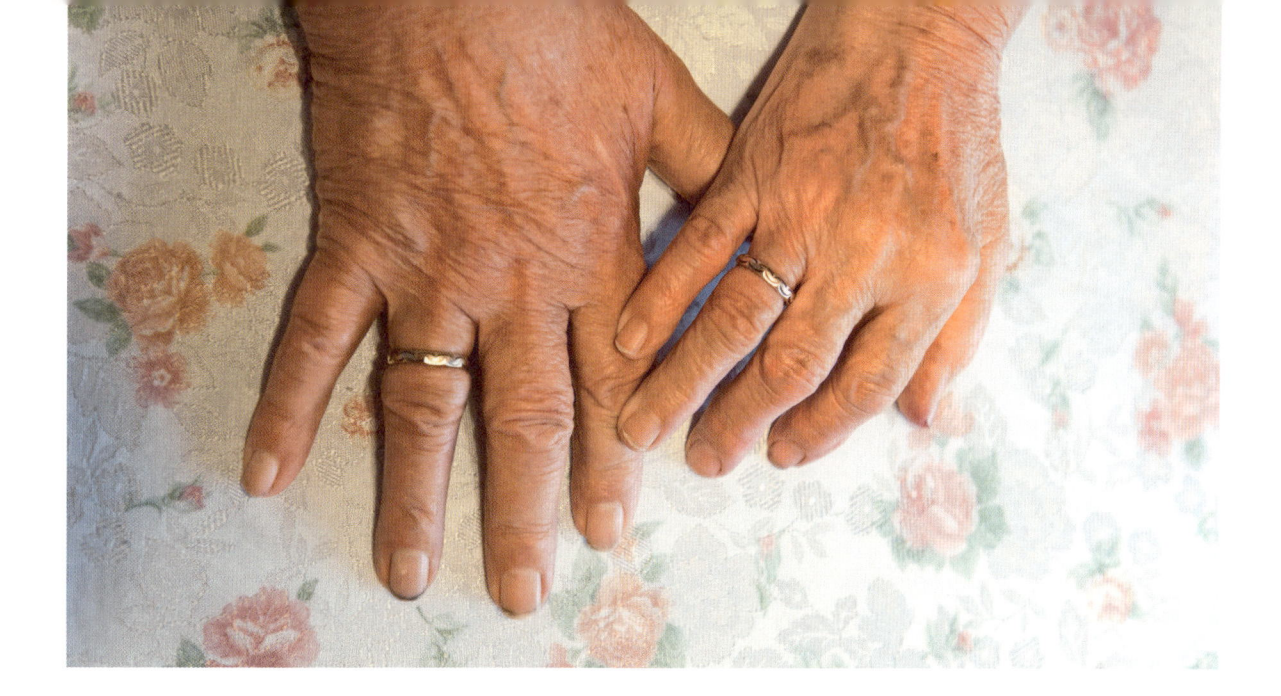

Dazu gehört natürlich auch die individuelle Erfahrung von Liebe. Jedes Heilverfahren, egal, wie es heißt oder wo es herkommt, wird auf Dauer erfolglos bleiben, wenn ich es nicht schaffe, meiner eigenen Person mit Liebe, Achtsamkeit und Demut zu begegnen. Da ich aus diesem Grund natürlich nicht definieren kann, was die Liebe als solche ist, schreibe ich aus meiner Erfahrung einfach auf, was Liebe für mich nicht ist:

Liebe ist ...

nicht der einfache Weg.
nichts Geordnetes.
nicht zu beschreiben.
nichts im Kopf.
nichts Lautes.
nicht einfach.
nicht zu ersetzen.
nicht immer zu verstehen.

Vor allem ist nichts ohne sie.

Durch den Magen und die Seele

Das Treffen mit dem Ehepaar Diehl war einer der bewegendsten Momente im Laufe des Buchprojekts. Aber nicht, weil sie nach unglaublichen 63 Jahren Ehe noch schwer verliebt romantischen Schmus erzählt oder das Geheimrezept für immerwährende Liebe verraten hätten.

Wenn man sie so nebeneinandersitzen sieht in ihrer »gut Stubb« und in der Art, wie sie miteinander umgehen, schimmert etwas durch, was mich persönlich sehr bewegt und beeindruckt hat: Zufriedenheit. Wenn sie sich ansehen, flimmern in ihren Augen keine verliebten Funken mehr, sondern etwas noch Schöneres. Wie sie von ihrem Leben erzählen und wenn sie sich dann anschauen, huscht bei beiden immer noch ein verschmitztes Lächeln übers Gesicht. Man spürt die tiefe Verbundenheit zwischen den beiden und vor allem, wie sehr sie es genießen, dass sie sich haben. Man merkt ihnen an, dass sie wissen, dass der andere genau der richtige Mensch an ihrer Seite ist.

Liebe ist die schönste und positivste aller Möglichkeiten, satt zu sein! Liebe geht also nicht nur durch den Magen, sie füllt sogar die Seele. Wie nach einem richtig guten Essen, das uns satt und zufrieden macht.

Die achtzehn Monate Arbeit an diesem Buch, mit all den Begegnungen und wunderbaren Menschen, haben mich auf jeden Fall zutiefst satt und zufrieden gemacht.

Genau das wünsche ich auch Ihnen von ganzem Herzen. Dass Sie dies beim Lesen dieses Buches und natürlich beim Kochen und Genießen der Rezepte erfahren. Denn genau so schmeckt Glück.

Da es mich interessiert, ob Sie das Buch satt und zufrieden gemacht hat, freue ich mich wieder über Ihre Post! Entweder in die Friedrich-Engels-Allee 161 a, 42285 Wuppertal oder per Mail an info@volker-mehl.de.

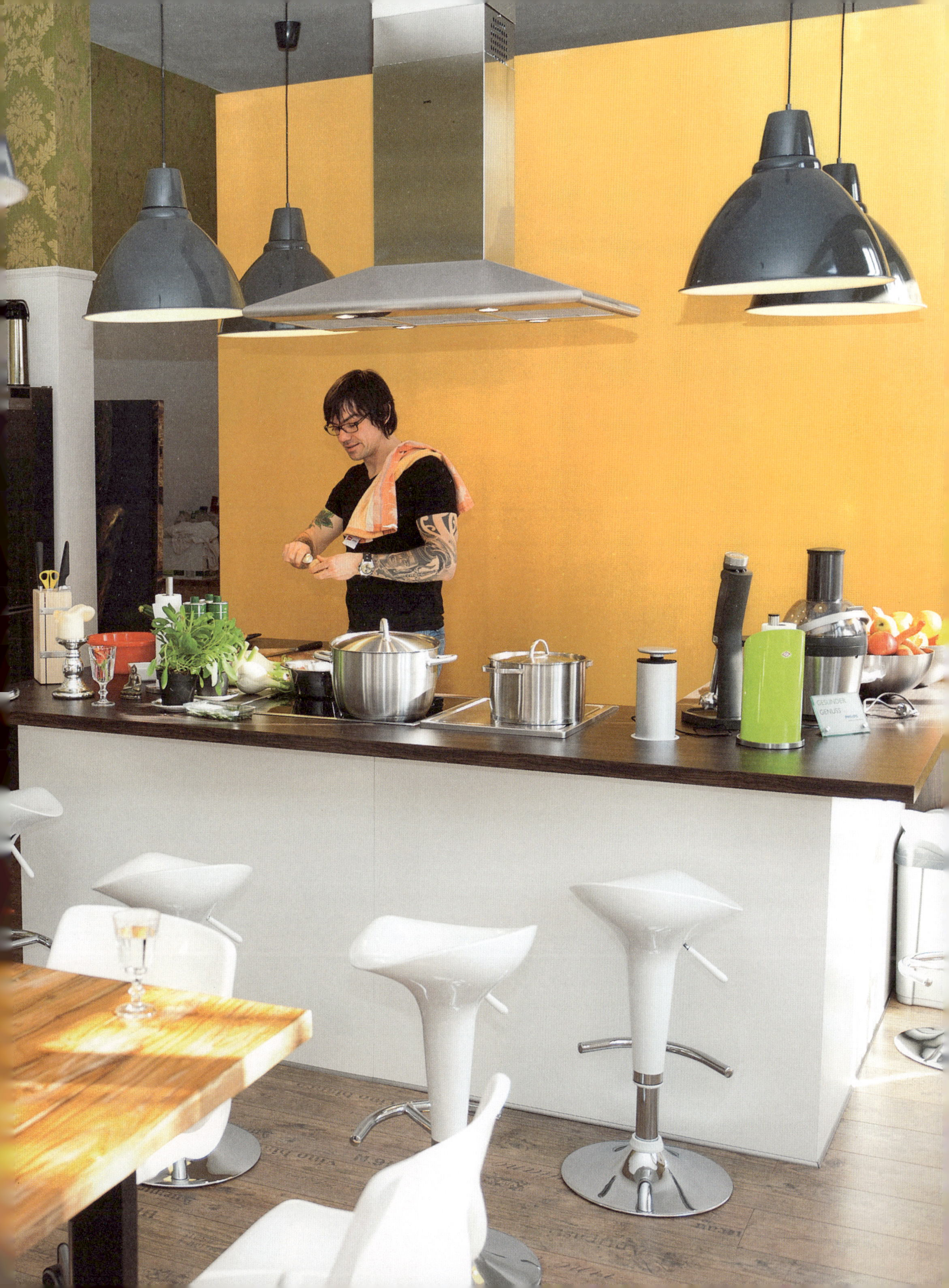
GESUNDER
GENUSS

Rezeptregister

A
Apfel-Blinis mit Ingwer-Pflaumen-Chutney 70
Apfel-Ingwer-Muffins 170
Apfel-Limetten-Tarte 164

B
Bechamelsoße 100
Beerenkuchen 178
Birne gefüllt mit fruchtigem Couscous 167
Birnen-Schmarrn mit Erdnuss-Minz-Sauce 64
Biskuittörtchen mit Johannisbeerfüllung 174
Brötchenfüllung 152
Buchweizenfüllung 152
Buchweizen-Gemüse-Pfanne 138
Buchweizenpfannkuchen mit Kardamom-Aprikosen 69
Bulgur-Granatapfel-Salat 115
Burgunder-Kuchen 190

C
Couscous mit getrockneten Pflaumen, Minze und Birne 52
Couscous-Füllung 151
Cranberry-Muffins 171

D
Dreierlei Rührkuchen 178

F
Feigen gefüllt mit Frischkäse-Dill-Crème 120
Fenchel-Feigen-Pfanne mit Sojade-Curry-Dip 144

G
Gebackener Kürbis mit Rotwein-Ingwer-Soße 119
Gebratene Artischocken mit Pinienkernen 112
Gebratene Avocado mit Aceto-Karamell-Crème 124
Gebratene Vanille-Chili-Karotten 111
Gefüllte Knollen auf Lauchgemüse 151
Glasierter Chicorée mit Apfel und Cantuccini 160
Grießschnitten mit buntem Gemüse 123
Gurken-Minz-Suppe 84

H
Helle Grundsoße 99
Herzhafte Rosmarin-Käse-Waffeln 183
Herzhafte Tomaten-Petersilien-Waffeln 183
Himmel und Erde 143
Hirse mit gedünstetem Apfel und Cashewkernen 55

K
Kapernsoße 100
Karotten-Lauch-Gemüse 153
Klassische Gemüsebrühe 98
Kokos-Käsekuchen mit frischen Himbeeren 189
Kräuterfladenbrot mit Apfel-Ingwer-Mus 59
Kräuterrührei mit Oliven-Tomaten-Relish 56
Kräutersoße 102

M
Malzbier-Spekulatius-Soße 102
Marmorkuchen 178
Meerrettichsoße 103
Mehrkorn-Frucht-Schale 51

P
Pastinaken-Püree mit Apfel-Mangold-Salat 88

Perlgraupen-Himbeer-Crème 163
Perlgraupen-Trauben-Kompott 63
Pflaumen-Apfel-Tasche 181
Pflaumen-Sellerie-Chutney 94
Pflaumen-Zimt-Reis mit gerösteten Walnüssen 60

R
Rote-Bete-Birnen-Chutney 97
Rote-Bete-Suppe mit Estragon-Tomaten-Nockerln 80
Rübenauflauf mit Petersilie-Rucola-Salat 148

S
Schoko-Minz-Muffins 168
Selleriecrèmesuppe mit Radieschen-Apfel-Relish 87
Senfsoße 99
Sonnenweizen mit grünen Bohnen und Kirschtomaten 134
Spaghetti mit Wurzelgemüse 127
Spinat-Lauch-Gemüse 153
Spinat-Ziegenkäse-Kuchen mit Tomaten-Paprika-Relish 141
Süße Grießschnitten mit Obst 177
Süße Waffeln – Grundrezept 182
Süßkartoffel-Fenchel-Suppe 83
Süßkartoffel-Radieschen-Pfanne 116

T
Tomatensoße 103
Traditioneller Kohleintopf mit Apfelringen 91
Trauben-Paprika-Chutney 96

U
Untot-Bratlinge de luxe mit fruchtigem Krautgemüse 147

V
Veganer Kirsch-Mohn-Kuchen 188
Veganes Tiramisu 173
Veggie-Panhas auf Kartoffelbrei mit Endiviensalat 155

W
Waffeln 73
Warmer Zucchini-Tomaten-Ziegenkäse-Salat mit Foccacia 128
Weiße Bohnen in Tomaten-Dill-Sauce 137

Zutatenregister

A

Aceto, Gebratene Avocado mit ~-Karamell-Crème 124

Apfel, Glasierter Chicorée mit ~ und Cantuccini 160

Apfel, Hirse mit gedünstetem ~ und Cashewkernen 55

Apfel, Kräuterfladenbrot mit ~-Ingwer-Mus 59

Apfel, Pastinaken-Püree mit ~-Mangold-Salat 88

Apfel, Pflaumen-~-Tasche 181

Apfel, Selleriecrèmesuppe mit Radieschen-~-Relish 87

Apfel-Blinis mit Ingwer-Pflaumen-Chutney 70

Apfel-Ingwer-Muffins 170

Apfel-Limetten-Tarte 164

Apfelringe, Traditioneller Kohleintopf mit ~n 91

Aprikosen, Buchweizenpfannkuchen mit Kardamom-~ 69

Artischocken, Gebratene ~ mit Pinienkernen 112

Avocado, Gebratene ~ mit Aceto-Karamell-Crème 124

B

Bechamelsoße 100

Beerenkuchen 178

Birne gefüllt mit fruchtigem Couscous 167

Birne, Couscous mit getrockneten Pflaumen, Minze und ~ 52

Birne, Rote-Bete-~n-Chutney 97

Birnen-Schmarrn mit Erdnuss-Minz-Sauce 64

Biskuittörtchen mit Johannisbeerfüllung 174

Blinis, Apfel-~ mit Ingwer-Pflaumen-Chutney 70

Bohnen, Sonnenweizen mit grünen ~ und Kirschtomaten 134

Brötchenfüllung 152

Buchweizenfüllung 152

Buchweizen-Gemüse-Pfanne 138

Buchweizenpfannkuchen mit Kardamom-Aprikosen 69

Bulgur-Granatapfel-Salat 115

Burgunder-Kuchen 190

C

Cantuccini, Glasierter Chicorée mit Apfel und ~ 160

Cashewkerne, Hirse mit gedünstetem Apfel und ~n 55

Chicorée, Glasierter ~ mit Apfel und Cantuccini 160

Chili, Gebratene Vanille-~-Karotten 111

Couscous mit getrockneten Pflaumen, Minze und Birne 52

Couscous, Birne gefüllt mit fruchtigem ~ 167

Couscous-Füllung 151

Cranberry-Muffins 171

Curry, Fenchel-Feigen-Pfanne mit Sojade-~-Dip 144

D

Dill, Feigen gefüllt mit Frischkäse-~-Crème 120

Dill, Weiße Bohnen in Tomaten-~-Sauce 137

E

Endiviensalat, Veggie-Panhas auf Kartoffelbrei mit ~ 155

Erdnuss, Birnen-Schmarrn mit ~-Minz-Sauce 64

Estragon, Rote-Bete-Suppe mit ~-Tomaten-Nockerln 80

F
Feigen gefüllt mit Frischkäse-Dill-Crème 120
Feigen, Fenchel-~-Pfanne mit Sojade-Curry-Dip 144
Fenchel, Süßkartoffel-~-Suppe 83
Fenchel-Feigen-Pfanne mit Sojade-Curry-Dip 144
Foccacia, Warmer Zucchini-Tomaten-Ziegenkäse-Salat mit ~ 128
Frischkäse, Feigen gefüllt mit ~-Dill-Crème 120
Frucht, Mehrkorn-~-Schale 51

G
Gemüse, Buchweizen-~-Pfanne 138
Gemüse, Grießschnitten mit buntem ~ 123
Gemüsebrühe, klassische 98
Granatapfel, Bulgur-~-Salat 115
Grießschnitten mit buntem Gemüse 123
Grießschnitten, Süße ~ mit Obst 177
Grundsoße, helle 99
Gurken-Minz-Suppe 84

H
Himbeer(en), Perlgraupen-~-Crème 163
Himbeeren, Kokos-Käsekuchen mit frischen ~ 189
Himmel und Erde 143
Hirse mit gedünstetem Apfel und Cashewkernen 55

I
Ingwer, Apfel-~-Muffins 170
Ingwer, Apfel-Blinis mit ~-Pflaumen-Chutney 70

Ingwer, Gebackener Kürbis mit Rotwein-~-Soße 119
Ingwer, Glasierter Chicorée mit Apfel und Cantuccini 160
Ingwer, Kräuterfladenbrot mit Apfel-~-Mus 59

J
Johannisbeer(en), Biskuittörtchen mit ~füllung 174

K
Kapernsoße 100
Karamell, Gebratene Avocado mit Aceto-~-Crème 124
Kardamom, Buchweizenpfannkuchen mit ~-Aprikosen 69
Karotten, Gebratene Vanille-Chili-~ 111
Karotten-Lauch-Gemüse 153
Kartoffelbrei, Veggie-Panhas auf ~ mit Endiviensalat 155
Käse, Herzhafte Rosmarin-~-Waffeln 183
Käse, Kokos-~kuchen mit frischen Himbeeren 189
Kirsch-Mohn-Kuchen, Veganer 188
Kirschtomaten, Sonnenweizen mit grünen Bohnen und ~ 134
Knollen, Gefüllte ~ auf Lauchgemüse 151
Kohleintopf, Traditioneller ~ mit Apfelringen 91
Kokos-Käsekuchen mit frischen Himbeeren 189
Kräuterfladenbrot mit Apfel-Ingwer-Mus 59
Kräuterrührei mit Oliven-Tomaten-Relish 56
Kräutersoße 102
Krautgemüse, Untot-Bratlinge de luxe mit fruchtigem ~ 147

Kürbis, gebackener ~ mit Rotwein-Ingwer-Soße 119

L
Lauch, Karotten-~-Gemüse 153
Lauch, Spinat-~-Gemüse 153
Lauchgemüse, Gefüllte Knollen auf ~ 151
Limetten, Apfel-~-Tarte 164

M
Malzbier-Spekulatius-Soße 102
Mangold, Pastinaken-Püree mit Apfel-~-Salat 88
Marmorkuchen 178
Meerrettichsoße 103
Mehrkorn-Frucht-Schale 51
Minze, Birnen-Schmarrn mit Erdnuss-~-Sauce 64
Minze, Couscous mit getrockneten Pflaumen, ~ und Birne 52
Minze, Gurken-~-Suppe 84
Minze, Schoko-~-Muffins 168
Mohn, Veganer Kirsch-~-Kuchen 188

O
Obst, Süße Grießschnitten mit ~ 177
Oliven, Kräuterrührei mit ~-Tomaten-Relish 56

P
Paprika, Spinat-Ziegenkäse-Kuchen mit Tomaten-~-Relish 141
Paprika, Trauben-~-Chutney 96
Pastinaken-Püree mit Apfel-Mangold-Salat 88
Perlgraupen-Himbeer-Crème 163
Perlgraupen-Trauben-Kompott 63
Petersilie, Rübenauflauf mit ~-Rucola-Salat 148
Petersilien, Herzhafte Tomaten-~-Waffeln 183
Pflaumen, Apfel-Blinis mit Ingwer-~-Chutney 70
Pflaumen, Couscous mit getrockneten ~, Minze und Birne 52
Pflaumen-Apfel-Tasche 181
Pflaumen-Sellerie-Chutney 94
Pflaumen-Zimt-Reis mit gerösteten Walnüssen 60
Pinienkerne, Gebratene Artischocken mit ~n 112

R
Radieschen, Selleriecrèmesuppe mit ~-Apfel-Relish 87
Radieschen, Süßkartoffel-~-Pfanne 116
Reis, Pflaumen-Zimt-~ mit gerösteten Walnüssen 60
Rosmarin-Käse-Waffeln, Herzhafte 183
Rote-Bete-Birnen-Chutney 97
Rote-Bete-Suppe mit Estragon-Tomaten-Nockerln 80
Rotwein, Gebackener Kürbis mit ~-Ingwer-Soße 119
Rübenauflauf mit Petersilie-Rucola-Salat 148
Rucola, Rübenauflauf mit Petersilie-~-Salat 148
Rührkuchen, Dreierlei 178

S
Schoko-Minz-Muffins 168
Sellerie, Pflaumen-~-Chutney 94
Selleriecrèmesuppe mit Radieschen-Apfel-Relish 87
Senfsoße 99
Sojade, Fenchel-Feigen-Pfanne mit ~-Curry-Dip 144

Sonnenweizen mit grünen Bohnen und Kirschtomaten 134
Spaghetti mit Wurzelgemüse 127
Spekulatius, Malzbier-~-Soße 102
Spinat-Lauch-Gemüse 153
Spinat-Ziegenkäse-Kuchen mit Tomaten-Paprika-Relish 141
Süßkartoffel-Fenchel-Suppe 83
Süßkartoffel-Radieschen-Pfanne 116

T
Tiramisu, Veganes 173
Tomaten, Kräuterrührei mit Oliven-~-Relish 56
Tomaten, Rote-Bete-Suppe mit Estragon-~-Nockerln 80
Tomaten, Spinat-Ziegenkäse-Kuchen mit ~-Paprika-Relish 141
Tomaten, Warmer Zucchini-Tomaten-Ziegenkäse-Salat mit Foccacia 128
Tomaten, Weiße Bohnen in ~-Dill-Sauce 137
Tomaten-Petersilien-Waffeln, Herzhafte 183
Tomatensoße 103
Trauben, Perlgraupen-~-Kompott 63
Trauben-Paprika-Chutney 96

U
Untot-Bratlinge de luxe mit fruchtigem Krautgemüse 147

V
Vanille-Chili-Karotten, Gebratene 111
Veggie-Panhas auf Kartoffelbrei mit Endiviensalat 155

W
Waffeln 73
Waffeln, Süße ~ – Grundrezept 182

Walnüsse, Pflaumen-Zimt-Reis mit gerösteten ~n 60
Weiße Bohnen in Tomaten-Dill-Sauce 137
Wurzelgemüse, Spaghetti mit ~ 127

Z
Ziegenkäse, Spinat-~-Kuchen mit Tomaten-Paprika-Relish 141
Ziegenkäse, Warmer Zucchini-Tomaten-~-Salat mit Foccacia 128
Zimt, Pflaumen-~-Reis mit gerösteten Walnüssen 60
Zucchini, Warmer ~-Tomaten-Ziegenkäse-Salat mit Foccacia 128

Bezugsquellen und nützliche Hinweise

Für Klosterheilkräuter:

Gärtnerei Dahlke
www.gaertnerei-dahlke.de

Für Gewürze:

Sonnentor Kräuterhandelsgesellschaft mbH
www.sonnentor.at

Cosmoveda
www.cosmoveda.de

Für Bio-Lebensmittel:

Rapunzel
www.rapunzel.de

Locations:

Arends Maubach
Staudengärtnerei & Gartenkultur
Monschaustraße 76
42369 Wuppertag
www.arends-maubach.de

Klostergarten im Kloster Lorsch,
am Fuße der Bergstraße in Südhessen.

Buchtipp dazu:
Das Lorscher Arzneibuch, entstanden um 795 im Kloster Lorsch, befindet sich heute in der Staatsbibliothek Bamberg. Antiquarisch sind Abschriften zu erwerben.

Zeche Nordstern
Nordsternpark Gelsenkirchen
Bergbaustollen
www.nordsternpark.info

Koch dich glücklich mit Ayurveda

224 Seiten. ISBN 978-3-424-63038-1

Ayurveda – anregend alltäglich:
Aus der 5000 Jahre alten indischen Ernährungslehre hat Volker Mehl eine Küche gezaubert, die Menschen jeden Alters und Lebensstils überzeugt. Er serviert im städtischen Kindergarten eine Ayurveda-Pizza, lädt im bayerischen Lokal zum Bayurveda-Abend ein, berät eine Spitzensportlerin über leistungsfördernde Lebensmittel oder mixt ayurvedische Entgiftungsdrinks für nachtaktive Partymenschen. Mit seinem ersten Kochbuch revolutionierte Volker die Ayurvedaküche. Seine Rezepte und Tipps verwandeln jede Mahlzeit in ein Fest der Sinne.

Die Autoren

Volker Mehl, geboren 1976, ist ein weltweit reisender Ayurvedakoch und Gesundheitsberater. Er beschäftigt sich seit über zehn Jahren mit ganzheitlichen Heilmethoden. 2007 gründete er das Label *Koch dich glücklich*, machte ein Praktikum bei 3-Sterne-Koch Harald Wohlfahrt und moderierte eine Ayurveda-Live-Kochshow bei *Radio Lora*. Er schreibt als freier Autor unter anderem für das *Yoga Journal* und eröffnete 2012 ein Kochatelier in Wuppertal. Sein erstes Buch »Koch dich glücklich mit Ayurveda« veröffentlichte er 2011 zusammen mit Christina Raftery. Weitere Informationen: www.volker-mehl.de.

Christina Raftery, geboren 1972, studierte Skandinavistik, Anglistik und Amerikanische Kulturgeschichte. Nach Stationen bei RTL II und der Bayerischen Filmförderung machte sie sich als Journalistin selbstständig. Ihre Überzeugung, dass Yoga nicht am Rande, sondern in der Mitte des Lebens stattfindet, konnte sie von 2008 bis 2010 als Chefredakteurin des deutschen *Yoga Journals* umsetzen. Heute lebt sie als freie Journalistin, Autorin und Übersetzerin in München.

Bildnachweis

Michaela Auer: Seite 48-49, 50, 53, 54, 57, 58, 61, 62, 65, 68, 71, 78-79, 81, 82, 85, 86, 89, 90, 95, 101, 108-109, 110, 113, 114, 117, 118, 121, 122, 125, 126, 129, 132-133, 135, 136, 139, 140, 143, 145, 146, 149, 150, 154, 158-159, 161, 162, 165, 166, 169, 172, 175, 176, 179, 180

Stefan Auth: Seite 2, 6, 9, 10, 12-13, 14, 17, 19, 20, 22, 23, 24, 25, 27, 29, 31, 32, 34, 37, 38, 41, 43, 44, 47, 67, 74-75, 77, 92-93, 105, 106, 130, 131, 156, 170, 185, 186, 191, 192, 193, 209, 212, 213, 214, 217, Vorsatz und Nachsatz

Birgit Plömacher: Seite 73, 194, 197, 198, 200, 202, 204, 207, 211, Vorsatz und Nachsatz

Bettina Schäfer: Vorsatz und Nachsatz

Markus Werner: Seite 217

Verlagsgruppe Random House FSC® N001967
Das für dieses Buch verwendete FSC®-zertifizierte
Papier *Tauro* liefert Papier Union.

1. Auflage
Originalausgabe
© 2013 Kailash Verlag
in der Verlagsgruppe Random House GmbH
Umschlaggestaltung: ki Editorial Design, Sabine Krohberger, unter
Verwendung eines Fotos von © Anna Schwartz
Satz: Nicole Kuderer nach einem Entwurf von ki Editorial Design,
Sabine Krohberger
Reproarbeiten: Lorenz & Zeller, Inning a. A.
Druck und Bindung: Mohndruck, Gütersloh
Printed in Germany

ISBN 978-3-424-63062-6
www.kailash-verlag.de

"GLÜCK AUF"